U0494106

集刊　集人文社科之思　刊专业学术之声

集 刊 名：反歧视评论

主　　编：刘小楠　王理万

ANTI-DISCRIMINATION LAW REVIEW　No.9

第9辑

集刊序列号：PIJ-2018-338

中国集刊网：www.jikan.com.cn

集刊投约稿平台：www.iedol.cn

反歧视评论

Anti-Discrimination Law Review　No.9

第 *9* 辑

主 编 ／ 刘 小 楠　　王 理 万

社会科学文献出版社
SOCIAL SCIENCES ACADEMIC PRESS (CHINA)

主编简介

刘小楠　中国政法大学人权研究院教授，中国政法大学宪政研究所所长，纽约大学法学院亚美法中心兼职教授。法学博士、教育学博士后，美国耶鲁大学法学硕士。美国哥伦比亚大学、纽约大学、耶鲁大学访问学者。中国妇女研究会常务理事、中国社会法研究会理事、北京市法学会妇女研究会常务理事、全国总工会智库专家。主要从事人权法学、反歧视法及性别与法律方面的研究。主持、参与多项国家级、省部级课题及国际研究项目，撰写或主编《社会性别与人权教程》《反歧视法讲义：文本与案例》《港台地区性别平等立法及案例研究》《20 年，我们走了多远？——95世妇会后中国妇女权利发展状况研究》《反就业歧视法专家建议稿及海外经验》等多部著作，发表学术论文 80 余篇。

王理万　中国政法大学人权研究院副教授，中国政法大学宪政研究所研究员，《人权研究》（季刊）编辑，中国人民大学宪法学博士，纽约大学访问学者，兼任中央社会主义学院"统一战线高端智库"特约研究员、北京航空航天大学备案审查制度研究中心学术委员会秘书长、北京市监察法学会副秘书长。主要从事宪法学、人权法学、港澳基本法学的研究与教学。主持国家社科基金项目、教育部专项委托课题、国家高端智库重点研究课题 3 项，发表中英文学术论文 40 余篇，6 篇论文被人大复印资料全文转载，并在《人民日报》《光明日报》等报刊发表评论多篇。

卷首语

经过一年的征稿、约稿和组稿工作，《反歧视评论》（第9辑）终于得以付梓。作为国内最早聚焦反歧视和平等权研究的集刊，《反歧视评论》一直承蒙学界同仁的厚爱，前辈和同侪积极赐稿支持。尤为令人欣喜的是，近几年来有越来越多的青年学者和学生加入反歧视研究之中，他/她们关注现实问题、学术素养俱佳。与此同时，越来越多的实务界人士（法官、检察官、律师、社群工作者）也加入反歧视的研究之中，从而正在形成理论和实务紧密互动的"反歧视共同体"。本辑《反歧视评论》正是在这种背景和趋势下形成的，展示了反歧视理论研究的最新成果。

本辑《反歧视评论》选择了当下最受关注的"职场性骚扰""跨性别权益"作为研讨主题。孙萌教授和崔一冰的《人权视角下职场性骚扰可诉性问题研究》详细展开介绍了职场性骚扰概念的演变所侵害的具体人权，论证职场性骚扰可诉性的国家义务，并讨论了国内职场性骚扰的可诉性问题及其对策。原新利副教授和王静在《职场性骚扰的空间特征及对女性职业发展的损害》一文中，关注到职场性骚扰的空间特定性，实为对女性职业发展权的损害，并提出了完善我国反性骚扰制度的建议。卢杰锋副教授翻译了《美国平等就业机会委员会关于性骚扰问题的政策指南》，该指南为性骚扰的认定和救济提供了颇为翔实、细致的指引，也为中国的制度建构提供了镜鉴。刘明珂律师的《中国跨性别者平等就业权保护——简评中国首例跨性别平等就业权纠纷案》一文，展示了司法实务与理论研究的张力，探讨了我国现行法律中就业歧视概念的缺失，反就业歧视诉讼侵权法模式的弊端，以及由于相关立法不完善而给跨性别群体权益保护带来的负面影响。时雪涵的《论跨性别者如厕权实现的困境与方式》，以保障跨性别者如厕权为切入点，深入论证了保护该项权益的必要性及合理性，提出了实现该项权益的三个主要路径。

在"学术专论"版块,辑录了 6 篇学术论文,多元呈现了反歧视问题的复杂面向。何霞副教授和冉智勤的《就业性别歧视检察公益诉讼研究》,详细论证了检察机关提起就业性别歧视行政公益诉讼的规范基础、现实意义和制度构建。郑睿博士和段知壮副教授的《混合性取向婚姻中的配偶权问题研究》,以"同性恋骗婚"作为问题意识,关注混合性取向婚姻中异性恋一方所遭受的实际权利减损。高敏的《比较法视角下的英美反就业歧视救济体系——兼论我国的制度设计》,对英美两国反就业歧视的实施机构、救济程序、法律责任进行了比较与分析,为我国构建反就业歧视的救济体系提供了有益借鉴。徐宇晴的《药物研发中的系统性性别偏见问题研究》指出了一个常被忽略但"细思恐极"的问题,即目前的医药研究以男性为标准,临床研究中的女性受试者比例严重不足,导致女性可能会因此面临过量用药及更严重的不良反应,其实质是性别歧视,并据此提出了若干改进建议。李卓伦博士的《女性主义法学视角下的企业社会责任——兼论〈工商业与人权原则〉的指导意义》,以社会性别视角看待企业社会责任,强调了企业承担促进与实现性别平等的社会责任具有充分的正当性基础,并探讨了《联合国工商业与人权指导原则》对于该问题的指导意义。杨安怡的《积分入学制度的宪法分析》一文,指出了积分入学以户籍、父母的社会经济地位作为差别对待的标准,有违不当联结禁止原则与平等原则;并且积分入学限制了适龄儿童少年的平等受教育权,实际上已构成行政许可,但积分入学的设定与规定均不符合《行政许可法》的规定。

在"案例研读"版块,李明法官和饶志静副教授翻译了美国联邦最高法院关于"博斯托克诉佐治亚州克莱顿郡"案的判决书,即主张雇主不得在就业环境中歧视同性恋或跨性别者。在"调研报告"版块,张慧的《残障儿童融合教育的法律保护》详细梳理了融合教育的内涵,分析了残障儿童融合教育的权利基础和现实困境,提出了完善残障儿童融合教育法律的建议。在"深度书评"版块,卜元石教授评介了德国法学界资深性别研究学者乌尔里克·舒尔茨(Ulrike Schultz)担纲主编的《法学学术界中的性别与职业生涯》一书，为我们管窥"法学之路上的女性"打开了非常新颖的窗口。

诚如诸位读者所看到的，在上述文章中，既有资深教授的大作，也有学界新秀的赐稿。既以反歧视为名，本集刊珍视每一篇投稿，以质取稿，践行平等理念。本辑《反歧视评论》的顺利出版，得益于作者们的慷慨赐稿、编委会委员的悉心指导以及社会科学文献出版社编辑的辛劳付出，再次一并诚挚致谢。期待《反歧视评论》能与中国平等进程共同成长！

编者

2021 年 10 月 10 日

目　录

主题研讨1：职场性骚扰

人权视角下职场性骚扰可诉性问题研究*

孙　萌　崔一冰**

摘要： 职场性骚扰是一个世界性的社会问题，它不仅侵犯人格尊严、性别平等，还对工作权等权利形成危害，因此日益受到各国重视。职场性骚扰的可诉性是保障受害者权益的重要路径，而为其提供公平合理的救济，则是国家的人权义务。近年来性别平等、尊重人权观念的推进不仅改变了各国对职场性骚扰的概念、本质及理念方面的认知，同时也在制度层面对其可诉性问题提出了新的挑战。当前我国职场性骚扰的诉讼中存在参与主体相对有限、用人单位责任缺失以及诉讼程序障碍等问题，国家应该进一步细化劳动法和《民法典》体系中的相关规定，扩展主体资格、明确用人单位防止性骚扰的义务，强化相关的劳动标准，并拓展诉讼渠道，改革诉讼中的举证难等问题，从而强化法律救济。

关键词： 性别平等；工作权；雇主责任；连带责任；劳动标准

职场性骚扰问题是横亘在平等就业面前的深壑，也是妇女等弱势群体在工作场所遭遇人格尊严等侵害的世界性问题。职场性骚扰不仅危害了受害者的生存和发展的权利，而且也会影响企业的正常运行，阻碍经济的健康发展。它不仅涉及个人间的侵权问题，还涉及雇主与雇员的劳动关系问题，以及国家保障个人在工作场所免受第三方侵害的人权义务。它是国家

---

* 本文得到 2018 年度教育部人文社会科学重点研究基地重大项目"在人权法治建设视野下构建性骚扰防治机制研究"（项目编号：18JJD620004）的资助。

** 孙萌，中国政法大学人权研究院教授；崔一冰，中国政法大学人权研究院 2020 级硕士研究生。

促进就业、保障性别平等，推进妇女事业发展的重要组成部分。[①]

从 20 世纪 90 年代，国内学界和实务界就开始关注职场性骚扰问题，经过 20 多年的不断发展，我国已经建立了一系列政策和制度体系来解决这一问题。实践中，尽管有关职场性骚扰的问题不断取得突破性进展，但是受害者也频频遭遇"立案难"、"举证难"和"赔偿难"等问题。这些诉讼障碍直接反映了职场性骚扰的可诉性不强、救济不力等现实，并折射出该问题在立法、行政和司法等各个方面的规制不足。对此，我国近年来采取了一系列措施，例如在新通过的《中华人民共和国民法典·人格权编》（以下简称"人格权编"）中添加用人单位防止性骚扰的规定；在民事诉讼中增设"性骚扰损害责任纠纷"案由等。这些发展无疑会进一步推动职场性骚扰的可诉性和人权的司法保障，并且亟待跟进研究。

以往国内学者主要是从国内法出发，尤其是从民法和劳动法的视角对职场性骚扰及其可诉性进行研究。这种进路虽能就国内现存的问题提出具有针对性的完善建议，但是无法在整合可诉性途径、全面提升受害者的保障方面产生系统性的突破。鉴于此，本文结合最新发展，从人权法视角来审视现有职场性骚扰的可诉性问题，通过对"职场性骚扰"概念发展的人权审视、该行为所侵犯的权利及国家救济义务的人权定位，来反思国内在职场性骚扰可诉性方面存在的制度和实践性问题，从而进一步推进法律及相关政策制度的完善，使其与国际人权义务接轨的同时，提升妇女等群体的性别平等，推进国家对平等就业权及安全工作环境权等人权的保障。

一 职场性骚扰概念的演变及人权思考

职场性骚扰概念自 20 世纪 70 年代在美国首度提出后，在世界各国得到了不同程度的承认和制度化，并在以女权主义和争取人权为核心的各种社会思潮和运动的推动下得到进一步的发展。在这些历史嬗变中，以维护人的尊

---

① 2018 年 12 月 18 日至 20 日举行的中央经济工作会议指出，要保障和改善民生水平，其中包括解决结构性就业矛盾，解决好性别歧视、身份歧视问题。参见《2017 年十大女性新闻》，《中国妇女报》2018 年 1 月 1 日，第 1 版。

严为核心价值的人权理论丰富了原有的性别平等理论的概念基础，不断推进国际和国内对职场性骚扰的主体、客体、行为及责任等方面的认知、制度的构建和实践，并直接引发了职场性骚扰可诉性问题的各个方面的变迁。

（一）变化中的职场性骚扰概念

纵览世界各国以及国际社会对职场性骚扰的界定，主要是以如下几个概念为基础所进行的发展和演变。

第一，以维护性别平等为基础的职场性骚扰概念。关于性骚扰的概念，一般会将其起源定位于美国女权主义学者麦金农教授的观点及在其理论的启示下，美国平等就业机会委员会对职场性骚扰的界定："不受欢迎的性冒犯、性要求，以及其他具有性本质的言语或肢体行为在下列情形下均构成性骚扰：（1）对方接受该行为是其就业的明示或隐含的条件或条款；（2）以对方接受或拒绝该行为作为影响其雇佣决定的基础；或者（3）此类行为构成了不合理地干扰个人的工作表现的目的或影响，或造成恐吓、敌对、令人窘迫的工作环境。"[1] 美国关于职场性骚扰的概念最初是针对妇女就业歧视问题提出的，但在性别平等理论及有关人权运动的推动下，已将受害者主体范围扩大至男性以及同性性骚扰。[2] 就总体而言，美国关于职场性骚扰相关的制度和诉讼实践是以《民权法案》第七章确定的性别歧视为法律根据，并将职场性骚扰行为分为"利益交换型"和"敌意环境型"，[3] 紧紧

---

[1] Guidelines on Discrimination Because of Sex, 29 C. F. R. § 1604. 11 （a）, https://www. govinfo. gov/content/pkg/CFR - 2016 - title29 - vol4/xml/CFR - 2016 - title29 - vol4 - part1604. xml.

[2] 例如，在"Newsports Shipbuilding"案中，联邦最高法院判决，1964 年《民权法案》所禁止的"基于性别的歧视"的范围，包括男性及女性在内。Newsport Shipbuilding and Dry Dock Co. v. E. E. O. C., Supreme Court of the United States, June 20, 1983, 462 U. S. 669103 S. Ct. 262277 L. Ed. 2d 89. 在"Oncale"案中，联邦最高法院认为根据先例，1964 年《民权法案》第七章并不排除关于同性间性别歧视的控诉，针对任何与性有关的工作场所的骚扰行为，均可提出控诉，而无须问及实施骚扰者的性别、性倾向或动机因素。Oncale v. Sundowner Offshore Servs., Inc., et al. 1998, 523. U. S. 75, S. Ct. 998, 1000.

[3] 联邦最高法院分别在 1976 年"Williams"案中和 1986 年"Meritor"案中首次确认了利益交换型性骚扰和敌意工作环境型性骚扰属于《民权法案》第七章规定的性别歧视范围。Williams v. Saxbe, United States District Court, District of Columbia. April 20, 1976 413 F. Supp. 654. Meritor Sav. Bank, FSB v. Vinson, Supreme Court of the United States June 19, 1986 477 U. S. 57 106 S. Ct. 2399 84 - 1979.

围绕着职场的反歧视斗争发展而来，并对其他国家的相关制度形成深刻影响。

第二，以维护人格尊严为基础的职场性骚扰概念。鉴于人权意识和制度保障的不断提升，以及对性别平等在人权框架的多元化审视和发展，欧盟对职场性骚扰的理解引入了以维护人的尊严为根本价值的更为全面的人权理念，从而将职场性骚扰放置在更大的人权框架下予以思考和解决，使之与其所遵行的国际、区域和国内人权义务相一致，并更好地处理多元化性别遭遇职场性骚扰的问题。1990 年，欧洲共同体部长会议通过了一项《关于保护男女工作人员尊严的议会决定》，并将职场性骚扰界定为："不受欢迎的具有性意味或其他基于性的行为，是损害工作场所的男女两性的人格尊严，包括主管及同事的行为在内不可忍受的侵犯，并可能违反欧共体理事会关于平等待遇原则的指令的行为：1. 这类行为对于受害者来说，是不愿意接受、不符合常理的冒犯；2. 拒绝或屈从雇主、主管或同事等的行为，会被暗示或明示作为培训、就业、继续聘任或晋职、获得报酬或是其他工作决定的基础；3. 这类行为对于受害者而言，产生了威胁、敌意或羞辱的工作环境。"① 欧盟的职场性骚扰概念相较于以美国为代表的概念，最大的不同在于其将维护尊严作为重要价值，而不再仅仅局限于反对性别歧视这一单一理念，并为进一步拓展对职场性骚扰行为的认定，② 保障职场性骚扰中的多元性别主体以及提升职场中的工作权、健康权等各项人权保障水平提供了更大的发展空间。针对一些女权视角的批评，③ 欧盟在 2002 年 9 月 23 日制定了《关于落实男女平等待遇原则》，重新强调了性骚扰是性别歧视，从而补足了职场性骚扰概念中的性别视角，在保障

① Council Resolution on the Protection of the Dignity of Women and Men at Work, of 29 May 1990, 90/C 157/02, official Journal of Communities, https://eur – lex. europa. eu/legal – content/EN/TXT/HTML/？ uri = CELEX：31990Y0627（05）&qid = 1583128955039&from = EN.

② "欧盟的概念及有关规则确定的性骚扰行为的构成要件并不是两性平权或性别歧视，而是违背人的意愿及侵犯人的尊严，这使得性骚扰法律的发展趋势，也渐渐朝着重性骚扰的行为本身而非性别歧视方向发展。"靳文静：《性骚扰的法律要素和认定标准》，《中国司法》2009 年第 5 期。

③ Linda Clarke, "Sexual Harassment Law in the United States, the United Kingdom and the European Union：Discriminatory Wrongs and Dignitary Harms", *Common Law World Review*, 2007.

工作者尊严的基础上，突出性别平等保障的主体意义，后来该原则又几经修订。① 欧盟关于职场性骚扰的概念、制度与其实践虽源于美国，但是在历史发展中形成明显分野，究其原因，部分在于其并没有像美国那样成熟的反歧视法律体系，也不存在因"雇佣自由"而恶化的种族和性别歧视问题。② 欧盟及其成员国是在相对稳定的劳工关系的基础上，以保障工作权利和人格尊严为主要价值取向，来界定其职场性骚扰的概念并构建相关法律制度，体现了欧洲的人权观。

第三，以共同维护性别平等和人格尊严为基础的职场性骚扰的概念。在全面探索国外经验以及结合中国国情的基础上，国内学者也对职场性骚扰的界定作出了诸多有益的探索。其中具有代表性的是由蔡定剑教授和刘小楠教授在《反就业歧视法专家建议稿》中提出的概念："（1）用人单位的管理人员或其他同事对劳动者以明示或暗示性要求、性示好作为劳动合同成立、持续、变更、报酬、考核、升降、奖惩、解雇、终止的交换条件；（2）劳动者在履行工作时，任何人以性要求、具有性意味的言辞或行为，或基于性别进行侮辱的言辞或行为对其造成敌意性、胁迫性或冒犯性的工作环境，致使其人格尊严、人身自由或工作表现受到侵犯或影响。"③ 这一概念的先进意义就在于：首先，它明确提出职场性骚扰是性别歧视，而不仅仅是个体的"流氓"行为；其次，它为消除职场性骚扰提出了维护人格尊严和性别平等两个理论基础，旨在在捍卫个人尊严的前提下，强化职场性骚扰中性别平等的视角，为解决女性备受职场性骚扰困扰的现实问题提供充分的制度和实践空间。但是实践中，由于职场性骚扰问题在国内往往诉诸民法的侵权之诉，因此，相关司法实践对性别平等原则的强调和保障都未能得到彰显。

---

① The Principle of Equal Treatment For Men And Women As Regards Access To Employment, Vocational Training And Promotion, And Working Conditions. https://eur-lex.europa.eu/legal-content/EN/TXT/PDF/? uri = CELEX: 32002L0073&from = EN; Directive 2006/54/EC of the European Parliament and of the Council of 5 July 2006 on The Implementation of The Principle of Equal Opportunities And Equal Treatment of Men And Women In Matters of Employment And Occupation.

② 骆东平：《性骚扰纠纷解决机制研究》，人民出版社，2014，第 171 页。

③ 参见《反就业歧视法专家建议稿》2017 年 1 月修改版，内部讨论稿。

此外，特别值得一提的是国际劳工组织于 2019 年通过的《关于消除劳动世界中的暴力和骚扰公约》（第 190 号）关于"暴力和骚扰"这一词组的解释，它是指"一系列旨在造成、导致或可能导致身体、心理、性方面或经济方面伤害的不可接受的行为和做法或它们带来的威胁，无论是其只发生一次，还是反复发生，并包括基于社会性别的暴力和骚扰"①。该定义虽是对一般性的暴力和骚扰的界定，但是它传递了国际社会对性骚扰行为构成要件的最新认识，即性骚扰行为不一定是所谓普遍的、严重的，某些具有性本质的、不受欢迎的行为，只发生一次也构成性骚扰。

（二）职场性骚扰概念发展的人权透视

关于职场性骚扰的概念反映了各国关于该行为产生的根源、行为的本质、特征以及所侵害的权利等方面的认知，同时也体现了有关制度和实践的变化和发展。纵观职场性骚扰的历史嬗变，其已经从调整个人之间、个人与雇主间关系的私法、半私法问题，上升为国家保障人权的公法问题，从单纯以保障男女平等、性别平等为目标，延伸为以保障以尊严为基础的更为全面的人权为宗旨。

第一，性别平等理论的发展和人权意识的提升，使职场性骚扰中的主体范围和行为构成条件随之发生变化，同性性骚扰得到法律确认。职场性骚扰概念中对多元性别的包容，是性别平等观念的发展，特别是性别多元化运动的结果。当然这一主体范围的变化并未改变妇女仍是职场性骚扰最大受害群体的基本事实。职场性骚扰最大的目标还是解决妇女在工作中受到侵害和排斥的问题，但是同时也应该为其他性别的受害者寻求相关救济和保障提供制度保障。

第二，防治职场性骚扰的理论基础从性别到社会性别歧视②、从反对性别歧视到维护尊严、从调整性别之间的权力关系到维护工作权的发展，

---

① 《关于消除劳动世界中的暴力和骚扰公约》（第 190 号）第 1 条。

② 在 "Price Waterhouse" 案中，联邦最高法院扩大了对《民权法案》第七章中 "性别" 一词的理解，提出了 "社会性别" 及 "性别刻板印象" 的概念，并为性少数者成为性别平等的主体提供了重要的基础。Price Waterhouse v. Hopkins, Supreme Court of the United States May 01, 1989 490 U. S. 228 109 S. Ct. 1775 87 – 1167.

使职场性骚扰从私主体间的性别压迫和职场中的权力斗争，提升到国家保障性别平等的高度，从单纯的女权问题上升到人权问题。职场性骚扰问题出现以来，从对个人的冒犯到对妇女性别歧视的承认，国家对该问题的认识逐渐深入。① 它表明性骚扰并不只限于性吸引本身这样简单的原因，它还是妇女因其第二性的社会地位而被歧视和被公共领域排斥的结果。但是随着职场性骚扰主体和行为多元化的发展，性别歧视的分析已经不能将所有的性骚扰行为涵盖其中，尤其是在涉及女性对男性的骚扰、同性性骚扰以及双性性骚扰行为的情况下，性别歧视在理论论证和法律适用性方面均已捉襟见肘。因此，各国对职场性骚扰概念及行为的认定，不再限于对具体行为的性别歧视的分析，或是将实施者的行为分析（歧视）部分转移到被害者的感受来认定骚扰行为，② 认为性骚扰是对他人尊严，特别是对人身自由与安全权、健康权和工作权等人权的侵害，而当职场性骚扰关涉更全面的人权问题后，国家相关的义务与责任成为解决这一问题的重要维度。

第三，对人权尊严理念的强调及工作权的发展进一步强化了职场性骚扰中的雇主责任。③ 随着平等就业权和工作环境权成为消除职场性骚扰的基础，关于职场性骚扰的认知从性别间的权力关系，逐步拓展为雇主与雇员之间的劳动关系以及国家与个人之间关于工作权的权利义务关系。对于雇主而言，鉴于职场性骚扰与工作中的职权以及工作环境密切相关，因此其应负有特殊的保护义务并承担相应的责任。对于国家而言，其应扮演指导、规范和监督用人单位和工作者劳动关系的角色，并肩负保障个人免受

---

① "Barnes v. Train"案被认为是美国第一起性骚扰案，该案在初审法院不被认为是性别歧视案，但是在上诉案（"Barnes v. Costle"案）中，哥伦比亚地区上诉法院认为，Barnes如果不是因为其性别是不会受到性骚扰，因此，构成对受害者的性别歧视。Barnes v. Train, United States District Court, District of Columbia. August 9, 1974 Not Reported in F. Supp. 1974 WL 1062813 Fair Empl. Prac. Cas. （BNA）123; United States Court of Appeals, District of Columbia Circuit. July 27, 1977 561 F. 2d 983 15 Fair Empl. Prac. Cas. （BNA）345 74 – 2026.

② Porcelli v. Strathclyde Regional Council, （1986）IRLR 134, Para. 35, http://people. exeter. ac. uk/rburnley/empdis/1986IRLR134. html.

③ 由于国内法中的雇主责任范围与国外的雇主责任主体范围有所不同，下文中会使用用人单位的责任与雇主责任相对应。

用人单位或者第三人侵害的义务与责任。涉及劳动权保护和维护生产与经营、进行风险分配的管理问题和人权问题。对此，国家有义务采取各种措施解决职场性骚扰的问题，其中包括规定、敦促和监督用人单位采取必要的措施来防治职场性骚扰，并对其实施不力的问题进行法律制裁。

二 职场性骚扰侵害的人权及其可诉性的国家义务

职场性骚扰概念的发展及其人权透视，为该问题的可诉性提出了新的要求，它意味着可诉主体、客体及责任主体的一系列变化，也强调了国家的人权义务。强化职场性骚扰问题的可诉性，首先就要全面厘清该行为所侵害的各项人权，进而为寻求和完善国家的相关救济义务确定法律根据。目前国内理论界和实务界对职场性骚扰所侵犯的权利分析主要是在民法和劳动法框架下进行的，涉及隐私权、工作权、人格权中的身体自由权、健康权，以及性自主权等权利。但是关于上述权利的分类和研究，不仅杂糅了理论与制度中所涉的多项权利，使部分权利的保障形成不合理的交叉或者空白，而且形成了壁垒，也不能与我国在消除职场性骚扰方面所负的国际人权义务相适应。其中最集中的问题就是将职场性骚扰行为视为对人格尊严的侵犯，忽视了对工作权的保障，将人格尊严与工作权益相割裂，平等就业权与安全工作权利处于相分离的现状。而事实上，工作权本身就蕴藏着体面工作的含义，[①] 以及保有人格尊严的权利内容。从人权视角对职场性骚扰所侵犯的权利的分析并不是要颠覆已有研究，而是在此基础上将这些权利置于人权框架进行重述，突出核心的人权问题，从而检验职场性骚扰可诉性存在的问题，以及国家的相关义务，并为职场性骚扰的可诉性提供多途径发展的思考。鉴于职场性骚扰最直接侵害的是工作权，而有关成果及实践却相对薄弱，因此，有必要就职场性骚扰对工作权的侵害进行

---

① 经济、社会和文化权利委员会第 18 号一般性意见认为，《公约》第 6 条规定的工作必须是体面的工作。这种工作尊重人的基本人权以及工人在工作安全和报酬条件方面的权利。这些基本权利还包括尊重工人在就业时的身体和心理健康。见经济、社会和文化权利委员会第 18 号一般性意见：《工作权利（第 6 条）》，E/C. 12/GC/18，2005 年。

更深入的研究，进而为厘清职场性骚扰的责任主体及其可诉性以及国家的救济义务奠定基础。

（一）职场性骚扰对人权的侵害

1. 对工作权的侵害

相较于一般性的性骚扰，职场性骚扰发生在特定的工作场域，并利用了与工作相关的各项要素——上下级间的权力关系、职场环境及文化因素等，导致了对平等就业权和公平、良好的工作条件的侵害。其中，职场性骚扰对前一项工作权的侵害主要涉及聘用和解雇两个环节的问题；对后一项工作权的侵害主要涉及共同统筹、待遇、安全卫生的工作环境以及晋升待遇问题。

工作权对于一个成人来讲是极其重要的，它的价值不仅限于此项权利本身，它还意味赋予一个人，包括妇女等弱势群体赖以生存与发展的机会，是维持其尊严与独立的最重要的权利。[①] 而职场性骚扰却迫使妇女等受害者不堪羞辱而被迫离职，不仅贬低和侵害了受害者的人格尊严，更侵犯了他们的工作权和体面生活的权利。工作权是一项人权，对此，国家不仅负有提供工作机会的义务，而且还有保障平等就业和稳定、安全的工作环境的义务。

首先，就平等就业权而言。多项国际人权公约及国际劳工组织的公约中都规定了相关的国际人权义务。其中，《经济、社会和文化权利国际公约》第6条规定："本公约缔约各国承认工作权，包括人人应有机会凭其自由选择和接受的工作来谋生的权利，并将采取适当步骤来保障这一权利。"《1958年消除就业和职业歧视公约》第1、2条规定："歧视是（甲）基于种族、肤色、性别、宗教、政治见解、民族血统或社会出身的任何区别、排斥或特惠，其效果为取消或损害就业或职业方面的机会平等或待遇

---

① 经济、社会和文化权利委员会第18号一般性意见：《工作权利（第6条）》将工作的宗旨阐释为："工作权对于实现其他人权至关重要，并构成人之尊严的不可分割的、固有的一部分。每一个人均有工作的权利，使其生活得有尊严。工作权同时有助于个人及其家庭的生存，只要工作是自由选择或接受的，这一权利还有助于国人的发展和获得所在社群的承认。"UN Doc. E/C. 12/GC/18.

平等"；"本公约对其生效的每一成员承担宣布并执行一种旨在以适合本国条件及习惯的方法促进就业和职业方面的机会平等和待遇平等的国家政策，以消除就业和职业方面的任何歧视"。综合各类公约的规定，平等就业权主要包括如下四项权利内容：选择工作的自由；免受强迫劳动的自由；免受歧视；免受任意解聘的自由。鉴于工作是实现人身价值的重要途径，平等工作权本身就体现着对人格尊严和自我价值实现的追求。而职场性骚扰则违反了平等就业所有的价值核心。享有工作自由的权利是指不受某种特定原因胁迫从事工作的自由，而性骚扰却为个人获得或保有工作附加了有辱人格的屈辱条件以及强迫性因素，从本质上侵害了选择工作的权利。在性骚扰的职场中的受害者，为了保持工作不被解雇，或被威胁进行"交易"，或被迫忍受敌意的工作环境，而丧失了选择工作的自由。

其次，职场性骚扰构成对个人的就业歧视，其通过工作中上下级的权力关系附加了额外的性要求，或者受到了基于性本质行为的骚扰和工作排斥，使受害者无法得到平等的工作待遇，体面地从事工作。现实中，性骚扰成为妇女就业中最大的隐秘性障碍，甚至被视为性暴力在职场中的体现。①

最后，在职场性骚扰中，许多女性成为被任意解聘的牺牲品。职场性骚扰不仅使她们丧失了人格与尊严，而且被迫辞职或开除，一旦丢失工作，其生活境地将会进一步恶化，而只能依附于他人，重又坠入第二性的社会性别角色的泥潭。②

2. 公平和良好的工作条件

工作权还意味着工作者在被雇用的过程中有权得到公允的报酬、实现同工同酬、享有安全卫生的工作环境以及平等的升职机会和休息的权利等。《经济、社会和文化权利国际公约》第7条规定："本公约缔约各国承认人人有权享受公正或良好的工作条件，特别要保证：（乙）安全和卫生的工作条件……"国际劳工组织也发布了一系列关于安全卫生条件的文

---

① 消除对妇女歧视委员会第12号一般性意见：《针对妇女的暴力》，第八届会议，1989年。
② 经济、社会和文化权利委员会第18号一般性意见：《工作权利（第6条）》，E/C.12/GC/18，2005年。

件,例如《职业安全卫生和工作环境公约》(第155号)提及"把工作环境中内在的危险因素减少到最低限度,以预防来源于工作、与工作有关或在工作过程中发生的事故和对健康的危害"。但是无论是国际人权公约还是劳工组织的相关公约最初对安全卫生环境的规定,都是指工作中"物"的环境,而未提及"人"的环境对健康的影响。其主要关心的还是生产工作本身对工作者的身心侵害,主要涉及工伤、职业病等劳动保障制度问题。但是《职业安全卫生和工作环境公约》的进步性就在于,它提出了减少工作对心理伤害的健康标准,而且还提出了"工作环境"的概念。正像国内部分学者所认为的那样,"工作环境权"是作为"劳动卫生与安全"的上位概念提出的,是对劳动领域安全卫生制度认识和研究的深化与拓展的结果。[1] 它作为一种劳动标准的逐步确立,也为雇主责任和国家监督义务均提供了更大的发展空间。而随着人权意识的增强,特别是对工作者作为有尊严的人而非生产手段的认识的不断深化,[2] 以及"体面工作"等概念、性别视角的融入,国际社会对工作环境的界定也随之产生了一系列变化。例如,关于享受公正和良好的工作条件的权利(《经济、社会和文化权利国际公约》第7条)的第23号一般性意见(2016年)将"免受性骚扰"作为广泛适用的问题建议解释,要求各国制定相关制度消除其危害。而国际劳工组织2019年6月21日通过的《关于消除劳动世界的暴力和骚扰的公约》第4条第2款直接提出:"在提及的具有包容性、综合性和回应社会性别层面的方法时,成员国应在劳动与就业、职业安全与卫生、平等与非歧视法律中以及在适当情况下,在刑法中处理劳动世界中的暴力和骚扰。"上述两个文件都直接确认了职场性骚扰是国家在保障安全与卫生的工作环境中应当防范、消除和解决的问题。对此,用人单位负有直接责任,而国家则负有制定标准、指导和监督企业的义务。

另外,在很多职场性骚扰中,都是隐含着以晋升和待遇为交换条件或

---

① 周宝妹:《就业领域内的性骚扰及其法律规制》,《中国律师和法学家》2005年第5期。

② Gerasimos Papadopoulos, Paraskevi Georgiadou, Christos Papazoglou, Katerina Michaliou, "Occupational and Public Health And Safety In A Changing Work Environment: An Integrated Approach For Risk Assessment And Prevention", *Safety Science*, Vol. 48, Issue 8, 2010, pp. 943 – 949.

为要挟的问题。对于职场性骚扰中的多数受害者——女性而言，她们被迫"交换"以获得本该属于她们的待遇，但是也因此受到了人格等方面的侮辱和不平等待遇。这种职场性骚扰行为与女性就业中的"玻璃天花板"等职业发展障碍问题相互交织，共同侵犯了她们的各项工作权，构成了严重的性别歧视，违反了国际人权公约的人权标准。对此，《经济、社会和文化权利国际公约》第 7 条明确规定："（甲）公平的工资和同值工作同酬而没有任何歧视，特别是保证妇女享受不差于男子所享受的工作条件，并享受同工同酬……（丙）人人在其行业中适当的提级的同等机会，除资历和能力的考虑外，不受其他考虑的限制。"而国际劳工组织的 1951 年《男女工人同工同酬公约》（第 100 号）、《1958 年消除就业和职业歧视公约》、《就业政策公约》等一系列文件也都禁止对妇女在工作待遇方面的各种歧视。此外，《消除对妇女一切形式歧视公约》也有一系列的禁止性规定。据此，国家有义务禁止雇佣关系所产生的一切形式的不平等待遇，确保立即消除正式和实质性歧视。

3. 其他人权

职场性骚扰还涉及对其他权利的侵犯，对此，国内法所确认的部分权利中包括名誉权、身体权、隐私权等，对这些权利进行人权定位，主要是为国家提供可诉途径和履行救济义务夯实法律根据。

第一，人身自由与安全权。人身安全权是保护个人身体或精神不被故意伤害的权利。根据《公民权利和政治权利国际公约》第 9 条规定的"人人有权享有人身自由和安全"，国家负有不侵害个人身体的义务以及保障个人免受第三方实施的身体伤害的义务。具体而言，国家不仅有义务通过适当的程序调查相关的侵害事件，还应当对侵害行为进行必要的惩罚，以及采取各项措施防止未来的侵害。对于构成个人身心伤害的职场性骚扰，国家有义务对其所遭受的骚扰行为进行适当的调查、为其提供诉讼机制，且应敦促行政部门提供监督和救济机制，并通过立法、行政和司法措施来对有关行为加以禁止并进行适当的惩罚。对此，相关各国的刑法、民法、行政法等法律都有规定，故不再赘述。

第二，健康权。国内部分学者在提到性骚扰时认为该行为侵犯了个人的性自由/自主等权利,① 并将其归入人格权项下进行讨论，但也因缺乏具体的法律根据而引发了更多的讨论。在人权体系下，性自主或者自由相关问题是可以归入健康权项下进行探讨的。作为复合型的权利，健康权还包括"（乙）改善环境卫生和工业卫生的各个方面"。因此，该权利也是职场性骚扰所侵害的重要权利之一，为该问题的可诉性提供了法律根据和救济道路。鉴于健康权关于工业卫生的标准与工作权中的工作环境的要求性重复，在此仅对职场性骚扰所侵犯的性健康权问题进行简要探讨。

性健康的概念及其在健康权中得以确认的历史始于生殖权的提出。根据首先倡导这一概念的《国际人口与发展大会行动纲领》的规定，"生殖权在于承认所有夫妇和个人均享有自由、负责地决定生育次数、生育间隔和时间并获得这样做的信息和方法的基本权利，以及实现性和生殖健康方面最高标准的权利"②。而生殖健康是指"人类生殖系统及其功能和运动所涉及的一切事宜的有关身体、精神及社会适应性等方面的完好状态，而不仅仅指这些方面无病或不虚弱。人们应能享有满意而安全的性生活，应能生育，且享有获得有关信息的权利，并有权选择调节生育的方法且实际获得安全、有效、便宜及可接受的调节生育的方式，并享有安全妊娠及分娩的保健服务"③。此后，国际人权标准中开始承认性健康的权利。经济、社会和文化权利委员会发布的"关于性健康和生殖健康权利（《经济、社会和文化权利国际公约》第 12 条）的第 22 号一般性意见（2016 年）"中，认为性健康和生殖健康权与其他人权不可分割，相互依存。它与支撑个人的身心完整及其自主性的公民权利和政治权利密切相关，如生命权，人身自由和安全权，免受酷刑和其他残忍、不人道或有辱人格的待遇或处罚的权利，隐私和家庭生活得到尊重的权利以及不受歧视和平等权。对此，国家应采取特别措施，克服对某些群体的长期歧视和根深蒂固的陈旧定型观念，并根除使歧视长期存在的条件。国家应侧重于确保所有个人和

---

① 杨立新主编《中国人格权立法报告》，知识产权出版社，2005，第 461 页。
② Programme of Action Adopted at the International Conference on Population and Development, Cairo, 5 – 13 September 1994, in Report of the International Conference on Population and Development, UN Doc. A/CONF. 171/13/Rev. 1.
③ 第四次世界妇女大会《行动纲领》第 94 段。

群体在实质平等的基础上切实享有性健康和生殖健康权,并禁止第三方的行为造成身心伤害或有损充分享有性健康和生殖健康权,这包括禁止暴力和歧视性等做法。而关于职场性骚扰对性健康权的侵害,国家具有责无旁贷的救济义务。

(二) 职场性骚扰可诉性的国家义务

职场性骚扰的可诉性取决于其所侵犯的人权的可诉性。诉权不仅是一种程序权利,还是一种实体权利,它代表的是一种救济的请求,是实现救济的一种基本的手段,也是唯一可以从平等性和穷尽性上来保障人权实际享有的手段。对此,无论是公民、政治权利还是经济、社会和文化权利都规定了人权可诉性的国家义务。

以经济、社会和文化权利可诉性为例,在国际人权法中,职场性骚扰的可诉性包括如下根据。例如,《经济、社会和文化权利国际公约》第 2条第 1 款的规定,缔约国应尽最大能力采取一切适当方法,逐渐达到本公约中所承认的权利的充分实现。根据经济、社会和文化权利委员会第 3 号一般性意见,所谓的一切适当方法,除立法之外,还包括为权利提供司法补救的办法。对此,委员会特别提及包括《公约》第 3 条、第 7 条第 1 款第 1 项、第 8 条、第 10 条第 3 款、第 13 条第 2 款第 1 项和第 4 项以及第 15 条第 3 款,是可以由许多国家法律体系的司法和其他机构加以适用。此外,有关 "在国内法律秩序中适用《公约》的义务" 的一般性意见中,经济、社会和文化权利委员会重申了 1948 年的《世界人权宣言》第 8 条的规定:"任何人当宪法或法律所赋予他的基本权利遭受侵害时,有权由合格的国家法庭对这种侵害行为做出有效的补救。" 缔约国必须使用一切可以使用的手段实施《公约》确认的权利。也就是说,必须在国内法律秩序中以适当方式承认国际规范,必须向受到伤害的个人或群体提供适当的纠正或补偿措施。此外,还有其他国际人权公约也规定了类似的规定,例如《消除对妇女一切形式歧视公约》第 2 条第 3 款就明确提出:"(缔约国)为妇女与男子平等的权利确立法律保护,通过各国的主管法庭及其他公共机构,有效保护妇女不受任何歧视。"

聚焦到职场性骚扰及其产生的性别歧视问题，缔约国有义务确保所有工作权等受到侵犯的个人，均能够获得切实的司法补救或其他适当补救，包括充分的赔偿、归还、补偿、抵偿或保证不再发生。国内的法院、劳动监察部门以及其他相关机制都应有权处理此类侵犯权利的行为，并提供相应的申诉途径。各国不仅要审查并改革有关实体法和诉讼法，以确保人们有机会获得补救，并确保程序公平，还应在必要时提供法律援助，对于无力支付者，法律援助应当免费。[1] 其中，强化职场性骚扰可诉性的具体措施应包括，通过法律对工作场所的骚扰作出定义及禁止性规定，确保提供适当的申诉程序和机制，并对性骚扰处以刑事、民事、行政等处罚；缔约国必须制定充分的监测和问责框架，确保人们能够利用司法渠道和其他有效补救措施等。[2] 此外，《关于消除劳动世界中的暴力和骚扰公约》（第190号）还补充规定了确定雇员、经理、领导和工人在预防以及酌情处理和补救骚扰案件方面的具体职责以及明文禁止报复等。

综上所述，职场性骚扰侵犯了受害者的工作权、人权自由与安全以及健康权等权利，对此，国家必须提供一切诉讼途径来进行公平救济，否则不仅无法保障个体的人权，还影响特定性别群体，尤其是妇女获得平等法律保障的权利。

三 国内职场性骚扰的可诉性问题及其对策

（一）国内职场性骚扰的可诉性问题

在国内，多部法律可以对职场性骚扰问题进行规制，受害者也可以根据《民法典》《侵权责任法》《治安管理处罚法》《劳动法》《刑法》《妇女权益保障法》等法律，通过民事、刑事及劳动诉讼等形式寻求司法救

---

① 经济、社会和文化权利委员会第23号一般性意见：《关于享受公正和良好的工作条件的权利》第7条，E/C.12/GC/23，2016年。

② 经济、社会和文化权利委员会第23号一般性意见：《关于享受公正和良好的工作条件的权利》第7条，E/C.12/GC/23，2016，第48段。

济、行政救济等。实践中，尽管职场性骚扰的事件频频发生，但是成功诉讼并获得救济的案例仍然屈指可数，尚与提供公平救济的国家义务有一定差距。[①] 现实中，除了隐蔽性、社会文化的污名化以及恐惧丧失工作等诸多原因，[②] 国内的司法诉讼等救济体系中还存在如下问题。

1. 职场性骚扰的"法定"可诉主体资格受限、可诉行为构成要件不明确，造成司法标准的不统一。《民法典》"人格权编"，尽管在很大程度上解决了以往法律仅保障女性免受职场性骚扰的立法漏洞，[③] 但是劳动法体系仍然有待进一步的转变。法律形式上的平等一直是妇女人权运动所追求的目标，它意味着个人所获得的尊重以及相应的对待不应当受性别因素的影响，[④] 这一点同样适用于其他性别以及职场性骚扰问题。在可诉性行为方面，由于国内一直缺乏职场性骚扰的明确界定，因此关于有关行为的构成要件始终不够明确，进而模糊了可诉性的标准。目前，国内学者对职场性骚扰行为基本按照国外的经验，分为"利益交换型"和"敌意环境型"进行研究，但是国内立法和司法实践一直缺乏相应的确认。鉴于目前的国外实践已经逐渐淡化了这种理论分类，转而以实施者的身份来划分性骚扰的类型，而且在"工作环境的改变"是否构成性骚扰要件等问题上也存在诸多分歧。因此，国内职场性骚扰概念的界定和制度构建面对国外的经验还需要结合国情谨慎接纳和发展。

2. 职场性骚扰可诉的责任主体受限。"雇主责任"制度的缺位使用人单位未能成为被追责的主体，并发挥应有的防治责任。目前在多数职场性骚扰案件中，受害者在追究用人单位的责任方面仍然面临多重障碍。第一，尽管现有的法律框架为受害者追究用人单位的责任提供了法律根据，但是始终缺乏可诉性。其中，虽然《女职工劳动保护特别规定》明确规定

---

① 北京源众性别发展中心：《打破沉默，拒绝妥协——中国防治职场性骚扰法律与司法审判案例研究报告》，载刘小楠、王理万主编《反歧视评论》（第 5 辑），法律出版社，2018，第 33 ~ 71 页。

② 曹艳春、刘秀芬：《职场性骚扰雇主责任问题研究》，北京大学出版社，2016，第 34 页。

③ 《妇女权益保障法》第 40 条规定："禁止对妇女实施性骚扰。受害妇女有权向单位和有关机关投诉。"《女职工劳动保护特别规定》第 11 条规定："在劳动场所，用人单位应当预防和制止对女职工的性骚扰。"

④ 高燕竹、郑吉泉：《性骚扰法律规制问题研究》，《政法论丛》2005 年第 3 期。

了用人单位预防和制止性骚扰的义务，但是因过于原则化而不具有可操作性。对此，"人格权编"虽然在用人单位的预防义务方面提供了进一步的阐释，但是违反这一义务是否承担责任、承担怎样的责任仍然需要详细的立法和司法解释来指引实践。① 上述法律的抽象性问题一直阻碍着用人单位成为被诉讼方承担相应的责任，更无法使其发挥应有的防治职场性骚扰的作用。这些问题集中反映了国内对职场性骚扰的认定仍然部分停留于个人侵害的层次，而对用人单位的防治作用及责任尚无足够的认识。第二，《民法典》"侵权责任编"在追究雇主责任方面存在漏洞。首先，尽管根据"侵权责任编"，用人单位可能对于其员工执行职务的性骚扰行为承担责任，② 但是实践中，由于性骚扰具有较强的私利性，这些行为很难被认定是执行工作的行为。而"工作任务范围"的模糊性，更为用人单位"逃避"相应的责任提供了屏障。其次，受害者尚无法根据"侵权责任编"追究用人单位对于无职权关系的同事以及工作关系中的客户等第三方实施的性骚扰的相关责任。

3. 职场性骚扰的诉讼机制割裂了对工作权的全面保障。职场性骚扰不仅对人格尊严也对工作权等诸项人权造成了侵害，本应形成由劳动法、民法、刑法、行政法相互补充的有机整体进行救济，但是现有的可诉性机制发展极不平衡而且存在漏洞。第一，相对于一般性骚扰，职场性骚扰主要侵害的是工作权，因此劳动法作为特别法本应发挥更加核心的作用，③ 但是国内现有的制度和实践尚不能在劳动法的框架下提供体系化的保障。究其原因，一是我国的《劳动法》和《劳动合同法》以及劳动合同中都

---

① 《中华人民共和国民法典》第 1010 条规定："违背他人意愿，以言语、文字、图像、肢体行为等方式对他人实施性骚扰的，受害人有权依法请求行为人承担民事责任。机关、企业、学校等单位应当采取合理的预防、受理投诉、调查处置等措施，防止和制止利用职权、从属关系等实施性骚扰。"

② 《中华人民共和国民法典》第 1191 条规定："用人单位的工作人员因执行工作任务造成他人损害的，由用人单位承担侵权责任。用人单位承担侵权责任后，可以向有故意或者重大过失的工作人员追偿。劳务派遣期间，被派遣的工作人员因执行工作任务造成他人损害的，由接受劳务派遣的用工单位承担侵权责任；劳务派遣单位有过错的，承担相应的责任。"

③ 张新宝、高燕竹：《性骚扰法律规制的主要问题》，《法学家》2006 年第 4 期。

缺乏用人单位关于防治职场性骚扰义务的详细规定，未将其作为劳动标准或者合同义务予以执行，因此，寻求雇主责任是比较困难的，只有极少数涉及解雇行为的案件方可得到救济的机会。二是涉及劳动的纠纷在国内需要先进行仲裁，才能进入劳动诉讼程序，导致部分受害者为方便起见就直接选择进行民事诉讼。第二，在职场性骚扰案件中，援用民法中的侵权责任诉讼也存在诸多不足。首先，职场性骚扰案件兼具人格侵权以及劳动纠纷两方面的属性，无论是此前将其归入人格权案之诉还是目前归入侵权责任之诉都无法全面救济职场性骚扰对工作权带来的侵害，特别是无法对丧失工作的经济损失进行补救。其次，有关侵权问题的民事诉讼与劳动诉讼体现了不同的诉讼原则和价值取向，通过侵权诉讼来寻求职场性骚扰的救济无法获得劳动法基于保护劳动者的原则而规定的程序性便宜。在劳动诉讼中，主体间不是平等的，其旨在矫正劳动关系双方当人事实上的不平等地位，但是涉及侵权的民事诉讼双方被视为平等的主体，无法全面体现保障弱势的就业者的作用，更无法救济女性的平等就业权问题。复次，援用"侵权责任纠纷"下的"性骚扰损害责任纠纷"案由进行诉讼依然存在对这一特殊侵权行为救济不力的问题。根据侵权法进行的诉讼往往使受害者承担过重的举证责任，从骚扰行为的举证到侵害结果的证明，甚至到损害结果严重性的衡量等都严重阻碍受害者获得公平的救济。[1] 最后，受害者援用"性骚扰损害责任纠纷"新案由诉讼，在追究用人单位责任时仍然存在障碍。在最新的成都市武侯区法院审理的"刘猛性骚扰案"中，判决认为，被告的性骚扰行为是个人行为，单位并不与其构成共同侵权关系，而追究雇主责任因属于被告与单位的劳动关系，应另案处理。

纵观职场性骚扰诉讼中的上述问题，其根源于三个症结：一是没有深刻认识到职场性骚扰并非简单的私人间的性冒犯，它还是一种群体性的性别歧视，尤其是对女性等群体工作权的剥夺和侵害；二是漠视了工作权中的人格尊严以及工作环境权等权利内容，而将工作权中的人格尊严和财产性劳动权益进行了人为割裂；三是忽视职场中的权力关系，进而弱化了用

---

[1] 靳文静、强美英：《论我国性骚扰防治法律制度的完善》，《法律适用》2007年第11期。

人单位在职场性骚扰防治方面的责任，从而更加不利于处理和预防职场中的性骚扰行为。对于上述问题，也有学者曾建议，设立独立的"就业歧视纠纷"案由，从而给予职场性骚扰等性别歧视问题更好的司法审查和救济，[①] 而其最终作为新案由被置于"侵权责任纠纷"项下的现状，并没有从根本上解决问题。

（二）对策

1. 在立法中确认性骚扰或者职场性骚扰的概念，明确保障所有性别主体的相关权益，并规定骚扰行为的类型，从而提升法律对受害者的保障

学界一直以来对性骚扰概念的探索为今天的研究以及立法提供了丰富的基础，对此国内有关机关还要参照最新的国际标准以及中国国情作出准确界定，将其制度化，并在司法实践中进一步阐释和发展。而要进一步促进这个问题的解决则要优先考虑如下几个途径。第一，利用修订《妇女权益保障法》的契机，补充性骚扰乃至职场性骚扰的概念，并推动地方立法的跟进。第二，推动人力资源和社会保障部尽快颁布关于"防治职场性骚扰"的政策规章，提高行政立法和政策指导的力度。第三，推进行业或者工会组织的相关指导，在行业内部制定相关标准，并进行广泛推广。例如，2020 年初中华全国总工会编写出版了《消除工作场所性骚扰指导手册》，具有重要的实践指导意义。

2. 完善用人单位防治性骚扰的义务及其责任，使其成为责任主体，赋予其现实的可诉性

雇主责任是防治职场性骚扰的重要制度，[②] 这也是很多国家的实践经验，如何在我国进一步落实用人单位根据民法及劳动法的相关责任还需要结合国内已有的法律和实践基础予以推进，使人权保障和用人单位的发展形成适当的平衡。第一，明确规定用人单位防治职场性骚扰的具体义务是推进民事和劳动诉讼中追究雇主责任的前提。这些义务至少包括预防、制

---

① 林嘉、杨飞：《论劳动者受到就业歧视的司法救济》，《政治与法律》2013 年第 4 期。
② 李贺：《论我国雇主侵权责任制度的完善》，《政治与法律》2004 年第 4 期。

止以及救济义务三个部分，具体表现为：首先，建立职场性骚扰的规章制度，进行广泛宣传并培训，充分发挥预防性骚扰的作用；其次，建立内部的申述和调查制度，包括专门的机构和流程等；最后，在确定性骚扰发生后，用人单位进行相应的惩处：对于实施者采取调离单位、解除劳动合同等措施，从而迅速改善申诉人的工作环境。① 鉴于现有诉讼实践所遭遇的障碍，上述用人单位的义务不仅应在劳动法、民法中予以补充，而且还有将其规定在劳动合同当中，② 以强化其可诉性。第二，结合新的制度与实践，进一步完善《侵权责任法》及其适用实践，夯实不同类型职场性骚扰的用人单位的责任。首先，明确《侵权责任法》所规定的 "执行工作任务" 的范围，对于利用 "劳动合同成立、持续、变更、报酬、考核、升降、奖惩、解雇、终止等时机和条件" 实施的性骚扰行为，应认定是 "执行工作任务" 的性骚扰，而根据最高法院《关于审理人身损害赔偿案件若干问题的解释》，由雇主和实施者承担连带责任。③ 对于其他涉及利用权力关系的性骚扰行为，特别是管理层雇员实施的性骚扰行为则应根据 "人格权编" 有关规定所提及的职权关系和从属关系，从实施者的 "人" 的身份④和 "行为" 归属性质出发，结合行为的地点、时间等多个面向，并参考代理或者表见代理原则、⑤ "具有执行职务的外表行为" 或 "官方身份" 等⑥理论指导和域外经验，来衡量和判定其是否属于 "执行工作" 的范围，并力求通过司法解释将其类型化从而指导实践。其次，对于 "非执行工作任务"，特别是由同事或者客户等实施职场性骚扰行为，则根据 "人格权编"《女职工劳动保护特别规定》 等法律规定切实追究用人单位

---

① 焦兴铠：《向工作场所性骚扰问题宣战》，元照出版有限公司，2002，第 165 ~ 179 页。
② 刘明辉：《论防治职场性骚扰的义务主体》，《妇女研究论丛》2006 年第 S1 期。
③ 最高人民法院《关于审理人身损害赔偿案件若干问题的解释》第 9 条规定："雇员在从事雇用活动中致人损害的，雇主应当承担赔偿责任；雇员因故意或者重大过失致人损害的，应当与雇主承担连带赔偿责任。雇主承担连带赔偿责任的，可以向雇员追偿。"
④ 杨立新等学者建议根据性骚扰实施者的身份来确定责任，其中，对于雇主自己实施的性骚扰行为，承担直接责任，对于管理人员的行为承担替代责任，对于第三人实施的行为承担补充责任。参见杨立新、马桦《性骚扰行为的侵权责任形态分析》，《法学杂志》2005 年第 6 期。
⑤ 易菲：《职场性骚扰法律制度中的雇主责任》，《妇女研究论丛》2006 年第 S1 期，第 57 页。
⑥ 王泽鉴：《民法学说与判例研究》（第一册），中国政法大学出版社，2005，第 16 页。

的相关责任。对于在职场性骚扰中未能采取任何预防措施、明知性骚扰发生却不能加以制止等行为，确定其应承担过错性的连带责任，除非用人单位能够证明其已履行防治义务。[①] 鉴于这一用人单位的责任之前在法律和实践均暂付阙如，因此也是下一步强化受害者救济工作的关键性环节。

3. 强化劳动法领域的可诉性途径，完善关于侵权纠纷的民事诉讼

职场性骚扰可诉机制中，劳动法体系的缺位以及民法及诉讼中存在的困难问题，应该进一步得到切实解决，从而提升对受害者的救济。第一，在劳动法领域。首先，进一步强化关于用人单位保障平等就业权以及安全卫生环境的各项劳动标准，特别是细化用人单位预防性骚扰的各项义务，从而为行政救济和司法救济提供劳动法根据。其次，加强职场性骚扰的行政指导和行政救济渠道的建立，强化人社部、劳动监察大队等各级劳动部门根据《就业促进法》《劳动法》对职场性骚扰的行政监督和执法能力，全面增强职场性骚扰在行政领域的可诉性。目前，劳动监察大队对平等就业领域的歧视问题有所监督，但是对工作过程中的性骚扰问题及相关的安全的工作环境的监察和执法尚不到位，申诉渠道也需要进一步拓展。最后，提升劳动仲裁和诉讼对职场性骚扰的救济。目前劳动仲裁和诉讼领域均未能全面将职场性骚扰纳入可申诉事项，相反却频频作出了保障职场性骚扰实施者劳动权的裁判，甚至纵容了侵害者对受害者的反诉。这样的现状对于受害者而言是显失公平的。为了扭转现有的局面，在劳动仲裁和诉讼中，有关机关应以保障受害者为价值取向，进一步加大对安全和健康的劳动标准的适用，引导用人单位对预防性骚扰行为防治义务的重视。第二，在侵权责任的民事诉讼方面，进一步改革职场性骚扰举证责任制度。根据性骚扰的不同类型，确定不同的举证责任，强化对受害人的救济。鉴于性骚扰的私密性、文化性等障碍带来的举证难及大量败诉问题，民事诉讼法的适用应该增强法律中的人权（性别）视角，重视性骚扰行为中的权力压迫问题，以保障妇女为多数的受害者得到平等的法律保障为目的，进一步调整举证责任在实施者和受害者之间的分配。例如，有的学者认为权

[①] 薛宁兰：《防治职场性骚扰法律的性别分析》，《中华女子学院学报》2012年第6期。

力型性骚扰行为可以考虑援用"举证责任转移"或者"共同举证"的责任原则；而对于非权力型性骚扰行为，可考虑降低证明标准的方法等，[①]从而平衡诉讼双方不平等的关系，支持受害者，特别是特定性别群体得到公平的赔偿和救济。

职场性骚扰是世界范围内的社会问题，特别是关乎妇女的生存和发展，它不仅侵犯个人的人格尊严、性别平等，还对其工作权等形成危害，因此日益得到各国的重视。职场性骚扰的可诉性是保障受害者权益的重要路径，而为其提供公平合理的救济途径，也是国家的人权义务。性别平等观念的丰富以及人权理念的深入影响使各国对职场性骚扰的认识不断深入，使相关的制度、实践不断演进，使职场性骚扰不再停留在男女之间、个人与雇主之间的权力斗争的层面，而是上升到争取性别平等、保障个人尊严以及平等的工作权等人权保障的问题。对职场性骚扰认识的不断提升也为该问题的可诉性提出了更高的要求，并且增添了人权保障的新维度。面对我国目前在职场性骚扰救济过程中存在的参与主体相对有限、用人单位责任缺失以及申诉和诉讼机制中的障碍等问题，国家应该进一步深化劳动法和民法典体系中的相关规定，明确职场性骚扰的概念、扩大主体资格、细化用人单位防治性骚扰的义务，强化相关的劳动标准，并拓展诉讼渠道，加大执法力度，审视司法机制中举证难等问题，从而强化司法救济，进一步提升对人权的保障力度，改善就业环境及其性别歧视等问题。

【责任编辑：狄磊】

---

① 参见骆东平《性骚扰纠纷解决机制研究》，人民出版社，2014，第 171 页。

职场性骚扰的空间特征
及对女性职业发展的损害

原新利　王　静[*]

摘要：性骚扰的法律本质是针对妇女的性别歧视，发生在职场的性骚扰由于其工作场所的空间特定性，往往具有隐蔽性、持续性甚至长期性。性骚扰以强加于女性的"性暴力"为差别待遇的理由，造成女性职业发展环境公平性的缺失，抑制女性职业才能发挥，造成女性职业发展权利受损。而职业发展权作为女性发展权的重要组成部分，不仅对劳动权和受教育权等基本权利的实现和保障起到一定的支撑作用，也是社会成员共同发展的有机组成。联系近年来在我国发生的职场性骚扰事件，从保障妇女发展权角度，设立对女性职场性骚扰的法律防控和救济机制不仅对女性群体具有保护作用，也是社会发展不可或缺的制度支持。

关键词：空间；性别歧视；职场性骚扰；职业发展权

引　言

近期阿里性骚扰事件将职场性骚扰问题又一次推到公众面前。性骚扰是一种严重侵犯人格尊严和人身权益的行为，其受害者主要是女性群体。西方发达国家对该问题研究较早，1976 年美国法学学者凯瑟琳·A. 麦金农提出"性骚扰"概念，也是主要指发生在工作场所的、男性上司对女性

---

* 原新利，兰州理工大学法学院副教授、硕士生导师，博士；研究方向为宪法学、人权法学；王静，兰州理工大学法学院硕士研究生。

下属的性侵犯。这种侵犯主要是由于存在不对等的权力关系,[1] 例如工作场所或者其他有组织的机构场所。工作场所发生的性骚扰情况较多,主要是因为工作场所中广泛存在不对等的权力关系,如上下级关系,或者于具体的工作任务中的领导与被领导关系。西方国家较早地关注发生在工作场合中的性骚扰问题,在判例中形成了包括对职场性骚扰的法律属性界定以及雇主责任的认定的制度规范。[2]

司法实践中,1986 年美国联邦最高法院在审理的梅里特储蓄银行案(Meritor Savings Bank v. Vinson)中,首次对性骚扰的法律概念进行了认定:"不受欢迎的性接近、性要求以及其他含有性特征的语言和行动。"[3]随着美国《民权法案》对公民权利保障的推进,美国的法学家及立法者逐渐将性骚扰归为性别歧视的范畴,特别是针对职业领域的性骚扰,由于发生在工作场所这样一个特定空间中,行为人作出的所有与性相关,并有损于受害人身心健康的行为和举动,都会使受害人的工作环境充满敌意性、胁迫性与侵犯性,[4] 进而造成受害人在职业领域权益的实质性损害。它不仅涉及人格尊严和人身权益,还极容易形成阻却女性融入社会、参与竞争、发展自我的壁垒。联系到我国近年来发生的几起职业领域的性骚扰案,[5] 笔者欲阐明发生在工作场所的性骚扰,其特殊危害性表现以及对女性在发展权益方面的损害,这些权益对女性个体或者群体的价值和意义何在,又应如何从法律制度上对其进行防控和救济。

---

[1] 〔美〕凯瑟琳·A. 麦金农:《消除对妇女的暴力》,转引自黄列主编《性别平等与法律改革——性别平等与法律改革国际研讨会论文集》,中国社会科学出版社,2009,第 76 页。

[2] 美国曾将性骚扰认定为一种与工作无关但发生在工作场所中的性互动或性需求,如在 Paulette Barnes v. Costle(巴恩斯诉克斯托 1977)一案中,原告诉称被告对其提出性的要求并以此作为升职的先决条件,而法院最终未以性别歧视判定,因为早期法律认为它不是基于性别的差别对待,认为原告所指控的是雇主所要求的性业务而非性骚扰,更与性别无关;在 Corne and Devence v. Bosch Lomb(科恩和旺斯诉博士伦)一案中,美国法院将性骚扰认定为个人的癖好或特质,也未将其归为性别歧视的范畴。

[3] 卢杰锋:《美国职场性骚扰雇主责任的判例法分析》,《妇女研究论丛》2016 年第 2 期。

[4] 蒋梅:《性骚扰立法的比较研究——兼论中国反性骚扰法之设计》,《环球法律评论》2006 年第 4 期。

[5] 民生银行北京分行的某业务主管,利用职位对女性职员进行性骚扰,以喝茶、聊天甚至更为过分的要求对该名女职员进行长达半年的骚扰,对方一旦拒绝,就收到辞退工作的威胁。

一　职场性骚扰的空间特定性及性别歧视本质

（一）职场性骚扰的空间特征

空间研究视角是一种对待问题的微观研究方式，空间理论叙事就是对日常生活世界的书写与揭示。在社会学家看来，空间并不是一种物理性的场所，而是具有人文社会情感的场域氛围。"空间"概念将物质空间、人文精神以及社会关系等要素纽结在一起。[①] 人是一个空间维度的存在者，人所生存的空间具有一种社会规定性，并非单纯的物理空间或者精神空间，空间并不是人生存的简单背景和活动场所，而是与人的生存内在关联、相互塑造的。[②] 海德格尔批判性地指出，"空间是一种人的生存方式"。[③] 职场也是一种空间，这种空间包括日常的工作的场所，以及与工作相关的环境、场所、人和事，还包括与工作、职业相关的社会生活活动、人际关系等。职场空间的特定性表现在在这个空间内，各方必须通过合作与沟通来完成工作任务，因此每个人都会与他人发生交流与互动，个人与他人的关系并非偶然、短时效的，而是一个必然性的长期过程。职场空间中每个人的身份都带有较强的角色特征，职业角色存在上下级的"服从"关系，以及前辈和后生的"领属"关系。而且这种职业身份往往会产生辐射作用，即职业身份会映射到普遍的社会身份，工作关系也会不自觉地在一般生活中体现出来。正因如此，在职场空间中，每个人都试图偏向于与自己工作或者职业有帮助或者有潜在帮助的人发展和维持关系，以期在职业发展过程中获得更多的帮助和收益。这种空间人际关系的特点决定了较之于在其他场合发生的性骚扰，职场性骚扰的空间特定性表现在如下方面。

---

① 路程：《列斐伏尔空间生产理论中的身体问题》，《江西社会科学》2015 年第 4 期。
② 任政：《空间、身体与生存境遇》，《社会科学论坛》2016 年第 9 期。
③ 〔德〕海德格尔：《筑·居·思》，载孙周兴选编《海德格尔选集》，上海三联书店，1996，第 1199 页。

　　第一，发生性骚扰的双方处于职业地位不对等的情形中，职场中的"行政等级格局"使争夺资源的局面一直存在，劳动者会投入增加职业收益和减少负面影响的努力中去。男女两性之间存在权力、资源、话语权等方面的差距，《2020 中国女性职场现状调查报告》显示，当前女性的整体收入依然低于男性，只有 5% 的女性在公司中担任高管，而男性担任高管的比例是 9%；职场女性整体薪酬低于男性 17%。① 双方职场地位普遍不平衡，不平衡带来的是职场地位的不平等。这些不平等地位使职场性骚扰发生的阻碍减少，且发生的隐蔽性增大，也就是职场上发生的性骚扰通常都具有反复性、持续性的特点。第二，性骚扰达到了干扰和左右受害人正常工作的程度，制造了一个令人不安的工作环境，根本违背了职场中应该具有的公平、健康的竞争环境。性骚扰所包含的各种行为既有身体接触举动，也包括口头的或其他带有上述性质的行为，而这些行为根本违背了对方（通常是女性）意愿，因此有学者认为职场性骚扰是发生在工作场所的"暴力"，② 这些"暴力"行为既损害了职场中正常的人际关系，又在一定程度上加剧了不平等的关系造成的负面影响。第三，在职场这个特定空间中的性骚扰具有一定的隐蔽性和持续性，由于工作场所人际关系的网络互动性并陷于角色身份的藩篱，受害方在对抗性骚扰行为的时候思想上往往存在顾虑、行动上存在迟滞，即便有反抗行为，也可能出现效果的反差。正因如此，职场性骚扰往往具有隐蔽性、持续性，这些行为是对受害者最大的不尊重，具有戏谑、侮辱、轻蔑对方的意义，并由此造成女性在尊严、社会融入以及发展权利方面的实质损害，并进而阻却了女性寻求自我发展的平等机会。

（二）职场性骚扰性别歧视本质

　　"歧视"指归结于一系列与个人潜能不相关联因素所存有的差别对待，是违反宪法平等原则的行为。歧视发生于双方社会地位不对等的环境中，

---

　　① 智联招聘：《2020 中国女性职场现状调查报告》，https://max.book118.com/html/2021/0705，最后访问时间：2021 年 8 月 11 日。
　　② 唐灿：《工作环境中的性骚扰及其控制措施》，《妇女研究论丛》2001 年第 5 期。

大多数被侵犯对象都是属于相对弱势的一方。歧视行为表现为对特定群体或个人的基本权利进行区别、限制或者优待，即产生了"差别对待"行为，而其"差别对待"的理由是非合理的——不能够合理解释差别对待的目的，而造成"可疑性分类"。换言之，"差别对待"的理由与欲求实现的目的之间没有直接、必然的联系。不论是直接歧视中的差别对待，还是间接歧视造成的差别影响，① 其"差别"的理由和程度都超出了"完成工作"需要的范围。最后也是最为关键的在于，因为这种差别使受歧视者的实质权益遭到了损害，这也是法律上的歧视行为与个人偏见的本质区别。换言之，遭受歧视的个人内在自由及发展的各种潜能因为歧视而饱受抑制，直接损害了受害者享有的平等权——机会平等和待遇平等权利。职场性骚扰的本质被归结为性别歧视也是可完整地归因在以上四个要素。首先，职场性骚扰发生在双方地位不对等的前提下，如上级对待下级、雇主对待雇员，即强势一方对弱势一方进行了包括语言、肢体、态度等方面的行为干扰。其次，职场中的性骚扰以不合理的理由作为差别对待的条件——将与性有关的行为强加于受害方，并以此给予对方受雇、职业升迁的机会或者可能性。最后，长期的、反复的不合理差别对待造成了受歧视者劳动权益以及发展权益的实质损害。

综上，发生在职场中的性骚扰具有性别歧视的本质，但与普通的性别歧视又存在较大的差别，普通的性别歧视是"根据性别给工作"，而性骚扰的性别歧视不仅"根据性别"而且还叠加"是否接受性行为"作为职业对待的理由。特别是这种性骚扰所发生的空间特定，行为非偶然或一次性，而是反复长期发生，所以女性权益受损害的不仅是人格利益，而且是

---

① 直接歧视是指在相同条件下，故意根据人的某种特征（如种族、肤色、性别、宗教信仰、年龄等）给予一个人或一个群体的机会和待遇明显低于另一个人或群体的机会和待遇。间接歧视是指表面上看似中立的规定、标准或做法实际上却对具有某种特征的人或群体在机会和待遇方面造成不成比例的不利影响。在美国，直接歧视被称为差别对待歧视，间接歧视被称为差别影响歧视。对这两种不同类型的歧视，美国建立了不同的法律判断标准，对此我国学界已经有一些介绍。比如：蔡定剑、张千帆主编《海外反就业歧视制度与实践》，中国社会科学出版社，2007，第213～262页；阎天编译《反就业歧视法国际前沿读本》，北京大学出版社，2009，第123页；蔡定剑、刘小楠主编《反就业歧视法专家建议稿及海外经验》，社会科学文献出版社，2010，第52～62页。

更为广泛和长远的女性在参与社会竞争、完善发展自我方面的机会和
权利。

（三）职场性骚扰具有明显的“性别特征”

依据法律规定，性骚扰行为是指行为人违背受害人意愿对受害人实施
的以性为内容的骚扰行为。行为人与受害人可能是异性，也可能是同性，
骚扰者可能是男性也可能是女性。实践中，男性骚扰女性的居多。根据社
会组织对职场性骚扰的一份调查报告，遭遇过职场性骚扰的人中，96% 都
是女性。职场性骚扰的实施者八成是男性。女性遭遇的职场性骚扰 82% 是
来自男性。[①]（见图 1）

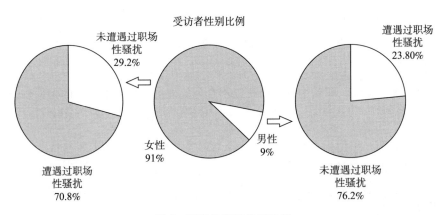

图 1　职场性骚扰性别比例

从图 1 数据可以管窥我国职场性骚扰的“性别特征”，在 91% 的受访
女性中遭遇过职场性骚扰的占 70.8%，而在受访的男性中，只有 23.80%
的人曾经遭遇过职场性骚扰，与前述女性的比例形成较大的反差。2021
年 3 月全国妇联发布《防治职场性骚扰指导手册》，从职场性骚扰的定义
解释与行为特点、用人单位防治性骚扰的义务、受害妇女如何保护个人合
法权益等方面作出了详细的解释和说明，为全国妇女保护个人权益，防治
性骚扰提供了“说明书”。

---

① 纪卓阳：《职场性骚扰调查报告》，https://zhuanlan.zhihu.com/p/51824752，最后访问时
间：2021 年 8 月 14 日。

二 职场性骚扰对女性职业发展权的损害

(一) 职业发展权利内涵和法理基础

从权利的法理基础来看，权利的本质是权利得以被确认的依据。① 目前对权利本质形成较为统一认识的主要是利益、资格和自由三大要素。职业发展首先是一种正当利益。职业是个人参与社会劳动和竞争的微观角色，职业的选择不仅与生存息息相关，同时也是生命、生活的重要组成部分。职业赋予主体的是社会角色，带给主体的也是一种社会存在方式。职业上的发展是创造机会、实现自我价值的重要途径，其带来的不仅仅是经济利益，更重要的是人格完善带来的人的全面发展。其次，职业发展权是一种自由，包括精神上和行动上的双重自由。职业发展权意味着个人在不受外界强制和束缚的前提下自主选择个人的社会存在方式——在职业生涯中自觉地发挥才能和潜力，在激烈竞争的公共领域，得以保持精神和人格的独立。最后也是最为关键的是职业发展权是一种资格。相对于家庭生活，职业是一种公共生活，公民在满足一定年龄和智力资格之后都有权利参与，在职业发展中除了个人先天禀赋和后天努力，不应该以民族、家庭出身、宗教信仰或者性别产生不合理的差别对待。

职业发展权利是个人发展权不可或缺的支撑，在一定程度上，职业发展与人的发展属同一语意。《世界人权宣言》第 22 条从个人的发展角度提出："每个人，作为社会的一员，并有权享受他的个人尊严和人格的自由发展所必需的经济、社会和文化方面各种权利。"1986 年《发展权利宣言》第 1 条声明："发展权利是一项不可剥夺的人权，由于这种权利，每个人和所有各国人民均有权参与、促进并享受经济、社会、文化和政治发

---

① 目前国内外学者们针对权利的本质提出了最具代表性的八种学说，即资格说、主张说、自由说、利益说、法力说、可能说、规范说、选择说。夏勇教授认为权利的五大基本要素可以归纳为：利益、主张、资格、权能、自由，并认为以其中任意一种要素为原点，以其他要素为内容，给权利下定义，皆不为错。参见夏勇《人权概念起源》，中国政法大学出版社，1993，第 44 页。

展，在这种发展中，所有人权和基本自由都能获得充分实现。"第 2 条规定：人是发展的主体，因此，人应成为发展权利的积极参与者和受益者。国际人权文件中的"发展权"念及《联合国宪章》促进对全体人类人权和基本自由的普遍尊重和遵守，具有平等性，在发展权利的保障上不作种族、性别、宗教、民族身份等任何区别。联合国《消除对妇女一切形式歧视公约》第 11 条对妇女所应当享有的工作和劳动权利进行了规定，并特别指出了就业机会的平等权利保障，具体包括相同的甄选标准、自由选择职业、提升和工作保障、同样价值的工作享有同等报酬以及在评定工作的表现方面享有平等待遇的权利等等。

职业发展权同样是劳动权不可或缺的有机构成。作为基本权利的个人发展权必须通过劳动实现。联合国大会通过的《关于发展权的决议》和《发展权利宣言》，正式确认了发展权。发展权是二战后亚非拉新独立国家的发展问题驱动，是人的个体和集合体参与、促进并享受其发展成果的一项基本人权。发展权不仅是集体人权，也是个人人权，是社会发展与人的发展的统一。作为个人人权的发展权明确载于《发展权利宣言》："承认人是发展进程的主体，因此，发展政策应使人成为发展的主要参与者和受益者。"任何国家的任何人都有参与发展和享受发展的权利。发展权的实质是平等问题，无论从集体发展权还是从个体发展权来看都是对不平等的矫正。个人基于各种壁垒，人与人之间的发展机会不平等。正因为如此，中共十七大报告提出了"平等发展权"的概念，明确要"依法保证全体社会成员平等参与和平等发展的权利"。劳动是人的发展的根本途径，劳动权作为劳动者人格独立的人权类型，其法律化大大地促进了经济社会发展与人的发展。因为人更独立、更自觉、更安全、更平等地投入劳动之中。故劳动权的诞生加速了人的发展。① 我国劳动法规定："劳动者享有平等就业和选择职业的权利。"妇女享有和男子平等的就业权利。职业发展权是劳动权中平等就业和平等发展的复合，其核心内容在于保证所有从事职业劳动的群体都能够在劳动过程中自由参与竞争、平等地获得

---

① 龚向和、袁立：《劳动权的防御权功能与国家的尊重义务》，《北方法学》2013 年第 4 期。

发展机会，现行立法对歧视仅列举了民族、种族、性别和宗教信仰四方面。

（二）女性职业发展权的价值

人的发展程度取决于与他们交往的人的发展程度，人在社会交往中才能最终获得自由全面的发展。对于女性来说，社会平等地位的取得，脱离不了经济地位的独立和提升，职业发展不仅为女性带来了经济上的独立和自主，而且也为女性提供了平等参与社会竞争的保障，是女性发展自我重要的机会和条件。

首先，职业发展权反哺其他基本权利的实现和保障。从劳动权角度观之，职业发展权有力地支撑了劳动权对于个人的价值。人们是在改造世界的劳动中获得自我发展的信息、知识和力量。"生产劳动同智育和体育相结合，它不仅是提高社会生产的一种方法，而且是造就全面发展的人的唯一方法。"[1] 劳动权包括劳动者在劳动条件、劳动机会、劳动保障、劳动付出的回报方面享有平等对待的权利。劳动权的平等保障使劳动者能够根据个人努力和付出分享经济发展成果，并进一步赢得资源以满足个人继续发展需要。劳动权的平等保障目的在于促进劳动者在公平的竞争规则下发挥其个人的能力与才智，不受到诸如家庭出身、宗教信仰以及性别或者其他非才能原因的差别对待。劳动权对于劳动者的意义已远远超越了满足个人生存需要的层次。在劳动中，劳动者能够充分施展禀赋，凭借个人的努力和才能获得群体的认可；在劳动中，个人获得了集体归属感和安全感，自食其力获得社会的尊重，并最终实现个人价值与社会价值的高度融合。在劳动中获得认可并进一步被赋予责任担当是劳动者权利的本有意义。因为不断地赋予新任务、新使命才能体现出劳动者的价值，劳动者才能真正体会到劳动的价值和意义。如果劳动者不论如何努力在职业中都毫无晋升希望，是对劳动付出的不尊重和漠视，从而最终带来对劳动者的漠视和不

---

[1] 中共中央马克思恩格斯列宁斯大林著作编译局编译《马克思恩格斯全集》（第44卷），人民出版社，2001，第557页。

尊重。因此，职业发展权利是对劳动对于劳动者本身价值的体现和认可，是劳动权利的实质构成。

其次，平等劳动权是实现个人发展权的根本途径。劳动创造了人本身，而且劳动是人的发展的根本方式。"工业的历史和工业的已经生成的对象性的存在，是一本打开了的关于人的本质力量的书，是感性地摆在我们面前的人的心理学。"① 劳动满足了人的需要，同时它提升了人的需要水平，促进了人的各方面能力的发展。只有在劳动中，人才能发展，形成复杂的社会关系，潜能得到充分开发。劳动每前进一步，人就前进一步，劳动是衡量人发展的标尺。② 平等劳动权是个人发展权得到落实的根本抓手。个人发展的根本途径是劳动，个人发展权靠劳动权得以落实，劳动权包括劳动主体平等、劳动机会平等、同工同酬三个方面，危害劳动权平等的就是就业歧视。这些歧视包括健康歧视、姓名歧视、性别歧视、户籍歧视、婚姻歧视、语言歧视、学历歧视、经验歧视等等，这些歧视使一些人得不到平等对待，妨碍了劳动者的发展。就业歧视造成人力资源的配置错位，人不能尽其才，造成人才的浪费，且人的才能在适当的岗位上有一个进一步发展的过程，人才配置错位从微观上讲就是对劳动者的伤害。不仅如此，就业歧视还带来被歧视者的心理健康问题，被歧视者的自尊和自信受到损害，产生不应有的自卑消极心理，就业歧视还引起被歧视者的反社会情绪，影响其道德的进一步发展。劳动权的平等使人尽其才，人力资源合理配置，劳动者的德才和身心都能在适当的岗位上得到发展，使个人的发展权得到落实。

最后，从受教育权保障的角度分析，教育是提高人力资本含金量的重要途径，职业发展权同样有助于女性的受教育权利进一步得到保障和实现。《中华人民共和国职业教育法》第 5 条规定："公民依法有接受职业教育的权利"，第 19 条规定了政府主管部门、行业组织、职业学校、职业培训机构对公民的职业教育和培训的义务性要求。第 20 条对企业的职业

---

① 马克思：《1844 年经济学哲学手稿》，《人民出版社》，1979，第 80 页。
② 中共中央马克思恩格斯列宁斯大林著作编译局编译《马克思恩格斯全集》（第 26 卷），人民出版社，1974，第 281 页。

教育义务进行了规范要求。① 可见，不论女性在进入职场之前的受教育程度如何，在选择职业身份后都会产生继续教育的需要和压力。而我国的职业教育法也为职业女性谋求进一步接受教育、享受教育权利提供了保障。反之，如果女性的职业发展权利受损，职业发展出现"玻璃天花板"现象，职业教育的机会和权利也会大大受损。②

（三） 职场性骚扰对女性职业发展权损害的表现

首先，职场性骚扰形成对女性职业发展公平规则环境的损害。职场性骚扰是以是否接受、默认带有"性"因素的骚扰作为职业升迁、薪金待遇等方面差别待遇的标准，换言之，如果接受、默认性骚扰行为，则有可能拥有包括薪金、待遇以及职务提升的职业发展机会，反之，如果不接受甚至反抗，就会遭到差别性待遇。可见，这种差别性待遇的理由不是以个人的才智和禀赋而是以是否接受一种非自愿的"性强制"作为条件。据一项调查数据，③ 女性工作者收到来自上司的办公室骚扰比重之大，已使女性职员的工作环境充满了不友好和不健康的因素。

如图 2 所示，近一半的女性曾受到、目睹或者听说性骚扰行为，而在遭受性骚扰时，选择诉讼的只有 5.6%，报警的占 20.0%，选择隐忍和离职以及屈从和容忍的女性占到总数的 70% 以上。可见，职场性骚扰造成工作环境充满敌意，扭曲了正常的职场规则，不论是否受到性骚扰，女性都会受到不公平职场潜规则影响，才能和智慧以及优秀的业绩不再是考察女职员晋升和加薪的依据，正常工作秩序和公平的职场竞争规则被干扰。

---

① 根据《中华人民共和国职业教育法》第 20 条规定，企业应当根据本单位的实际，有计划地对本单位的职工和准备录用的人员实施职业教育。企业可以单独举办或者联合举办职业学校、职业培训机构，也可以委托学校、职业培训机构对本单位的职工和准备录用的人员实施职业教育。

② "玻璃天花板"理论就是指由于性别或种族的差异，妇女和非白人的职业选择和职务晋升被"一层玻璃"挡着，可望而不可及，"玻璃天花板"一语最早出现在 1986 年 3 月 24 日《华尔街日报》的专栏当中，用来描述职业女性晋升到企业高层所面临的"人为的无形障碍"，这些障碍能明显感受到却难以突破。

③ 科锐国际研究中心：《2013 中国职业女性调查报告》，https://wenku.baidu.com/view，最后访问时间：2020 年 6 月 15 日。

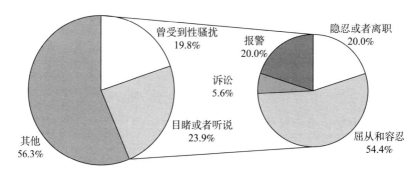

图2 性骚扰调查统计情况

其次，职场性骚扰造成女性职业选择的不稳定性。一项不同时期女性"跳槽"因素的调查研究表明，[①] 在20～30岁的职业发展黄金期，女性对公平的薪酬和晋升机会的关注远远超过了对其他因素的考虑，分别达到了84%和71.3%，即便是40岁以上的女性，也始终将职业发展前途当作第一位的考量因素，可见大部分的女性选择参与社会、参加工作是有理想和期待的，不只是经济利益的考虑，更多的是对个人能力的肯定和价值的认可。虽然不同年龄段的女性面对的职业发展环境不同，但并未改变女性对职业发展机会的关注，如图3所示。

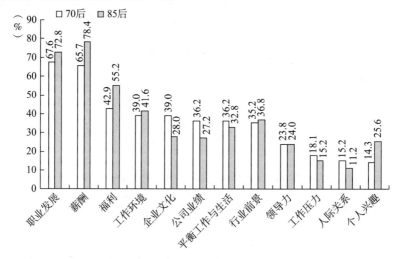

图3 不同年龄段职场女性的跳槽因素

---

① 科锐国际研究中心：《2013中国职业女性调查报告》，https：//wenku. baidu. com/view，最后访问时间：2020年6月15日。

从图3中看出，职业女性因为职业发展和薪酬跳槽的始终在前列。职业发展成为女性就业、择业的第一考量因素，相应地因为职业发展受阻而选择离职的女性的比例也最高。由于救济较为困难，很多女性在遭遇性骚扰之后要么隐忍，要么选择离职，还有被上级辞退，造成女性工作岗位的不稳定和不固定，根据职业发展的基本原理，某项职业的业绩或者成就通常需要2~3年的工作时间，才能积累诸如客户资源、工作经验以及相应的工作技能，但在发生职场性骚扰的情况下，女性不能专心于某一岗位，离职概率大大增加，使女性职业发展方向不确定，职业选择不稳定，最终形成了职业发展的阻力。

再次，职场性骚扰压抑了女性的职场才能发挥。职场性骚扰的性别歧视本质在于"不合理的差别对待"，即在升职、加薪以及工作机会的平等竞争方面，非以工作者的才能而是以是否接受"性骚扰"的不合理要求作为差别对待理由，这种"不合理的差别对待"在救济手段不完善的助推下，形成了职场潜规则，而规则具有预测以及对行为的指引作用。久之，偶然转换为必然，个别取向于群体，职场女性的才华发挥受到压抑，在一定程度上阻碍了妇女在职业发展过程中追求个人素质和能力提升的正当愿望和要求，抑制了追求更高人生进阶的期望。

三　职场性骚扰的法律规制及对女性发展权的保障

（一）英美国家"雇主责任"保障框架

"雇主责任"是英美国家反职场性骚扰的法律制度的核心。在英美国家看来，雇主是最有能力防止这类事件发生的，即使发生后也有能力采取当事人满意的解决方式。"雇主责任"立法框架突出了雇主对职场性骚扰所负的三种责任——严格责任、推定责任和过失责任。这三种责任形态分别对应可能发生骚扰的不同情形，为防治职场性骚扰划定了一个封闭区间。第一，严格责任适用于骚扰者具有管理者身份，并且受害者的工作条件受到切实的影响，那么其任何预防和纠正性骚扰的措施不能成为积极抗辩（affirmative defense）的理由。第二，推定责任适用于骚扰者具有管理职能身份，受害者的工作条件虽未受到实际影响，仍推定雇主应承担责任，除非雇主证明已采取合理措施预防性骚扰并在性骚扰发生之后及时予以纠正以及可归咎于受害者自己的原因。[1] 第三，过失责任适用在如果性骚扰者是普通雇员或第三方（包括顾客以及其他非公司雇员等），如果雇主知道或者应当知道性骚扰行为的存在，且未能采取及时、恰当的纠正措施，那么雇主对性骚扰承担过失责任。雇主责任制度的核心在于职业环境中的性别歧视的责任完全归于雇主，雇主要妥善地处理雇佣范围内的性骚扰问题，对那些特定的受害群体（诸如女性职工）起到实质上的保障作用，给予这些女性一个安全有保障的工作环境，雇主应履行为雇员提供良好工作环境的义务，担负起预防性骚扰事件发生的责任。

（二）我国台湾地区性骚扰案件中"雇主连带责任"的扩充解释

在职场性骚扰案件中雇主责任性质的分类与落实依靠法院的判决来确立。由于职场性骚扰对用人单位、员工等各方面都有诸多不利的后果，进而对用人单位的营运和正常工作秩序造成严重影响，因此我国台湾地区非常重视职场性骚扰的防控与治理。2011 年台中高等行政法院第 16 号判决对职场性骚扰案件中的雇主行政责任进行了较为全面的确立，其判决的影响力较大，特别是阐明了台"性别工作平等法"中存在较大争议的条款，对台今后处理类似案件提供了比较完整的方案。"性别工作平等法"专章规定了性骚扰防治，在其第 13 条第一项中规定："雇主应防治性骚扰行为之发生。其雇佣三十人以上者，应制定性骚扰防治措施、申诉以及惩戒办法，并且于工作场所公示。"第 2 项规定："雇主于知悉前条性骚扰之情形时，应采取立即有效之纠正及补救措施。"上述两项规定分别从雇主防治义务种类、雇主责任适用情形等方面对雇主性骚扰的防治责任进行了规

---

① 卢杰锋：《美国职场性骚扰雇主责任的判例法分析》，《妇女研究论丛》2016 年第 2 期。

定。具而言之:第一,根据"性别工作平等法",性骚扰发生场合有环境型性骚扰和敌意型性骚扰,前者发生在执行具体工作任务时,后者则被认为是在一般性的持续的工作状态中,"性别工作平等法"将性骚扰的防治范围设定于禁止任何人于受雇者在工作环境中的骚扰行为,而雇主则负有事前的防治义务和事后的补救义务;第二,"性别工作平等法"对雇主因职场发生的性骚扰事件所负民事责任也有特别规定,即受害人发生该法规定的损害后果时,雇主与行为人负连带赔偿责任,但雇主赔偿损害后可向性骚扰行为人追偿;第三,除上述民事责任外,雇主对性骚扰同样负有类似"行政责任"的管理责任,即雇主在事前要订立骚扰防治措施、申诉惩戒办法等,并在知悉或者应当知悉性骚扰事件发生时采取有效之纠正和补救措施,否则将会被相关部门处以 10 万元以上 50 万元以下的罚款;第四,至于雇主是否"知悉"以及何为"有效之纠正及补救措施"虽然可根据现实情况作出判断,但案例中确立了两条原则以对抗雇主"不知性骚扰发生"的理由,其一是雇主"知悉"性骚扰事件发生包括事实上的"知悉"和情形判断后的"应当知悉"。即不以受骚扰者是否提出申诉为限,即便员工没有提出任何申诉,但雇主只要通过各种渠道能够得知性骚扰发生,就应该被判断为"知悉"。其二,所谓"有效之纠正及补救措施"是根据台"最高行政法院"98 年度裁字第 2802 号裁定确立,要求雇主在知道性骚扰情形时,应围绕以下方面采取措施。(1)免受性骚扰之工作环境,以免侵犯其人格尊严、人身自由或影响工作表现。纠正措施的有效性体现在必须启动事先确立好的处理机制,并采取适当的解决措施,以免被性骚扰者长期处于具有敌意性、压迫性或者冒犯性之工作环境。(2)如果在性骚扰事件发生后,雇主未启动正式调查程序,仅就该性骚扰事件采取一些诸如更换座位、调离职务等方式,则被认为是"无法被判断为有效纠正措施",因为没有彻底改变具有敌意的、压迫性以及冒犯性的工作环境。(3)性骚扰事件发生后,即使当事人要求不张扬,也必须启动调查程序,但在调查时必须保证对当事人的身份及隐私的保密。(4)调查结果如符合性骚扰特质,则调查委员会有义务协助受害人报案或者提出其他赔偿请求。

综上，台湾地区在发生在工作场所中的性骚扰防治方面，课以雇主较大的事前防治及事后补救义务，这种课以雇主责任的立法及司法经验虽然来源于英美国家的雇主责任框架，但雇主责任的细节落实是通过台"最高行政法院"的判例。台"最高行政法院"对案例中所发生的具体情形，采用教义学的解释方法，以最有利于受害人利益保护的原则，对雇主义务特别是行政性义务进行了较为细致的解释，为解决现实问题提供了操作性较强的"规则"。

四 我国对性骚扰规制的法律完善

（一）我国反性骚扰立法现状

从法律的效力等级梳理，我国反性骚扰立法渊源可以《宪法》作为统帅，以《中华人民共和国民法典》《中华人民共和国治安管理处罚法》《中华人民共和国妇女权益保护法》为主体，以《女职工劳动保护特别条例》等行政法规以及各地方对《妇女权益保障法》实施办法为细则的体系。首先，《中华人民共和国宪法》第38条规定中华人民共和国公民的人格尊严不受侵犯，禁止用任何方法对公民进行侮辱、诽谤和诬告陷害。第48条规定：中华人民共和国妇女在政治的、经济的、文化的、社会的和家庭的生活等各方面享有同男子平等的权利。国家保护妇女的权利和利益，实行男女同工同酬，培养和选拔妇女干部。宪法在我国法律制度体系中具有最高效力，宪法上对妇女权益保障的规范是其他立法对妇女权益保障的规范根基。《宪法》第38条和第48条可以被解释为对女性权利保障的规范整体：（1）只要是中华人民共和国公民，其人格尊严就应该受到立法上的平等保障，即不仅在立法上实现形式平等反对特权，也要考虑到妇女可能遭遇的不平等"特殊情形"，设置特别条款予以保障；（2）反对任何形式的对尊严造成损害的行为，如侮辱、诽谤和诬告陷害，即便上述三种行为的现实表现差异万千，但只要行为达到"侮辱"或者"诽谤"之严重性或达到使他人可能受到刑罚处罚的后果，即达到对人格造成了事实上的贬损程度，就应该在法律禁止之列；（3）由于妇女在客观上"弱势"，必须设置单独条款予以特别保障，《宪法》第 48 条对妇女进行的保障，可被认为是一种"特别保障"——要求立法在政治的、经济的、文化的、社会的和家庭的生活等各方面保障妇女享有同男子平等的权利，不论是在家庭还是在社会，男女两性都是平等主体，任何一方不得将另一方视作"工具"；（4）立法保障女性正当的权利和利益，即不仅保障立法明确的权利，也要保障虽未成为立法上的独立权利，但确实关乎女性生存发展与追求幸福的重大"利益"。

基于宪法上对女性权利保障的顶层制度设计要求，我国其他立法在不遗余力地保障妇女权利，2020 年《民法典》中直接布局了反性骚扰条款并设置了相应的责任主体：第 1010 条"违背他人意愿，以言语、文字、图像、肢体行为等方式对他人实施性骚扰的，受害人有权依法请求行为人承担民事责任。机关、企业、学校等单位应当采取合理的预防、受理投诉、调查处置等措施，防止和制止利用职权、从属关系等实施性骚扰"。从两款的表述来看，《民法典》对性骚扰的防治和受害人的救济采用"权利主义"模式。首先第 1010 条放置于第四编"人格权"中的第二章"生命、身体和健康权"，可见"性骚扰"行为性质被认定为是侵犯身体或者健康权利；其次有学者在解释本条规定时认为成立性骚扰需要具备：第一，存在客观上违背受害人意愿的性骚扰行为；第二，行为人存在骚扰之故意，即明知行为违背他人意志，但仍然实施；第三，性骚扰行为后果是侵害他人性交流自由。[1] 因此，即便没有第 1010 条的设置，也可根据《民法典》第 1165 条中的侵权责任提出救济。[2]

《妇女权益保护法》第 40 条规定："禁止对妇女实施性骚扰。受害妇女有权向单位和有关机关投诉。"在《女职工劳动保护特别条例》第 11 条中明确"用人单位应当预防和制止对女职工的性骚扰"，并在第 14 条列

---

① 王利明：《民法典人格权编性骚扰规制条款的解读》，《苏州大学学报》（哲学社会科学版）2020 年第 4 期。

② 曹相见：《〈民法典〉禁止性骚扰条款释论》，《东方论坛——青岛大学学报》（社会科学版）2021 年第 2 期。

举了女职工可以寻求的救济途径，以及第 15 条对用人单位的上级主管部门的监管义务设定。① 相比《民法典》权利主义保护模式，上述两部立法则侧重在职场女性权利保护的责任主体设定。《中华人民共和国治安管理处罚法》（2012 年修正）第 42 条：有下列行为之一的，处五日以下拘留或者五百元以下罚款；情节较重的，处五日以上十日以下拘留，可以并处五百元以下罚款：……（五）多次发送淫秽、侮辱、恐吓或者其他信息，干扰他人正常生活的。

除上述立法之外，我国各地为贯彻《妇女权益保障法》也出台了《妇女保障条例》或贯彻《妇女权益保障法》的实施办法等等，如《北京市实施〈中华人民共和国妇女权益保障法〉办法》（2009 年修订）、《湖南省实施〈中华人民共和国妇女权益保障法〉办法（2006）》，以及《江苏省妇女权益保障条例》（2020 年修正）、《宁夏回族自治区妇女权益保障条例》（2019 年修订）。上述地方立法都以不同的表述方式对发生在工作场所的性骚扰的防控和救济措施进行了规定，如《北京市实施〈中华人民共和国妇女权益保障法〉办法》（2009 年修订）第 33 条：禁止违背妇女意志，以具有性内容或者与性有关的语言、文字、图像、电子信息、肢体行为等形式对妇女实施性骚扰。第 2 款：遭受性骚扰的妇女，可以向本人所在单位、行为人所在单位、本市各级妇女联合会和有关机关投诉，也可以直接向人民法院起诉。所在单位、本市各级妇女联合会和有关机关接到投诉后，应当采取对被投诉人批评教育、对双方进行调解或者支持投诉人起诉等措施。第 3 款：用人单位、公共场所经营管理单位应当根据情况采取措施，预防和制止对妇女的性骚扰。又如《江苏省妇女权益保障条例》（2020 年修正）第 43 条：禁止以具有性内容或者与性有关的语言、文字、图像、声音、肢体动作等形式对妇女实施性骚扰。第 2 款：学校、用人单位和公共场所管理单位等应当通过建立适当的环境、制定必要的调查投诉制度等措施，预防和制止对妇女的性骚扰。第 3 款：受害妇女有权向学

---

① 《女职工劳动保护特别规定》第 14 条："用人单位违反本规定，侵害女职工合法权益的，女职工可以依法投诉、举报、申诉，依法向劳动人事争议调解仲裁机构申请调解仲裁，对仲裁裁决不服的，依法向人民法院提起诉讼。"

校、用人单位、公共场所管理单位和有关部门投诉或者向人民法院起诉。

上述立法为反性骚扰、反职场歧视都贡献了相应的规范制度，但是从民法典及其他立法来看，仍然存在不少的局限和不足，特别是表现在对性骚扰侵害法益保护的不足、性骚扰事前预防和事后救济的不足上。

（二）我国反性骚扰立法的局限

我国《宪法》对妇女权利的保障构筑了从政治、经济、社会以及家庭等各方面的权利保护面向，宪法关于妇女权利保障的条款是其他立法的规范根基，宪法上的基本权利条款应该在下位立法中以客观秩序样态出现，但是从《民法典》及其他立法所保护的法益来看，存在明显的局限和不足。首先，对性骚扰侵害的法益保护不足。反性骚扰的规范重点是民法典的第1010条，《民法典》在中国立法体系中统领民事立法体系，民事立法以保护民事主体的人身权利和财产权利为己任，在反性骚扰条款中以当事人的人格利益和性自由作为保护客体本身符合民事立法的原旨，但是性骚扰行为可能同时侵犯受害人的多项权利和利益，正如本文所重点证成的女性职业发展权就是其一，这种职业发展权在人权层面可以被解释为发展权，在公民基本权利层面归属劳动权的范畴，在劳动权范畴之下的个人在劳动过程中不受歧视，获得公平对待的权利和利益，个人职业发展利益，等等。发生在职场的性骚扰从其行为的本质来说是对受害人的歧视。[①]

其次，妇女权利专门保护立法存在局限。《妇女权益保障法》《女职工劳动保护特别规定》作为妇女权利保障的特别立法，应当是妇女劳动权和发展权保障的主要制度依据。但两部法律都仅仅是禁止性骚扰，至于对妇女劳动权以及发展权等特殊权利的保障、对受害者劳动权的救济、发展权益的补偿等问题都未进行清晰的规定。

---

① 有关这点，本文在前两部分已经详细论证，此处不再赘述，但是有部分学者认为性骚扰行为虽然侵犯了受害人的身体权、隐私权、性自主权、人格尊严以及工作环境安全等复合权利，究其本质而言，性骚扰是一种侵犯人格权的行为。将其置于《民法典》"人格权编"之下，也表明立法者视性骚扰为侵犯人格权的行为。参见卢杰锋《职场性骚扰的用人单位责任——从〈民法典〉第1010条展开》，《妇女研究论丛》2020年第5期。

再次，对职场性骚扰造成损害后果的救济不利。《民法典》对性骚扰行为的损害救济是以侵犯人格权为救济方式，这种救济方式具有一定的优势，如可以进行事前预防，及受害人只要证明存在人格利益受损的风险，不需要实际造成损害，即可要求行为人消除危险或者停止侵害。但是职场性骚扰是一种发生在特定空间中的骚扰行为，其中隐藏着行为人与受害人之间特殊的社会关系——如工作领域的上下级关系，如果完全适用民法上的人格权救济和保护模式，则在某种程度上是以工作或者就业机会为代价，以牺牲劳动权利为代价。而且，民事诉讼中的举证规则在性骚扰案件中适用存在一定困难，因为存在于职场的性骚扰并非"一次性"的遭遇，而是具有多次和重复性特点，且行为具有不同程度的隐蔽性，受害人对证据的收集，司法机关对行为的判断等等都会造成证明义务的加重。

综上所述，《民法典》虽然规定了企业等用人单位防治性骚扰的责任和义务，但第 1010 条在妇女职业发展权保障、受害后权利救济、用人单位义务不履行的责任追究，特别是在消除对妇女工作环境的不利影响方面存在一定局限，因此要更好地保障职场女性发展权利，发挥好用人单位对女职工权益保护的功能，防治性骚扰对女性职业发展权益方面的损害，还需要进一步对我国反性骚扰制度进行完善。

（三）我国反性骚扰制度完善路径

我国宪法对妇女权利在政治、经济、社会以及家庭方面的保障是全面的。宪法基本权利条款对下位立法具有客观秩序功能，下位立法应以实现宪法基本权利保障要求为立法宗旨。

1. 立法层面单独明确职场性骚扰行为及其侵害法益

首先应对发生在职场的性骚扰行为进行界定，使职场性骚扰行为的认定严谨规范。可根据《民法典》对性骚扰行为的界定，借鉴我国香港地区《性别歧视条例》对职场性骚扰行为进行进一步的立法解释："职场性骚扰是指发生在工作环境中的性骚扰，包括不受欢迎的性要求，不受欢迎的获取性方面的好处的要求，或其他涉及性的行径。在一个合理人的预期中，这些行径的结果，会令该位受影响的人士受到冒犯、侮辱或威吓。任何不受欢迎的涉及性的言语、行动或身体接触都可以构成性骚扰。"① 其次，可借鉴我国台湾地区防治职场性骚扰单独立法经验，加强对其侵犯法益的单独保护。如前所述，台湾"性别工作平等法"是该地区规范发生在职场上性骚扰事件最主要之法律依据，该法第三章有关性骚扰防治之两条实体性条文，连同程序性及其他部分之条款总共 11 条，不仅确认职场性骚扰的定义，还将职场性骚扰分为两大类型，即"敌意工作环境性骚扰"和"交换性骚扰"②。该法最为成功部分的雇主责任等设定，都是基于对职场性骚扰妇女劳动权和职业发展权的确认，否则如果只有受害人人格权单一法益，也就无法对其雇主之防治责任损害赔偿进行规定。

2. 前置用人单位的行政管理义务

基于对受害人职业发展权的保护理念与立法思路，用人单位（雇主）应该起到防患于未然的作用，即用人单位要设立事前的一般防御机制和企业处理机制，前者是指用人单位应事先防治此类行为之发生，以及单位在知悉此类事件后应立即采取有效纠正及补救措施。用人单位应制定防治性骚扰措施、申诉及惩戒办法。这种用人单位对女性职工的行政保护责任非常必要和及时。反之如果用人单位未制定性骚扰防治措施、申诉惩戒办法等，并在知悉或者应当知悉性骚扰事件发生时没有采取有效之纠正和补救措施，要承担相应的责任，将会被相关部门进行罚款等的责任追究。在前述规定的基础上，为向性骚扰的受害者提供协调处理机构和程序，用人单位必须设立申诉通道并协调处理所发生的性骚扰事件："机关、部队、学校、机构或雇佣人，不论组织成员或受雇人之人数多寡，应建立受理性骚扰事件申诉窗口，并协调处理；组织成员或受雇人人数达十人以上者，应设立受理性骚扰申诉之专线电话、传真、专用邮箱或电子信箱，并规定处

---

① 刘小楠：《港台地区性别平等立法及案例研究》，法律出版社，2013，第288页。
② "敌意工作环境性骚扰"是指任何人在受雇者执行职务时，以性要求、具有性意味或性别歧视之言词或行为，对其造成敌意性、胁迫性或冒犯性之工作环境，致侵犯或干扰其人格尊严、人身自由或影响其工作表现。"交换性骚扰"是指雇主对受雇者或求职者为明示或暗示之性要求、具有性意味或性别歧视之言词或行为，作为劳务契约成立、存续、变更或分发、配置、报酬、考绩、升迁、降调、奖惩之交换条件。参见焦兴铠《工作场所性骚扰争议之预防及处理：台湾之经验》，《台湾劳动评论》2009年第2期。

理程序及专责处理人员或单位。"

3. 司法实践逐步体现对受侵女性职业发展权的保护

根据笔者在中国裁判文书网检索的结果，2017 年至 2020 年，以"性骚扰"为关键词搜索得到 36 件司法裁判。这些案件中，司法机关皆以人格利益和身心健康为保护客体，视情节轻重以《中华人民共和国治安管理处罚法》确定猥亵行为，或刑法上的强制猥亵罪进行惩罚。在民事赔偿环节中，未见当事人以职业发展利益被损害要求救济，法院也没有主动提出对职业发展权或者劳动权的法益进行保护和支持。客观地评价性骚扰对职业发展利益的损害也应该逐步成为类似案件的诉讼理由成立及保障的重点。性骚扰行为如果造成受到骚扰者在职业发展利益方面的损失，构成了对受害者实质利益的损害，受害人可以向有关部门投诉或者直接向人民法院提起民事诉讼。在受害人投诉或者起诉时，受害人不得因此而遭受劳动报酬、工作机会以及日常工作安排的利益减损。为保障当事人的隐私权及发展利益，应设置特别调解程序，之所以设置特别调解程序，主要考虑到女性职业发展权的长远利益。很多职场性骚扰受害者并不希望将事件扩大化，或者人尽皆知，毕竟发生在工作环境中的性骚扰既损害了职业女性的人格利益，又可能造成女性工作环境的不友好从而影响到女性职业发展的长远利益。调解是双方自愿参与的过程，只有在双方同意时才进行调解。调解并非诉讼的必经程序，仅仅是考虑到受害人的劳动权益，而设置的可能达成和解的程序。当然如果在调解过程中未能达成和解，受害人仍可继续行使其权利。

结　语

制度本身具有稳定性、能动性以及自我实施的特征，制度主义认为制度与行动者之间具有密切的关系——制度与行动者处于互相形构的动态过程中。近年来职场性骚扰案件呈现递增趋势，特别是引起网络普遍关注的"某银行业务主管利用职位'性骚扰'女职员"事件，暴露了我国女性职场发展遭遇性别歧视的"冰山一角"。早在 2001 年联合国妇女地位委员会在联合国会议上指出性骚扰对妇女身心健康都有损害，这使得妇女本应拥有的人权与尊严遭到了践踏，特别指出：性骚扰是基于性别不同而产生的暴力，这是人与人之间尊严不对等、不相容造成的。女性其尊严因其力量与男性不对等而受男性贬低，这种不对等需要女性长期的抗争才能最终消除。在众多影响女性职业发展的因素中，性骚扰问题成为阻碍女性职业发展的一个隐患。性骚扰以接受或默许对方提出的与性有关的要求，以此作为女性群体就业或升迁的条件，不合理干涉该群体人员的正常工作并营造令其不安的工作环境，特别是以女性最为珍贵的尊严为代价来换取工作上的稳定和利益，不但损害了女性群体的人格利益，更是构成对女性职业发展权的阻却，从而损害女性整体的发展权利，因此在制度上对性骚扰行为进行纠正以切实保护女性的发展权尤为重要，制度成为反职场性骚扰最为可靠和有效的方式。

【责任编辑：铁锦莎】

美国平等就业机会委员会关于性骚扰问题的政策指南[*]

美国平等就业机会委员会颁行　卢杰锋[**]译

本文件结合最近的司法案例，为界定性骚扰概念和确定雇主的责任提供相应指南。

《民权法案》第七章第703（a）（1）条规定，雇主的下列雇用行为违法：基于任何个人的种族、肤色、宗教、性别或宗源国的原因，不雇用或拒绝雇用或解雇任何个人，或在报酬、条款、条件或就业特权等方面歧视任何个人。

1980年，美国平等就业机会委员会（以下简称EEOC）颁布了相关指南，认为性骚扰行为违反美国《民权法案》第七章第703条的规定。上述指南确定了不受欢迎的、包含性性质的行为构成性骚扰的认定标准，确立了雇主可能被追究责任的情形，并建议雇主采取积极措施防止性骚扰行为的发生。EEOC在其执法诉讼中使用了上述指南确立的标准，同时，美国许多下级法院也开始依据该指南进行案件审理。

1986年，美国联邦最高法院在 Meritor Savings Bank v. Vinson 一案中回应了性骚扰是否违反第七章规定的问题。通过该案，联邦最高法院肯定了EEOC在其指南中确立的有关性骚扰的基本问题及定义。本文件的目的是结合 Vinson 案后的法律发展，就以下问题提供指南：

- 如何确定相关涉性行为"不受欢迎"；

[*]　本文获得对外经济贸易大学中央高校基本科研业务费专项资金资助（批准编号：18YB05）。

[**]　卢杰锋，对外经济贸易大学法学院副教授，研究方向为劳动法、平等就业制度、英美法律制度等。

- 如何评估骚扰证据;
- 如何确定特定工作环境存在性"敌意";
- 如何确定雇主是否应当对主管人员的性骚扰行为承担责任;
- 如何评估针对性骚扰指控采取的预防和补救措施。

一 背景

(一) 定义

《民权法案》第七章并没有禁止工作场所中的所有包含性特质的行为。因此,明确勾勒性骚扰的边界至关重要:只有不受欢迎的性举止已经构成就业的一个条件时,才属于违法行为。EEOC 颁布的指南定义了两种类型的性骚扰行为,即"交换型"和"敌意环境型"。按照指南的规定,当"对这种行为的服从以明示或暗示的方式成为个人就业的一个条件"时,该"不受欢迎的"性举止构成性骚扰。如果"个人对此类行为的服从或拒绝被用作影响该个人的雇佣决定的依据"时,"交换型"性骚扰成立。联邦最高法院在 Vinson 案的判决中明确表示,按照 1964 年《民权法案》第七章第 703 条的规定,上述两种性骚扰都具有可诉性,属于性别歧视的表现形式。

尽管理论上"交换型"和"敌意环境型"性骚扰是两种截然不同的性骚扰形式,但这两者之间的界限并不总是泾渭分明,并且很多时候这两种形式的性骚扰可能同时发生。例如,充满性敌意的工作环境导致员工发生推定解雇(constructive discharge)时,员工的工作条件实际上会受到切实的影响。类似地,向下属员工进行性挑逗的主管可能会传达一种如果她不服从,就会对她的工作状态产生不利影响的隐含的威胁。如果违规的主管滥用其雇佣决定权,强迫受害者忍受或参与性举止,"敌意环境型"性骚扰可能就具有了"交换型"性骚扰的特征。如果受害者告诉骚扰者或其雇主她将不再屈服于性骚扰,并因该反抗行为导致被解雇,那么,可以认为性骚扰行为最终导致了报复性解雇。在上述情况下，性骚扰以及违反第七章第 704（a）条规定的报复行为都发生了。

在确定雇主的责任时，有必要区分这两种性骚扰。虽然将性骚扰归类为"交换型"、"敌意环境型"或包含两者有助于分析性骚扰行为，但这些区分不应限制 EEOC 的调查。通常来讲，EEOC 应根据所有可能适用的理论考虑所有可用的证据和证词。

（二）最高法院对 Vinson 案的判决

在 Meritor Savings Bank v. Vinson 案中，联邦最高法院需要解决三个问题：

（1）造成敌意工作环境的不受欢迎的性举止是否构成基于性别的就业歧视；

（2）在地区法院发现原告与其上司之间存在的任何性关系是"自愿的"关系时，第七章是否被违反；

（3）当雇主不知道，也没有理由知道主管的不当行为时，雇主是否应当对由主管的性挑逗造成的敌意工作环境承担严格责任。

1. 案件事实。原告声称，她的上司在工作时间及下班后，在雇主的办公场所内外不断对她进行性骚扰；据她称，他多次强迫她与他发生性关系，在其他雇员面前抚摸她、跟随她进入女厕所，并向她暴露自己，甚至几次强奸她，而她之所以屈服是因为害怕危及她的就业。但她也证实，在她第一次提出申诉，即提出依据第七章的诉讼的近一年前，这一行为已经停止。她随后还向 EEOC 提出了控告。主管和雇主否认了她的所有指控，并声称这些指控是她为了应对工作纠纷而凭空捏造出来的。

2. 下级法院的判决。经过审理，联邦地区法院认为原告不是性骚扰的受害者，并且原告并不需要通过给予性施惠以获得雇用或晋升的机会。在没有解决证词的相互矛盾的情况下，联邦地区法院认为，如果原告和她的上司之间之前存在性关系，那么"这种关系是一种自愿的性关系……与她继续工作无关"。联邦地区法院还认为，雇主不应对其主管的行为负责，因为雇主不知道发生了所称的性骚扰；尽管雇主设有反对歧视政策和内部申诉的程序，但原告从未提出过申诉。

联邦上诉法院审理后撤销原判并发回重审，认为下级法院本应结合相关证据考虑是否存在基于"敌意环境"理论的侵权行为。上诉法院认为，受害者"自愿"接受性挑逗，与"对性骚扰的容忍是否构成一个工作条件"之间，"没有任何实质性联系"。法院进一步认为，无论雇主是否知道或应当知道该不当行为，也无论雇主是否反对和制止过该不当行为，雇主都应对主管人员实施的性骚扰承担绝对责任。

3. 联邦最高法院的意见。联邦最高法院同意应根据"敌意环境"理论将案件发回重审，并认为正确的调查应侧重于行为是否"不受欢迎"，而不是受害者参与相关行为是否具有"自愿性"。但联邦最高法院认为，上诉法院对雇主总是自动对其主管人员的性骚扰行为负责的结论是错误的。

（1）"敌意环境型"性骚扰违反第七章规定。联邦最高法院拒绝接受雇主关于第七章只禁止造成"经济"或"有形"伤害的歧视的观点。"第七章赋予雇员这样一种权利，即在免于基于性别、种族、宗教或宗源国的歧视性恐吓、嘲笑和侮辱的环境中工作。"法院认为，根据 EEOC 指南中对骚扰的定义，原告可以通过证明"基于性别的歧视造成了敌意或冒犯性的工作环境"来证明违反了第七章的规定。

性骚扰为特定性别的成员创造了一个敌对或攻击性的环境，这构成对工作场所性别平等的障碍，就像基于种族的骚扰对于种族平等而言一样。毫无疑问，要求一个男人或女人接受性凌辱，以换取获得工作和谋生的特权，这和最尖锐的种族污名一样有辱人格和令人不安。法院进一步认为，如果认定性骚扰行为违反第七章，那么该行为必须"足够严重或普遍，以至于改变了受害者的工作条件，并创造一个冒犯性的工作环境"。

（2）行为必须是"不受欢迎的"。引用 EEOC 指南，法院认为性骚扰诉求的主要指控的相关性挑逗是"不受欢迎的"。因此，"与性有关的行为是'自愿的'，即提出指控的人没有被迫违背自己的意愿参与，并不能作为根据第七章提起的性骚扰诉讼的抗辩理由。正确的做法是调查受害者的行为是否表明所谓的性举止是不受欢迎的，而不是受害人是否自愿参与了实际的性行为"。法院认为，提出指控一方具有性挑衅意味的言论或着装方面的相关证据，可能有助于确定她是否认为特定的挑逗不受欢迎，但鉴于潜在的不公平偏见，这样的证据应当谨慎使用。

（3）根据代理原则确定的雇主责任。关于"敌意环境"案件中的雇主责任问题，法院同意 EEOC 的立场，即代理原则应当予以适用。虽然联邦最高法院拒绝发布"关于雇主责任的明确规则"，但它拒绝了上诉法院关于雇主对主管人员行为自动归责的认定和雇主需要被通知才承担责任的立场。

本文件接下来就 Vinson 案以及之后相关案件所涉及的争议问题提供指南。

二 指南

（一）确定性举止是否不受欢迎

性骚扰是"不受欢迎的……包含性性质的言语或肢体行为……"。因为性吸引可能经常在员工之间的日常社交中发挥作用，因此，"受邀请的、不请自来但受欢迎的、冒犯但可容忍的和被断然拒绝的"性挑逗之间的差异有时可能很难辨别。但对上述行为的差异作出辨别是至关重要的，因为，性挑逗只有在不受欢迎时才会变成非法行为。联邦上诉法院第十一巡回法庭在 Henson v. City of Dundee 案中给出了"不受欢迎的行为"的一般定义，即受到指控的行为必须是"雇员没有主动要求或鼓动（情况下作出），并且雇员认为这种行为是令人生厌的或具有冒犯性的"。

各方就相关行为是否受欢迎呈现相互矛盾的证据时，EEOC 将结合所有记录和所有情况，逐案进行评估。当有一些迹象表明行为是受欢迎的，或当双方的可信性存在争议时，如果控诉方在受到骚扰时提出了及时的控诉或抗议，控诉方的主张将会极大增强。特别是，当被指控的骚扰者可能有某种理由（例如，先前双方的两情相悦关系）相信自己的冒犯将会受到欢迎时，受害者必须告知对方相关行为已不受欢迎。一般来说，受害者应积极主张其享有不受性骚扰的工作场所的权利。这样可能会在骚扰变得更严重之前阻止骚扰。对性骚扰进行及时的投诉或抗议也可以作为有力的证据证明发生了性骚扰行为。因此,在调查性骚扰指控时,不管是对骚扰者、管理层、同事或是其他人,重要的一点是,应当发挥具体的证据和相关投诉或抗议的作用。

诚然,投诉或抗议记录对指控方是有利的,但它不是指控方提出主张所必须具备的要素。事实上,EEOC 理解受害者会害怕由投诉行为所带来的影响,这种害怕可以解释为何受害者拖延对性骚扰提出抗议。如果受害者没有投诉或延迟投诉,必须查明背后的原因。受害者是否投诉与性骚扰行为是否成立之间的关系取决于"性挑逗行为的性质以及相关行为发生的背景"。

例如,控诉方声称她的上司让她遭受不受欢迎的性挑逗,创造了一个充满敌意的工作环境。根据针对她的指控所进行的调查,她的上司自 1987 年 6 月开始对她进行间歇性的性挑逗,但她并没有向管理层抱怨性骚扰。骚扰持续恶化后,她于 1988 年 6 月向 EEOC 提出申诉。没有证据表明控诉方欢迎这些挑逗。控诉方说,她担心投诉骚扰会导致她失业。她还说,她最初认为自己可以解决这一问题,但随着骚扰变得更加频繁和严重,她意识到 EEOC 的介入是必要的。调查人员确定控诉方是可信的,并得出结论认为延迟投诉并没有削弱控诉方的主张。

当骚扰行为是否受欢迎存在争议时,应通过调查确定受害者的行为与其所声称的性举动不受欢迎是否一致。

在 Vinson 案中,联邦最高法院明确表示,对性举动的自愿服从并不一定会阻挠性骚扰指控的成立。正确做法是调查"她的行为是否表明被指控的性举动是不受欢迎的,而不是她是否自愿地参与了实际的性行为"。

在某些案件中,法院和 EEOC 考虑申诉人是否通过主动的性挑逗、使用含性的语言或引诱性举止表明对相关性举止的欢迎。在 Gan v. Kepro Circuit Systems 案中,原告经常使用粗俗的语言,主动与她的同事进行含性的对话,询问男性员工他们的婚姻性生活以及他们是否有婚外情,并也讨论她自己的性行为。因此,法院驳回了原告关于"敌意环境型"性骚扰的诉求，认为来自她同事的任何涉性的提议或言论都是"由她自己主动的性挑逗和她自己露骨的性对话"所造成的。在 Vinson 案中，联邦最高法院认为，有关原告的挑逗性装束和公开表达的性幻想方面的证词并非一定不可取，但审判法院应仔细权衡其和潜在不公平偏见之间存在的相关性。

相反，偶尔使用露骨的性语言并不一定表明相关的性举止是受欢迎的。尽管指控方使用性用语或黄色笑话可能暗示在这种情况下其他人的性言论并不是不受欢迎的，但更为极端的、辱骂性的或持续的言论或人身攻击将不会被容忍，"交换型"性骚扰也不会被允许。

以指控方过去的行为来表明涉案的行为是"受欢迎"的，这样的行为必须与被指控的骚扰者有关联。在 Swentek v. US AIR，Inc 案中，联邦上诉法院第四巡回庭认为，联邦地区法院错误地得出结论，认为原告自己过去的行为和使用的脏话表明"她是那种不会被这种言论冒犯的人，因此通常对这种言论是欢迎的"，即便她已经告诉骚扰者不要打扰她。联邦上诉法院强调，正确的衡量标准是"原告是否欢迎被指控骚扰者的特定行为"，"原告在双方同意的情况下使用脏话或性暗示并不意味着放弃'法律对于她遭受不受欢迎的性骚扰的保护'"。因此，指控方的一般品格特征和过去对他人行为的证据，其证明价值是有限的，并不能取代她对骚扰者的行为是否受欢迎的细致调查。

较为难认定的情况是，员工一开始自愿地参与含有性意味的行为，但随后停止参与，并声称后续的涉性行为造成了敌意工作环境。此时，员工有责任证明任何后续的涉性行为是不受欢迎的、与工作相关的骚扰。员工必须明确告知被指控的骚扰者他的行为不再受欢迎。如果相关行为仍然继续，而她未能提请高级管理层或 EEOC 予以关注，这样的事实可以构成相关行为实际上是受欢迎的或与工作无关的证据，尽管这样的证据不是结论性的。但无论如何，她拒绝服从性举止不能成为拒绝其工作福利或机会的理由，否则将构成"交换型"性骚扰。

（二）评估骚扰证据

EEOC 认识到，性举止可能是私下的、不易察觉的，没有目击者。即便在工作场所中公开发生的性举止也可能看上去是双方都同意的。因此，解决性骚扰争议往往取决于哪一方的当事人更可信。调查员应详细询问指控方和被指控方。EEOC应彻查任何性质的辅助证据，询问公司里的监督和管理人员以及同事们对指称的性骚扰了解的情况。

在适当情况下，EEOC可以仅根据受害者指控的可信度来认定存在骚扰。如同任何关于其他歧视的指控一样，受害者的陈述必须足够详细且前后一致方才可信；如果缺乏辅助证据，而这些辅助证据在逻辑链条上应该存在，就会削弱受害者的指控。同样，骚扰者对相关行为的否认没有实际意义，如果有其他证据可以证明其实施了骚扰行为。

当然，EEOC也意识到，指控方自己可能无法就其指控的行为确定证人。但是，仍然可以从那些在骚扰事件发生后即观察到指控方举止变化的人那里获得证言。调查人员应该和与她可能讨论过骚扰事件的人进行交谈，比如她的同事、医生或律师。应询问其他员工是否注意到指控方在工作中的行为的变化，或被指控骚扰者对待指控方的方式的变化。如前所述，受害者即刻提出的申诉，是骚扰行为的发生和该行为不受欢迎的有力的证据。其他员工被同一个人性骚扰的证据也是如此。

调查员应确定雇主是否知道任何其他骚扰事件，如果知道的话，作出了何种反应。在适当的情况下，EEOC将扩大案件的调查范围至集体诉讼。

例如，控诉方声称，当单独在办公室时，她的主管经常对她进行不受欢迎的性挑逗。主管否认了这一指控。没有人目睹了所谓的挑逗。但是，控诉方无法提供骚扰行为的目击者并不一定阻碍她的主张的成立。案件的关键在于，在她的指控与她的主管的否认之间，谁的可信度更高。一些可信的、辅助性的补强证据可以证实她的说法。比如，三名同事表示，控诉方好几次在离开主管办公室后看起来心烦意乱，而她当时也告诉他们，主管曾对她进行性挑逗和身体触摸。此外，有证据表明，在事件发生后不久，控诉方曾向总经理投诉。补强的证人证词和她向上级管理层的投诉足以证明她的说法。如果其他员工证实主管也对她们提出过发生性关系的要求，她的指控将得到进一步支持。

如果调查用尽了获得补强证据的所有可能性也没有找到任何证据，EEOC 仍可以仅基于合理相信指控方的证词而认定诉因存在。

在"交换型"性骚扰案件中，如果发现雇主声称的对指控方作出不利行为的理由是借口，那么，通常可以认为雇主的行为违反第七章的规定。相关调查应确定雇主解雇指控方的理由的真实性，如果这些理由是借口，并且如果性骚扰发生了，那么应该推断出：正如指控方所声称的那样，她因拒绝雇主的性挑逗而被解雇。此外，如果解雇是因为受害者提出申诉，那么还应认定违反了第 704（a）条。

（三）　确定工作环境是否包含"敌意"

联邦最高法院在 Vinson 案中表示，性骚扰要违反第七章，必须"足够严重或普遍"，以至于改变了受害者的工作条件，并创造了一个凌辱性的工作环境。由于"敌意环境型"性骚扰形式多样，确定其成立需要考虑多种因素，包括：（1）行为是口头的还是身体的，或者两者兼而有之；（2）重复发生的频率；（3）行为是否具有敌意和明显的攻击性；（4）被指控骚扰者是同事还是主管；（5）其他人是否参与实施骚扰；（6）骚扰是否针对多人。

在确定不受欢迎的性举止是否足以构成违反第七章的"敌意环境"时，主要要看该行为是否"不合理地干扰个人的工作"或者造成了"恐吓性、敌意性或冒犯性的工作环境"。因此，性调情或性暗示，甚至是琐碎或仅仅令人讨厌的粗俗语言，通常不会构成一个敌意型工作环境。

1. 骚扰的评估标准。在确定骚扰是否足够严重或普遍以至于构成敌意环境时，应当对骚扰者的行为以"合理人"的客观角度进行评估。《民权法案》第七章并不是为过度敏感者所遭受的琐碎不快提供救济的工具。因此，如果相关行为不会对一个"合理人"的工作环境产生实质性影响，就不应认定该行为违反第七章的规定。

例如，控诉方声称她的同事一再对她进行不受欢迎的性挑逗。但调查显示，所谓的"挑逗"包括邀请她加入一个员工群，这个群里的员工经常在下班后一起吃饭和社交。基于这种背景，并从一个"合理人"的角度来看，上述同事的邀请并不构成敌意环境，也不构成性骚扰。

在确定相关行为是否具有性本质这样一个更为根本性的问题时，也应当适用"合理人"标准。由此，在上述例子中，一个合理的人不会认为同事的邀请具有性本质，因此也不会认为违反相关规定。

然而，这一客观标准不应在真空中应用，应考虑所称的骚扰行为发生的个案背景。正如联邦上诉法院第六巡回庭所述，案件的审判者必须"基于一个合理的人在相同或相似的情形下对类似情况的反应的角度（来审理案件）"。

"合理人"标准应当从受害者的角度，而不是从对相关行为是否可被接受的固有观念的角度，来考虑问题。例如，EEOC 认为，一个充斥着性诽谤、展示"色情"照片和其他冒犯行为的工作场所，即使许多人认为这是无害或无关紧要的，也可能构成一个敌意的工作环境。

2. 孤立的骚扰事件。除非行为的性质相当严重，否则单一事件或者孤立的冒犯性举止或言论通常不会造成敌意环境。正如联邦最高法院在 Vinson 案中所指出的，"仅仅说一个会令雇员感到被冒犯的有关民族或种族的绰号不会对工作条件产生足够大的影响，以至于违反第七章"。"敌意环境"通常要求表现出一系列冒犯性举止。相反，在"交换型"情况下，如果单次的性挑逗与给予或拒绝工作利益有关，则可能构成骚扰。

但是一次异常严重的骚扰事件也可能足以违反第七章。骚扰的性质越严重，就越不需要重复。因此，在 Barrett v. Omaha National Bank 一案中，骚扰者与原告谈论性活动，并且当他们在一辆她无法逃脱的车内时，骚扰者以冒犯的方式抚摸她，这样一起严重事件即可构成可起诉的性骚扰。

EEOC 推定不受欢迎的、故意的触摸指控方的私密身体区域足以令人感到被冒犯，从而改变其工作环境并构成对第七章的违反。比起口头上的挑逗或言论，一次不受欢迎的身体挑逗会严重损害受害者的工作环境。如果员工的主管性接触该员工，EEOC 通常会认定存在违法行为。在这种情况下，雇主有责任证明不受欢迎的行为没有严重到足以造成敌意的工作环境。

当受害者同时成为口头和非亲密身体行为的目标时，环境的敌意会加剧，发生侵权行为的可能性加大。同样，除了指控方之外，针对其他雇员的性骚扰事件也可用于证明存在敌意的工作环境。

3. 非身体骚扰。当被指控的骚扰行为是通过言语方式作出时，应调查确定言语的性质、频率、背景和目标指向。有待探讨的问题包括：

- 被指控的骚扰者是否单独针对指控方？
- 指控方参与了吗？
- 指控方和被指控的骚扰者之间是什么关系？
- 这些话是敌意的和贬义的吗？

单个因素不能单独确定特定行为是否违反第七章的规定。正如指南所强调的那样，EEOC 将对所有情况进行整体评估。一般来说，一位女性不会因为选择在一个一直以来充斥粗俗、反女性语言的环境中工作而丧失免受性骚扰的权利。但值得注意的是，在 Rabidue v. Osceola Refining Co. 案中，联邦上诉法院第六巡回庭驳回了原告在上述情况下提出的骚扰指控。

法院认为相关因素之一是"在原告进入工作场所环境之前和之后，充斥于工作场所环境中的淫秽词汇，加上原告自愿进入该环境时的合理预期"。引述联邦地区法院的话，上诉法院多数意见认为，在一些工作环境中，"幽默和语言是粗陋粗俗的。性笑话、性对话和色情杂志可能比比皆是。第七章的目的并不是也很难改变这一点"。法院还认为，（美国）社会容忍且公开地在报摊、黄金时段的电视、电影院和其他公共场所公开展示书面和图片的色情作品，在这样的社会背景下，有争议的性言论和海报对原告的工作环境的影响可以说是最小的。

EEOC 认为上述因素并不具有关联性，因而同意 Rabidue 案中的反对意见，即女性应因自愿进入凌辱和反女性环境而承担被骚扰的风险。"第七章的确切目的是防止这种行为和态度侵害受该法保护的群体的工作环境。"因此，在一个案件中，联邦地区法院作出了与 Rabidue 案不一致的判决。该法院认为，工作场所存在色情杂志、员工对色情杂志的粗俗评论、她的主管对原告和其他女雇员发表的冒犯性言论、公司赞助的电影和幻灯片中的性指向图片、工作场所的性指向图片和日历以及一名同事对原告身体的性接触，构成了敌意环境。法院认为，色情和贬低身份的言论如果足够连续和普遍，"可能会造成一种氛围，在这种氛围中，女性被视为男性的性玩物，而不是平等的同事"。EEOC 也同意，取决于总体情况，这种氛围可能违反第七章。

4. 基于性别的骚扰。虽然指南特别应对具有性本质的行为，但 EEOC 指出，基于性别的骚扰，即不涉及性活动或语言的骚扰，如果"足够模式化或普遍"，并因雇员的性别而受到牵连，也可能产生第七章下的责任（就像基于种族、宗源国或宗教的骚扰一样）。

基于性别的身体侵犯、恐吓、敌意或不平等对待可能与性骚扰事件同时发生，从而催生歧视性就业环境和条件。

5. 推定解雇。当事人通常会同时主张遭受了"敌意环境型"性骚扰和推定解雇。如果由敌意环境导致的推定解雇被证实，那么，"敌意环境型"性骚扰也成为"交换型"性骚扰。EEOC 和大多数法院的意见是，如果雇主违反第七章的规定制造了不可容忍的工作条件，且这些条件可预见地会迫使一名理性的雇员辞职，无论雇主是否有意强迫该员工辞职，雇主对雇员负有推定解雇之责任。

要考虑的一个重要因素是雇主是否设立了有效的内部申诉程序。在 Vinson 案的简评中，EEOC 指出，如果雇员知道存在进行投诉和补救的有效渠道，那么，这些渠道本身就成为工作环境的一部分，若能有效发挥作用则可以克服敌意的工作环境。正如 Marshall 大法官在 Vinson 案的判决意见中所指出的，"如果申诉人没有充分理由绕过她所知道的有效的内部申诉程序，法院可能不认为构成了推定解雇"。同样，在 Dornhecker v. Malibu Grand Prix Corp. 一案中，在被一名同事骚扰后原告立即辞职，虽然雇主告诉她可以不再与骚扰者一起工作，但她并没有给雇主一个公平的机会来证明其可以遏制骚扰者的行为，法院审理后认为不存在推定辞退。

（四）（于 1999 年 6 月删除）

（五）预防行动和救济措施

1. 预防行动。EEOC 的指南鼓励雇主采取一切必要措施防止性骚扰的发生，包括积极地提出性骚扰问题、表达强烈的反对态度、制定适当的制裁措施、告知雇员有权提出和如何提出第七章下的骚扰问题，以及制定提升所有相关人员对性骚扰问题敏感性的方法。

雇主有效的预防措施包括制定明确的反性骚扰政策，将该政策清楚地、定期地传达给员工，并有效实施。雇主应该积极向所有管理人员和非管理人员提出性骚扰议题，表达强烈的反对并阐述对骚扰行为的制裁方式。雇主还应该设立性骚扰解决和投诉程序。上述程序应"鼓励受害者站出来"，且不应要求受害者首先向涉嫌不当行为的主管进行申诉。相关机制应尽可能确保私密性，并提供有效的救济措施，包括保护受害者和目击者免遭报复。

2. 救济措施

第七章"赋予雇员在没有歧视性恐吓、嘲笑和侮辱的环境中工作的权利"，因此，雇主对已知的敌意或冒犯性工作环境未能采取有效救济措施的，应承担相应的责任。

当雇主收到投诉或以其他方式获悉工作场所发生的性骚扰时，雇主应进行及时和彻底的调查。雇主应立即采取适当的纠正措施，通过一切必要措施结束性骚扰，恢复受害者失去的工作福利或工作机会，使受害者权利恢复完整，并防止不当行为的再度发生。雇主或许还需要对违规的主管或员工采取纪律处分措施，形式包括训斥直至解雇不等。通常而言，雇主的救济措施应与行为的严重程度相对应。雇主还应进行后续调查，以确保骚扰不再发生，受害者不受报复。

最近的法院判决阐明了雇主的哪些措施是适当的哪些又是不适当的。在 Barrett v. Omaha National Bank 一案中，受害者告诉她的雇主，她的同事和她谈论过性行为，并以冒犯的方式抚摸她。在收到这一信息后的四天内，雇主对投诉进行了调查，训斥了行为不当的雇员并将他置于观察期，警告他如果有进一步的不当行为将导致其被解雇。目睹骚扰事件的另一名同事也因没有代表受害者进行干预或报告相关行为而受到斥责。法院认为，本案中雇主对性骚扰的回应是及时和适当的，并以此认定雇主不承担责任。

相比之下，在 Yates v. Avco Corp. 案中，法院裁定雇主的反性骚扰政策未能发挥效用。该案中，受害者的一级主管有责任报告和纠正公司内的骚扰，但他本人即骚扰者。雇主告诉受害者不要去 EEOC 投诉。在调查期间，雇主让骚扰者带薪休假，而让原告休病假，并且事后未予以说明而在原告的人事档案中记录为过度旷工，而不是因遭受性骚扰而缺勤。同样，在 Zabkowicz v. West Bend Co. 案中，一位同事以法院形容为"恶意"和"无耻"的方式骚扰原告将近四年。尽管原告多次投诉，但她的主管除了偶尔召开会议提醒员工公司反对冒犯行为外，没有采取任何救济措施。在原告向 EEOC 提起指控之前，主管从未进行过任何调查或处罚过任何员工。至提起指控时，才有一名违规员工被解雇，另外三名员工被停职。法院审理后认为雇主负有责任，因其未能采取及时和适当的救济措施。

若雇主声称其已经采取了补救行动，EEOC 将进行调查，以确定相关行动是否适当、是否有效。当然，EEOC 的调查人员应该对骚扰指控进行独立的调查，EEOC 将得出自己的结论，确定是否存在违法行为。如果 EEOC 调查发现骚扰已经消除，所有受害者都已恢复权利并且雇主已经建立了预防措施，EEOC 通常会基于雇主及时的救济措施而终止行政指控。

【责任编辑：梁硕】

主题研讨 2：跨性别权益

中国跨性别者平等就业权保护

——简评中国首例跨性别平等就业权纠纷案

刘明珂*

摘要：由于我国现有法律缺乏系统的反歧视规定，采用侵权法模式进行反就业歧视诉讼暴露出若干问题。以中国首例跨性别平等就业权纠纷案为例，在混合动机歧视类案件中因无法有效认定因果关系成立而无法认定构成歧视；在托词类案件中给原告分配的举证责任过重，亦不利于劳动者平等就业权的保护。对跨性别群体平等就业权的保护应当通过立法的形式明确禁止基于性别认同和性别表达的歧视；同时，保障跨性别者平等权益的关键还在于建立基于尊重个人认同的性别认同法律承认制度。

关键词：就业歧视；平等就业权；性别认同；混合动机；病理化

2013 年 10 月，中国政府参加联合国人权理事会第二轮普遍定期审议，爱尔兰与荷兰在工作组报告（A/HRC/25/5）的"结论和/或建议部分"中，就性倾向与性别认同相关议题向中国政府提出了建议："设立反歧视法律法规，确保男女同性恋、双性恋和变性者享有平等待遇，包括在学校和工作场所享有平等待遇（爱尔兰）"，"按照国际标准，在劳动和就业法律中加入禁止一切歧视的规定，包括基于性倾向和性别身份、族裔、宗教和艾滋病毒感染情况的歧视（荷兰）"。中国政府在"受审议国对结论和/或建议提出的意见、作出的自愿承诺和答复"（即工作组报告增编：A/HRC/25/5/Add. 1）中对爱尔兰和荷兰的建议作如下答复："接受并已经执行"，"中国在许多法律中都规定了禁止对不同群体的歧视"。

---

* 刘明珂，北京市华一律师事务所律师，研究方向为多元性/别法律。

近年来，在我国司法实践中出现了一些涉及性倾向和性别认同的就业歧视案件。一方面，确如中国政府在联合国人权理事会审议中所言，我国法律禁止对不同群体的歧视；但另一方面，相关规定并不明确且不系统，在实践中给法院裁判带来了不小的挑战。探讨这些案件，对我国反就业歧视法律制度的完善和多元性别群体平等就业权的保护具有理论和实践上的积极意义。笔者将在本文中结合反就业歧视理论和现行法律，对"中国首例跨性别平等就业权纠纷案"进行简要分析和评价，探讨跨性别者的平等就业权保护问题。

一 案情简介与问题的提出

马女士是一位跨性别女性，[①] 她于 2015 年入职杭州某公司，从事艺人助理的工作。2018 年 10 月，马女士经公司同意，办理了停薪留职的手续，随后接受了性别重置手术。同年 12 月下旬，马女士手术后回到公司上班。2019 年 1 月 29 日，公司人事主管与马女士就解除劳动合同的经济补偿事宜进行协商，公司提及了马女士的工作表现（包括劳动合同履行期间多次迟到）、公司经营困难等问题，还提及因为其手术后早晚需要一定时间护理身体，认为其在体力上不适合从事岗位要求的高强度夜班工作，以及不知道其接受性别重置手术后，应该"跟男的（艺人）还是女的（艺人）"等问题。

经协商无果后，公司于 2019 年 2 月 12 日以严重违反公司规章制度为由，单方解除了与马女士的劳动合同。马女士不服，于 2019 年 3 月提起劳动争议仲裁，后调解结案。马女士后又提起平等就业权纠纷诉讼，一审法院认为马女士多次迟到，按照公司规章制度，已经符合了公司单方解除

---

① "跨性别"指的是一个人的性别认同不同于其指派性别。即一个人内在的关于自己是男人、女人或其他某种性别或者多种性别之混合的感觉不同于其在出生时或出生后短时间内被指派的某种性别。参见《亚太跨性别健康蓝图》，https://www.cn.undp.org/content/dam/china/img/demgov/Publication/UNDP-CH - % E4% BA%9A% E5% A4% AA% E8% B7% A8% E6%80% A7% E5% 88% AB% E5% 81% A5% E5% BA% B7% E8% 93% 9D% E5% 9B% BE. pdf，最后访问时间：2021 年 5 月 7 日。

劳动合同的条件，公司解除双方劳动合同有正当理由；马女士主张公司因其跨性别身份解除劳动合同的证据不足，不构成不合理的差别对待，驳回了马女士的全部诉讼请求。马女士不服，提起上诉，二审法院维持了一审法院的判决。[①] 该案（以下简称马女士案）是在 2018 年 12 月中华人民共和国最高人民法院增加"平等就业权案由"后，[②] 第一例由跨性别者提起的就业歧视诉讼，被媒体称为"中国首例跨性别平等就业权诉讼"[③]。

笔者认为，本案的败诉反映了我国反就业歧视诉讼面临的多重困境，具体为：第一，司法实践中对"歧视"概念的理解以及对平等就业权和用工自主权行权界限的划定，可能不利于劳动者平等就业权保护；第二，反歧视诉讼的侵权法模式的局限，其一是无法回应混合动机歧视问题，其二是由来已久的举证责任分配不统一问题及其给劳动者带来的负面影响。从社会大众对跨性别者就业歧视案件的反应来看，对这一群体的病理化及由此带来的误解和污名可能仍然是保障其平等就业权的最大潜在障碍。

二　就业歧视概念的界定及马女士案反映出的问题

（一）就业歧视概念的界定与冲突

反就业歧视诉讼的基础应当建立在法院对何为就业歧视有明确的认识上。我国没有反歧视或反就业歧视的专门法，散见于多部法律的反歧视条款也未对就业歧视作出明确定义。所以司法实践中不同法院对此问题有不同理解，在一定程度上也造成了在事实认定和法律适用方面的不统一。

学界与实务界比较一致地认为，"就业歧视"的概念可以参照国际劳工组织《就业和职业歧视公约》（以下简称第 111 号公约），即"基于种

---

①　浙江省杭州市中级人民法院民事判决书，（2020）浙 01 民终 2725 号。本文中所有关于本案的引用均来自此判决书。

②　《中华人民共和国最高人民法院关于增加民事案件案由的通知》（法〔2018〕344 号）。

③　《中国首例跨性别平等就业权纠纷案当事人："我们就是普通人"》，http://www.ftchinese.com/story/001085596？archive，最后访问时间：2021 年 5 月 7 日。

族、肤色、性别、宗教、政治见解、民族血统或社会出身的任何区别、排斥或特惠，其效果为取消或损害就业或职业方面的机会平等或待遇平等"。我国学者提出的专家立法建议以及司法实践中也有采取与上述概念一致的定义。由中国政法大学宪政研究院发起起草的《反就业歧视法》（专家建议稿）（第三版）（以下简称专家建议稿）对就业歧视作出如下界定："本法所称就业歧视，是指用人单位基于劳动者与工作能力和职业的内在需要不相关的因素，在就业中做出区别对待，从而取消或损害劳动者平等就业权利的行为。"我国的司法实践中也有法院依照学理给出的就业歧视的定义，例如，在一起涉及身份（地域）歧视的案件中，杭州互联网法院在判决书中对（招聘阶段的）就业歧视下了如下定义："用人单位在招聘过程中，对招聘条件相同或相近的求职者基于某些与个人工作能力或工作岗位无关的因素，而不能给予其平等的就业机会或在工资、岗位安排、劳动条件与保护、社会保险与福利等方面不能提供平等待遇。"①

马女士案的二审法院则对就业歧视作了如下定义："没有法律上的合法目的和原因而基于某些与工作岗位、个人工作能力或工作表现无关的因素采取区别对待、排斥或者给予优惠等违反平等权措施的行为。"对比马女士案二审法院与上述公约、专家建议稿及司法实践作出的定义，二审法院给就业歧视增加了一个前提条件，即"没有法律上的合法目的和原因"。如果将这一前提条件理解为歧视的例外——合理区别对待，例如用人单位出于职业内在需要提出的合理标准和要求、基于国家安全的需要对劳动者提出的特殊要求、对"三期"妇女的保护性规定，以及为实现弱势群体在机会和待遇方面的平等而采取的暂行特别措施等，② 那么其对就业歧视的定义与上文提到的第 111 号公约等的定义并无冲突。但结合法院判决的整体逻辑，笔者认为，法院的真实意思是如果用人单位对劳动者的区别对待是符合劳动法的，则即使存在基于某些与工作岗位、个人工作能力或工作表现无关的因素之考虑，仍然不构成歧视。有法院的说理为证："平等就

---

① 杭州互联网法院民事判决书，（2019）浙 0192 民初 6405 号。
② 参见刘小楠主编《反歧视讲义：文本与案例》，法律出版社，2016，第 12 ~ 16 页。

业权保护的法益应当是劳动者的合法就业权利，而非要求用人单位对违反公司规章制度的劳动者必须做出相同处理。即使（某某）公司对与（某某某）存在类似严重过失达四次的员工采取了不同的处理方式，也未超出其行使用人单位用工自主权的合理范围。"一审法院也有几乎相同的论述。

（二）平等就业权与用工自主权行权界限的划定

反就业歧视诉讼要解决的主要是劳动者平等就业权与用人单位用工自主权行权界限的划定与权利平衡的问题，[①] 但马女士案两审法院对这一问题的回答简化为：二者的行权界限是劳动法上的用人单位单方解除权。笔者认为，这样的理解值得商榷，理由如下。

第一，在我国现行的法律架构之中，平等就业权不仅是一种劳动法上的权利，它的精神内核是人格尊严，具有民法上的人格权属性。法〔2018〕344 号增加"平等就业权"这一新的案由，并将其置于"人格权纠纷"的第三级案由"一般人格权纠纷"项下。当前最高人民法院对我国民事案由的功能定位包括"诉讼标的功能"，[②] 可见，最高院认为平等就业权本质上属于人格权。新案由增加后，司法实践中有法院作出同样的理解："平等就业权是劳动者依法享有的一项基本权利，其既具有社会权利的属性，亦具有民法上的私权属性，劳动者享有平等就业权是其人格独立和意志自由的表现，侵害平等就业权在民法领域侵害的是一般人格权的核心内容——人格尊严，人格尊严重要的方面就是要求平等对待，就业歧视往往会使人产生一种严重的受侮辱感，对人的精神健康甚至身体健康造成损害。"[③]

马女士案两审法院对平等就业权和用工自主权行权范围的理解，否认了平等就业权的人格权属性，使其退化为一般的就业权，这背离了平等就业权确立的初衷。

---

① 李雄：《平等就业权内容体系构造》，《河南财经政法大学学报》2016 年第 1 期。
② 曹建军：《民事案由的功能：演变、划分与定位》，《法律科学（西北政法大学学报）》2018 年第 5 期。
③ 杭州互联网法院民事判决书，（2019）浙 0192 民初 6405 号。

第二，反就业歧视诉讼的应有之义是探求用人单位对劳动者作出区别对待的真实原因，如果是基于法律禁止的原因，则在符合法律规定的其他构成要件的情况下，构成歧视。平等就业权本身即有其独立的价值，用人单位是否遵守了劳动法规定的单方解除权的行权条件与程序和用人单位的行为是否构成歧视是两个独立的问题。我国的劳动法体系也反映出这两个独立问题的不同取向，《中华人民共和国劳动合同法》（以下简称《劳动合同法》）和《中华人民共和国就业促进法》（以下简称《就业促进法》）作为劳动法体系中的两大支柱，为这两个独立的问题分别提供了法律基础。《劳动合同法》主要是"规范用人单位与劳动者订立和履行劳动合同的行为"，其中确立了双向选择的用人机制，框定了劳资双方各自的权利义务，在司法实践中是确定劳动合同单方解除权条件和程序的主要依据。《就业促进法》则是在国家提出建设"和谐社会"的背景下提出的，保障平等就业权是建设和谐社会的手段之一。尤其值得注意的是，在该法出台前，全国人大法律委员会同财政经济委员会、国务院法制办、劳动保障部、全国总工会研究，建议增加"公平就业"一章。[①] 并且《就业促进法》还首次规定了劳动者向法院直接提起诉讼的权利（第 62 条），确定用人单位承担民事责任（第 68 条）。若仅仅以《劳动合同法》中规定的用人单位单方解除权为据判断是否侵害了劳动者的平等就业权，不考虑用人单位的真实意图及其就业歧视行为给劳动者造成的损害，显然与《就业促进法》立法意图背道而驰。

第三，马女士案法院的论述潜藏着一种逻辑：如果用人单位并非违法解除，就不存在就业歧视。这相当于是说，只要解除劳动关系的行为合法，就不构成就业歧视。这一命题显然是有问题的。用人单位与劳动者相比，处于强势地位，即使对劳动者确有歧视，也可以采用合规的方式解除或终止劳动关系。当然，审理马女士案的法院也许并非同意"无违法解除就无歧视"这一命题，而只是认为"无违法解除"，是否有歧视就不需要再进一步论述了。诚如有学者指出的：法院通常避免直接认定是否存在歧

---

① 周伟：《从身高到基因：中国反歧视的法律发展》，《清华法学》2012 年第 2 期。

视的难题，在反歧视诉讼的劳动法模式之下，先由用人单位举证其行为符合法律规定，一旦其举证失败，法院即可判决其违法，无须再论证用人单位是否有歧视意图，而仅有少部分案件会特别关注用人单位合法理由的背后是否潜藏歧视的意图。① 与笔者前文第二点指出的问题一道，将违法解除与否与就业歧视成立与否二者混为一谈，实为法院在现行法律框架下不愿或无法探求单位解除行为的真实原因的体现。

第四，这种理解也可能造成潜在的权力滥用问题。用人单位违法解除与劳动者的劳动合同，其背后有多种原因。诚然，这种原因可能是歧视，但也可能仅仅是用人单位法治观念淡漠、合规不严，甚至也可能是用人单位经过成本与收益的计算，认为根据本单位的具体情况，违法解除劳动合同并支付经济赔偿金是更加合算的，而劳动者获得违法解除的双倍赔偿金并且可以更快开始寻找新的工作机会，也更有效率，此即符合"效率违约"的情况。② 如果用人单位并无歧视意图，但劳动者恰巧属于某一保护类别，则可能给部分不诚信的劳动者滥用平等就业权、提起诉讼要求"双倍"赔偿提供空子。

综上所述，笔者对马女士案中法院对"就业歧视"概念的界定不敢苟同，进而认为其基于这一界定对平等就业权和用工自主权的行权的划定不甚准确，而这种不准确无论在逻辑上还是在对劳动者平等就业权的保护上均有一定的负面影响。

三 反就业歧视诉讼的侵权法模式之困

我国有学者的研究指出，在劳动关系存续期间发生的就业歧视，司法实践中主要是劳动者提起劳动争议纠纷诉讼，这种模式下劳动者的举证责任负担较轻。③ 但也有部分劳动者选择提起侵权责任纠纷诉讼，这可能有

---

① 饶志静：《就业歧视的司法审查方法》，载陈金钊、谢晖主编《法律方法》（第21卷），山东人民出版社，2017，第431～446页。
② 参见熊丙万《中国民法学的效率意识》，《中国法学》2018年第5期。
③ 参见熊丙万《中国民法学的效率意识》，《中国法学》2018年第5期。

多种原因。部分是由于劳动法模式没有侵权责任下的精神损害赔偿和赔礼道歉的救济方式，劳动者"不争馒头争口气"而选择直接提起侵权之诉；也有部分劳动者出于诉讼策略的考虑，先提起劳动争议纠纷诉讼以取得一定的证据，再提起侵权之诉。司法实践中发展出"反歧视诉讼的侵权法模式"（以下简称侵权法模式），根据学者的总结，是"以精神损害赔偿为主要诉求的人格侵权民事诉讼"①。问题在于，就业歧视的构成要件与侵权行为的构成要件是不同的。基于前文提到的公约、专家建议稿及司法实践，可以从就业歧视的定义中抽象出就业歧视的三个构成要件：一是劳动者具有属于法律禁止歧视的事由的个人特质，二是用人单位对劳动者实施了不合理的区别对待，三是这些个人特质与用人单位实施不合理的区别对待存在因果关系。而民事一般侵权的构成要件有四，即加害行为、损害后果、因果关系和主观过错。虽然有学者基于民法理论和已有的司法实践，总结出反就业歧视诉讼侵权法模式的构成要件：第一，用人单位是否实施了侵害平等就业权的加害行为，即用人单位是否对法律禁止歧视的事由采取了区别、排斥、限制等手段或措施；第二，劳动者遭受不利对待的后果；第三，违法性行为与劳动者遭受的不利对待是否存在因果关系；第四，实施违法性行为时主观上是否存在过错。② 然而一般侵权之诉本身并非为反歧视诉讼量身定做，虽然在绝大多数歧视案件中侵权法模式可以较为顺利地被套用，但这一模式也存在两个严重的问题：一是其作为混合动机歧视案件揭示的"双重因果关系之困"，二是由来已久的举证责任之困。这在马女士案中都得到了集中体现。

（一）混合动机歧视案件凸显双重因果关系之困

从表面上看，马女士案中的公司解除与她的劳动合同包含合法的原因与非法的原因，这种案件在反歧视法理论上被称为"混合动机歧视"案件。中国政法大学人权研究院的刘小楠教授就作为本案专家辅助人出庭发

---

① 阎天：《反就业歧视法的一般理论——中美两国的建构与反思》，《环球法律评论》2014年第 6 期。

② 参见熊丙万《中国民法学的效率意识》，《中国法学》2018 年第 5 期。

表了专家意见，也认为本案存在混合动机歧视的问题。①

混合动机歧视（mixed motive discrimination）是一个来自美国的概念，指的是雇主的雇佣决定是基于合法的非歧视性因素和非法的歧视性因素的混合动机作出的。② 美国联邦最高法院在普华永道案（Price Waterhouse v. Hopkins）中，确立了混合动机歧视案件的分析框架，即只要求原告证明歧视性的理由是部分的原因或者说是"激发因素"（motivating factor）；原告一旦做到这一点，所有的举证责任便转移给雇主，由后者证明：即便不存在不被容许的动机，也会作出同样的决策。奥康纳大法官在其协同意见中同意判决结果，但对原告的证明提出了更严格的要求——原告提供存在不被容许的动机的直接证据之后方可将证明责任转移给雇主。下级法院接受了奥康纳大法官这一改良版本的框架。国会不满最高法院的判决，认为普华永道案的判决使法律禁止的雇佣歧视可以逃避《民权法案》的制裁。③ 1991 年美国对《民权法案》第七章进行了修正，改进了普华永道案的框架，进一步规定：一旦原告证明不可容许的原因是消极雇佣行为的一个激发因素，那么即便其他因素也同样引发了该行为，也足以证立歧视行为的存在。雇主的抗辩，即无论是否存在歧视因素均会作出同样的决策，不再作为免责的抗辩，而是仅与救济相关，用于降低原告寻求充分损害赔偿的可能性。④

从本案一审法院的说理来看，法院从根本上否定了混合动机歧视的适用空间。法官在判决书中写道："退一步讲，即使认为公司未给马女士安排新的岗位，有基于马女士性别重置因素考量，也不能认为马女士的就业权利受到侵害，……"因为"在用人单位有权因劳动者严重违反劳动纪律行为作出解除劳动合同决定的情形下，其在法律上并无义务给劳动者安排新的岗位，……"。二审法院没有明确回应这一点，但也没有予以否认，

---

① 《首例跨性别平等就业权案，听听法律专家怎么说》，https://mp.weixin.qq.com/s/BiXi-hXs_pxC0Mf0djmnakA，最后访问时间：2021 年 5 月 7 日。

② 刘小楠主编《反就业歧视的机制与原理》，法律出版社，2013，第 249 页。

③ 谢增毅：《美英两国就业歧视构成要件比较——兼论反就业歧视法发展趋势及我国立法选择》，《中外法学》2008 年第 4 期。

④ 谢增毅：《美英两国就业歧视构成要件比较——兼论反就业歧视法发展趋势及我国立法选择》，《中外法学》2008 年第 4 期。

并且维持了一审判决。

诚然，美国的混合动机歧视理论与实践是不断发展的，其背后有自己的发展脉络，在过程中也存在争议。笔者认为，我们应当批判借鉴域外反歧视理论。对于混合动机歧视案件，本文想要探讨两个问题：第一，按照我国现行法的规定，混合动机歧视案件是否有被认定为就业歧视的空间？第二，在混合动机歧视案件中，侵权法模式是否有效？

1. 现行法下的混合动机歧视

台湾地区学者杨仁寿将法律解释分为三大类：文义解释、论理解释和社会学解释。论理解释又包括：体系解释、法意解释、比较解释、目的解释和合宪解释。[①] 并指出，法律解释应以文义解释作为出发点。[②]

以禁止就业性别歧视为例，我国的法律文本中，禁止就业性别歧视的相关条款共有两种用语模式：一种是"不因性别不同而受歧视"，一种是"不得以性别为由……（实施不利对待）"。[③] 从文义解释的角度出发，二者无疑都表达了一种因果关系。因果关系可能有一因一果、多因一果、一因多果和多因多果。现行法律的行文没有对这一因果关系作出其他限制。从文义解释的角度，可以得出结论，无论这种因果关系是一因一果还是多因一果，性别只要是原因之一——不需要是唯一的原因、主要的原因甚至必要的原因，就被我国的反性别歧视条款所囊括了。除此之外，前文有关平等就业权与用工自主权的行权界限的讨论表明，平等就业权有其独立的价值。无论是采体系解释、法意解释还是目的解释，禁止歧视的规定不会因劳动法已对用人单位行使单方解除权的条件和程序进行了规定而有所减损。在此不再赘述。

综上所述，根据我国现行法，当用人单位作出解除与劳动者合同的决定是同时基于合法动机和非法动机的时候，在符合法律其他规定的情况

---

① 参见杨仁寿《法学方法论》，三民书局，1987，第 123～166 页。
② 参见杨仁寿《法学方法论》，三民书局，1987，第 123～166 页。
③ 例如：《劳动法》第 13 条规定，"不得以性别为由拒绝录用妇女或者提高对妇女的录用标准"。《就业促进法》第 27 条与此相同。《劳动法》第 12 条规定，"不因民族、种族、性别、宗教信仰不同而受歧视"。《就业促进法》第 3 条除了多加一个"等"字，也如此规定，"不因民族、种族、性别、宗教信仰等不同而受歧视"。

下，是可以被认定为构成就业歧视的。

2. 马女士案体现出的混合动机歧视案中侵权法模式的"失效"

因为无法满足一般侵权中的因果关系要件，侵权法模式在混合动机歧视案件中处于"失效"状态。混合动机歧视案件中，单位的行为是由一个合法的行为和一个违法的行为组成的，以马女士案为例，合法的行为是马女士因为多次迟到，严重违反用人单位规章制度，用人单位根据《劳动合同法》第 39 条的规定单方解除与其的劳动合同；违法的行为[①]是用人单位基于马女士进行了性别重置手术之后不知道应该安排其"跟男艺人还是女艺人"的一种基于性别认同的歧视。

一般侵权中的因果关系要件应当符合"相当因果关系"等侵权法上的因果关系检验标准。[②] 具体来说方法有三：第一，反证检验法，又称"若非因"，即若非因为用人单位的违法行为，马女士也会被单位单方解除劳动合同吗？如果回答是肯定的，则前者并非后者的原因；第二，剔除法，即如果将用人单位的违法行为剔除，马女士被单位单方解除劳动合同的结果仍然会发生，则前者并非后者的原因；第三，"代替法"，将单位的违法行为用一个合法行为取代，如果被取代后，马女士仍然会被单位单方解除劳动合同，则前者并非后者的原因。无论使用哪种因果关系检验方法，马女士的案例均无法满足一般侵权中的因果关系要件。[③]

笔者认为，之所以发生这种现象，是因为歧视行为被进行了两次因果关系的检验，笔者将其称为"反歧视诉讼侵权法模式的双重因果关系之困"。具言之，第一重因果关系的检验发生在加害行为这一构成要件内部，即用人单位是否基于法律禁止的事由采取了区别、排斥、限制等手段或措施。第二重因果关系的检验发生在证立构成一般人格权或平等就业权侵权的阶段，即上文讨论的内容。第一重因果关系才是构成就业歧视所需满足的三个构成要件中的那个因果关系要件；而第二重因果关系，已经与是否

---

① 虽然最终法院认为马女士证据不足，未认定确实存在此行为，但为了方便讨论，姑且假设之。
② 张新宝：《侵权责任法》，中国人民大学出版社，2016，第 30 页。
③ 张新宝：《侵权责任法》，中国人民大学出版社，2016，第 31～32 页。

构成就业歧视无关了，之所以还要继续满足这一重因果关系，仅仅因为我国现阶段反歧视诉讼采取侵权法模式而不得不继续套用一般侵权行为的构成要件。一个明显的例子是杭州互联网法院在 2019 年作出的判决，法院在认定被告是否侵害原告平等就业权时，进行了两步走的分析：在第一步中，首先认定被告存在就业歧视行为，其次认定这一差别对待缺乏合理性基础，违反了法律禁止性规定。在第二步中，法院又认定原告因歧视遭受不利后果，且被告存在主观过错。经过两步分析，法院才得出"构成对原告平等就业权的侵害"[①] 的结论。

综上所述，侵权法模式所建构出的并不是就业歧视行为，而是一种包含着就业歧视行为的侵权行为。可能在大多数情况下，采用侵权模式进行反就业歧视诉讼并无太大的问题，但在混合动机歧视的情况下，想要硬套侵权之诉的构成要件，难免方枘圆凿。

（二）托词歧视案件凸显举证责任之困

在马女士案的诉讼过程中，马女士一方既提出了该案作为混合动机歧视案件的论证，又提出了该案作为托词歧视案件的论证，所以本文也有必要对此进行分析。托词歧视案件又称为单一动机案件，也是来自美国反歧视理论与实践的概念，原告可以使用间接证据证明歧视的可能，雇主需要证明存在合法的理由，而原告最终通过攻击雇主的理由，证明其为托词，则可证成就业歧视。[②] 笔者想通过这一类型的就业歧视案件讨论举证责任的问题。纵观域外的反就业歧视司法实践，多数是由原告提出初步证据证明存在差别对待，然后举证责任转移至被告，由被告证明其差别对待的合法理由。至于最终的举证责任，有的置于原告，如美国；[③] 有的置于被告，如英国和欧盟。[④] 而在我国，由于相关的法律规定不甚明确，造成了实践

---

① 杭州互联网法院民事判决书，（2019）浙 0192 民初 6405 号。

② 阎天编译《反就业歧视法国际前沿读本》，北京大学出版社，2009，第 51～52 页。

③ 谢增毅：《美英两国就业歧视构成要件比较——兼论反就业歧视法发展趋势及我国立法选择》，《中外法学》2008 年第 4 期。

④ 贺东山：《我国反就业歧视立法的缺失及完善路径——以英国（欧盟）反就业歧视法律规制的环节和依据为鉴》，《法学杂志》2015 年第 10 期。

中举证责任的不统一。

1. 我国司法实践中的三类尝试

司法实践中，法官对采用侵权法模式提起的诉讼的举证责任分配大体可分为三类：第一是按照民事案件一般的"谁主张，谁举证"规则将其分配给原告；第二是以劳动者处于弱势地位，解除劳动合同的真实理由只有用人单位能够知晓并证明而将举证责任倒置给被告；第三是遵循域外部分国家反歧视诉讼举证责任分配的思路，认为求职者应承担初步的证明责任，然后举证责任转移至用人单位，由后者承担实质举证责任。

采取第一类方式的案例，如2015年中国性倾向职场歧视第一案。① 该案原告因为一段网络视频曝光了性倾向，之后被用人单位辞退。原告的证据是一段与用人单位人事主管的对话录音，其中人事主管多次提到辞退和原告性倾向相关；而被告则举证原告的离职申请书上面标注"个人处事"，因此是原告主动辞职，不是被告辞退，更未涉及歧视。但原告解释说，当时受到了用人单位的误导，以为签署这样的离职申请书是必要的离职手续。一审法院认为，原告应当提供证据证明：被告因原告同性恋身份而解除劳动合同，侵犯原告人格尊严和平等就业权。但一审法院没有认可录音的真实性，并且认为即使录音是真实的，虽然提及了有关网络视频，也不能证明解除劳动合同的原因就是同性恋，因此一审法院驳回了原告全部诉讼请求。在这一案件中，举证责任的分配问题表现得非常明显。本案原告诉讼代理人在上诉理由中一针见血地提出："我国对于就业歧视案件的举证责任无法律和司法解释明确规定，因此需要法院根据公平原则和诚实信用原则，综合当事人举证能力等因素确定举证责任的承担。……我国的就业歧视案，应由用人单位对辞退理由负实质举证责任。"遗憾的是，二审法院没有采纳原告诉讼代理人的意见，仍然认定上诉人（原审原告）应当负举证责任，并且因其证据不足而维持了原判。

---

① 《"中国性倾向职场歧视第一案"终审宣判，小红帽主角之一败诉》，https://china. huanqiu. com/article/9CaKrnJRNFC，最后访问时间：2021年5月7日。

采取第二类的案例，如中国第一起由跨性别者提起的就业歧视案。[①]该案一审法院直接将举证责任倒置给了被告，理由为："1. 被告解除劳动合同的真实原因只有被告自己知晓，原告作为被解除劳动合同的一方处于被支配的地位，无法知晓被告内心的真实想法；2. 被告依法只能在原告不能胜任原告所从事的销售工作的情况下解除劳动合同，被告在解除与原告的劳动合同时应该举证证实原告不能胜任工作的事实；3. 如果将该举证责任分配给原告将造成原告事实上的举证不能，给劳动者维护自身合法权益设置了障碍，不利于保护劳动者的合法权益，不利于社会的进步。"

应当说，一审法院的做法在理由上是有可取之处的，但合法性存疑，因为法律并未明确规定一般侵权的举证责任倒置。二审法院显然"纠正"了这一"错误"，二审法院认为应适用当时的《最高人民法院关于适用〈中华人民共和国民事诉讼法〉的解释》第 90 条："当事人对自己提出的诉讼请求所依据的事实或者反驳对方诉讼请求所依据的事实，应当提供证据加以证明，但法律另有规定的除外。"

采取第三类的案例，如前文提到的地域歧视案件。[②] 法院写道："对于是否存在差别对待现象初步的举证责任在于求职者，即求职者应举证证明用人单位存在将原本无序混杂的人群按照某一标准重新分割排列，触发归类效果，并对其产生不利后果。求职者完成前述证明责任后，应由用人单位举证证明差别对待具有合理依据，不违反法律禁止性规定，若不能提供有效的证据证明待遇的差别是合理需要，则可判定歧视成立。"

这与域外反歧视诉讼理论与实践中的举证责任分配方式基本一致，都采用了举证责任转移的思路。

应当说，上述司法实践都是对反歧视诉讼侵权法模式举证责任分配的有益尝试。然而，侵权法模式下的反就业歧视诉讼作为一种一般侵权纠纷，理应遵循民事案件"谁主张，谁举证"的一般原则，不属于法律没有具体规定的情况，不能适用原《最高人民法院关于民事诉讼证据的若干规

---

① 张依依：《跨性别就业第一案终审宣判："胜诉不是终点"》，《Vista 看天下》2018 年第 7 期。

② 杭州互联网法院民事判决书，（2019）浙 0192 民初 6405 号。

定》（以下简称《证据规定》）第 7 条 "在法律没有具体规定，依本规定及其他司法解释无法确定举证责任承担时，人民法院可以根据公平原则和诚实信用原则，综合当事人举证能力等因素确定举证责任的承担" 的规定。上述司法实践中包括举证责任倒置将实质举证责任置于用人单位的做法，严格来说是违反法律规定的，也是违反举证责任理论法理的。但从合理性上讲，要求劳动者完全承担举证责任是有问题的：第一，劳动者与用人单位相比处于弱势地位，这点毋庸赘述，如此分配举证责任显属不公；第二，侵权法模式下要求劳动者完全承担举证责任，而劳动法模式下则倒置给用人单位，劳动者出于维权成本的考量就会更倾向于选择劳动法模式，但劳动法模式无法对劳动者遭受的人格权侵害予以充分救济。劳动者要么到此为止，无法求得权利恢复完满的状态；要么再另行提起一般人格权/平等就业权之诉，但既增加劳动者维权成本，又 "占用" 双倍的司法资源。侵权法模式下举证责任分配的问题面临 "进则不合法，退则不合理" 的两难处境。

2. 马女士案体现出的举证责任问题

马女士案中，劳动者方提出了两组主要证据，第一组拟证明用人单位辞退马女士的真实原因是歧视，即 "跟男艺人还是跟女艺人" 等录音证据；第二组用于证明用人单位提出违反规章制度等 "合法" 理由只是托词——马女士并未否认其迟到的事实，也未反驳其迟到的行为已经违反了公司规章制度的明确规定，但认为用人单位虽然在规章制度中对迟到等行为作出了规定，但并未认真执行，表现为：第一，马女士一直都有迟到的行为，但用人单位一直没有按照规章制度对其进行处罚，即使在解除权成就后也一直怠于行使，直到马女士完成手术回到公司后第二个月才 "突然" 将其辞退；第二，公司员工迟到现象普遍，而公司也没有采取积极措施管理员工的迟到行为。

第一组证据和第二组证据中的第二项都比较好理解，笔者想从第二组证据中的第一项开始分析。《浙江省高级人民法院民事审判第一庭、浙江省劳动人事争议仲裁院关于审理劳动争议案件若干问题的解答（二）》（浙高法民一〔2014〕7 号）（以下简称《解答》）规定："劳动者违反用人单位规章制度，符合用人单位与其解除劳动合同的条件，用人单位一般应在知道或者应当知道之日起 5 个月内行使劳动合同解除权。"这一文件并非法律法规，仅作为"参照"，且在行文上使用的是"一般"而非"必须"。但关键的问题应该是：第一，如果用人单位超过 5 个月未行使其合法的劳动合同解除权会有什么后果？第二，对第一个问题的回答对于判断用人单位的理由是否为托词有何影响？对第一个问题，《解答》并未给出答案，我国的劳动法对此也并未明确。但劳动法作为特别私法，在劳动法并未明确规定时，可以参照适用民法上的规定与理论。民事权利行使在时间上的限制有诉讼时效、除斥期间和权利失效制度。第一，合同解除权显然不适用诉讼时效。第二，至于除斥期间，现行有效的《合同法》对合同解除权消灭的规定见于第 95 条，明确了除斥期间经过与相对人催告两种特别原因。《最高人民法院关于审理商品房买卖合同纠纷案件适用法律若干问题的解释》第 15 条就商品房买卖合同的解除权规定了一个经过催告的三个月除斥期间和一个未经催告的一年除斥期间，但此非合同解除权消灭的一般性规定，《中华人民共和国民法典》第 564 条才将此除斥期间明确统一为一年或者经催告的合理期间。第三，权利失效的理论基础是民法上的诚实信用原则，[①] 其基本概念为"权利人在相当期间内不行使权利，致使相对人有正当事由信赖权利人已放弃权利的，则发生权利不得再为行使的效力"[②]。据王泽鉴教授介绍，德国"劳工法"中，权利失效原则被广泛适用，尤其用于雇主方面较多，当劳工有被解雇之事由，而雇主在相当期间内不为行使，致劳工有正当理由信赖其不被解雇者，而雇佣人日后因故欲再行使解雇权，其权利之行使，即有违诚信原则。[③] 浙江法院在司法实践中就此也并未对这一期限的法律性质定性。这一问题值得更大的篇幅详细探讨，也并非本文的重点。笔者认为，无论其是何种性质，意见有此规定，就意味着用人单位单方解除权的行使有一定合理期限，超过这一

---

① 《劳动合同解除权消灭原因初探》，https://www.chinacourt.org/article/detail/2010/11/id/434303.shtml，最后访问时间：2021 年 5 月 7 日。

② 徐科琼：《劳动合同解除权消灭原因刍论》，《行政与法》2009 年第 5 期。

③ 王泽鉴：《民法学说与判例研究（一）》，北京大学出版社，2009，第 159 页。

限制，至少是显得"事有蹊跷"。

基于这一分析，对第二个问题，笔者认为在马女士案中，用人单位并未完成其单方解除与马女士的劳动合同具有合法的理由的举证。马女士案中，根据《员工手册》的规定：上班迟到或早退2小时以内一个月达到4次就属于严重违反公司规章制度的行为，公司即享有单方解除劳动合同的权利。而马女士在2018年6月就已经一个月迟到7次了，按照《解答》，2018年11月用人单位应当行使劳动合同解除权，即使减去马女士做手术的2个月，用人单位也应该在2019年1月行使。用人单位在意见规定的合理期间内没有行使单方解除权，可见其给出的解除合同的理由有漏洞。最高人民法院《证据规定》第85条规定："应……全面、客观地审核证据，……运用逻辑推理和日常生活经验，对证据有无证明力和证明力大小独立判断，并公开判断的理由和结果。"本案中，要探究用人单位解除马女士劳动合同的真实缘由，法院应当综合考虑全案证据，其中关键证据有三，第一是公司并没有对为何拖延超过5个月没有解除与马女士的劳动合同，而在马女士进行性别重置手术后第二个月就解除给出合理解释。第二是用人单位对同样迟到的马女士和其他员工，存在区别对待，而这种区别对待是没有合理解释的。第三是"跟男的还是女的"这句话只问了马女士。如果是常规的工作意向征询，当然与歧视无关。但用人单位既没有问过未经性别重置手术的马女士，也从没问过其他劳动者，所以显然不是单纯想了解员工的工作意向和偏好。按照逻辑推理和日常生活经验，可以推定这个问题是在暗示马女士手术后并没有"变成""真正"的女性，因此不适合跟女艺人；且她手术后也不是"真正"的男性了，所以也不适合跟男艺人。这个问题明显与马女士的手术相关，与她的跨性别者身份相关。

综上所述，如果按照英国（欧盟）反歧视理论与实践中的举证责任分配方法，马女士已经提出了歧视存在的初步证据，而用人单位并未证成其解除劳动合同的真实原因是合法的，应当承担最终举证不能的后果。本案法院之所以最终认定就业歧视的证据不足，是因为其将举证责任完全置于马女士一方，这显然对于劳动者是极为不公平的。

四 保障跨性别群体平等权益的建议

（一） 在反歧视条款中明确禁止基于性别认同和性别表达的歧视

我国目前的反就业歧视条款并未明确禁止基于性别认同和性别表达的歧视。在实践中，笔者发现法院没有因禁止歧视的条款中没有出现某些保护群体就对这些群体遭受的歧视不予认定，法院一般认为《就业促进法》使用了开放性列举的形式，第3条的"等"字可以包括那些没有被明文列举的群体。[①] 这样的解释方式在我国禁止歧视事由种类明显过少的情况下，[②] 是有积极意义的。

但具体到跨性别者平等就业权诉讼中，由于与跨性别群体直接相关的性别认同与性别表达均不是我国现行法中禁止歧视的事由，究竟应当将用人单位对跨性别者的歧视认定为是基于性别的歧视，从而直接适用《中华人民共和国劳动法》（以下简称《劳动法》）和《就业促进法》中的禁止性别歧视的条款，还是应当将跨性别身份解释为可以被《就业促进法》中的"等"字所容纳，不仅是司法实践中当事人（尤其是原告）和法官需要考虑的问题，其背后的立法逻辑也值得深究。

在2016年的一起涉及跨性别者反就业歧视诉讼（以下简称C先生案）中，[③] 法院实际上回避了这一问题。原告作为没有进行法定性别标记变更的跨性别男性，起诉用人单位实施就业歧视。一审法院的判决书中虽然在判决理由部分引用了《劳动法》第12条"劳动者就业，不因民族、种族、性别、宗教信仰不同而受歧视"，但未明确认定用人单位的行为构成了就业性别歧视，而只说用人单位的行为侵犯了原告的平等就业权。二审法院的态度更为暧昧。一方面庄严宣告"应当消除城乡、行业、身份、性

---

① 杭州互联网法院民事判决书，（2019）浙0192民初6405号。
② 参见蔡定剑、刘晓楠主编《反就业歧视法专家建议稿及海外经验》，社会科学文献出版社，2010，第1~10页。
③ 《全国首例跨性别就业歧视案人格权诉讼开庭》，http://mp.weixin.qq.com/s/OaQJXu0Xcvc YZPcEXbNnjg，最后访问时间：2021年5月7日。

别等一切影响平等就业的制度障碍和就业歧视，……不应当因个人性别认知和性别表达，使劳动者在就业过程中受到差别对待"；另一方面又以上诉人（原审原告）证据不足而不认定用人单位构成性别歧视，但并未明确如果证据充足是否就会认定构成性别歧视。在马女士案中，由于两审法院最终没有认定构成歧视，所以并未触及此问题。

以这两个案件为样本进行分析，笔者认为将用人单位对跨性别者的歧视认定为基于性别的歧视不能真正保护跨性别者。具体来说，在 C 先生案中，用人单位主张 C 先生"穿着和举止男性化有问题"——C 先生作为一个"女性"，性别表达如此阳刚是不好的。如果根据禁止基于性别歧视的条款进行说理，就必须将 C 先生视为一个"女人"，然后才能认为对性别不驯者的歧视属于性别歧视。在这个逻辑链条中间，实际上引入了"性别刻板印象"① 的概念。用人单位因为员工的性别不驯特点从而对其进行区别对待，这就构成了歧视。可是这一说理路径只不过是将传统上"基于一个女人是女人而歧视"的行为拓展到"基于一个女人不够女人而歧视"的行为而已，问题就在于它"牺牲"了原告 C 先生的性别认同，要求一个跨性别男性将自己当成一个"女人"，然后指控用人单位不应该要求自己"像个女人"。这显然并不是一个能够令人满意的方案。

在马女士案中，用人单位表示"跟男的还是女的"——虽然她做了性别重置手术，也没办法认为她是一个"真的"女人，而显然她又已经不是"男人"了，她是一个没有办法按"日常逻辑"归类的人。如果根据禁止基于性别歧视的条款进行说理，就是将对跨性别身份本身的歧视归为性别歧视。这一进路看起来直截了当，但实践中最突出的一个困难其实是如何证明用人单位是因为某人的跨性别身份而作出的歧视行为。尤其在"跨性别"概念远未普及的中国，可能只有马女士这样实施了手术、修改了法定性别标记的跨性别者才是跨性别者。这样看来这一进路的缺陷就显而易见

---

① 性别刻板印象指的是人们对男性和女性传统特质的预期，比如认为男性应当理性、具有攻击性，女性应当具备感性、温柔等性格特征，也包括男性应当西装领带，女性应当具备长发裙子等外貌特征。而那些不符合这些性别刻板印象的人，可以被描述为性别不驯者。

了：它只能保护那些经过法律承认的跨性别者，也就是那些已经更改了法定性别标记的人——而在中国的法律框架下，这些人都必须是完成了性别重置手术——虽然实际上在跨性别社群中希望且有能力完成性别重置手术的人的比例并没有那么高。这也不是一个能够令人满意的方案。

因此，从立法逻辑上说，跨性别群体平等就业权的保护还是应当通过立法直接认可的方式，即将性别认同和性别表达纳入明文规定的禁止就业歧视的法定事由中去。

（二）建立基于尊重个人认同的性别认同法律承认制度

2020 年 6 月，在马女士收到终审败诉判决的几乎同一时间，一份于 2020 年初作出的判决（以下简称当当案）被众多微信公众号纷纷贴上"史诗级判例"的标签，引发了大量关注。当当案是由一个跨性别女性提起的"劳动争议纠纷"案。北京的高女士是一个跨性别女士，2018 年 9 月 6 日被当当网公司解除劳动合同之前，她刚刚完成了性别重置手术，并且修改了身份证件上的性别信息。一审法院审理认为，当当网公司的解除决定在实体和程序上均有瑕疵，属于违法解除，应继续履行劳动合同，并支付病假期间病假工资以及公司违法解除后劳动合同应继续履行期间的工资。二审法院基本同意了一审法院的判决结果，只在数额的计算上有所调整。[①]

当当案与马女士案引发了网友有关跨性别者性别重置手术和如厕问题的讨论，有部分网友认为跨性别者在未接受手术之前不能在与其指派性别不符的厕所中如厕；还有一些网友认为应当支持这些跨性别当事人，因为她们只是"生病了"。

姑且不论这些讨论的对错与否，这些讨论在某种意义上反映了当前我国社会大众对跨性别群体的态度——"可以接受'变性人'，但无法接受跨性别者"——虽然大众在认知中对此可能并无明确的区分。这种态度具体表现为：可以接受已经完成了性别重置手术、修改了法定性别标记的

---

① 北京市第二中级人民法院民事判决书，（2019）京 02 民终 11084 号。

人，但不可以接受某些人单纯的自我认同。事实上，跨性别者并不等同于变性人，跨性别者当中包括有变性欲的人，也包括没有变性欲的人；包括对自己的身体有焦虑的人，也包括可以坦然接受自己身体的人；包括认同男女性别二元划分的人，也包括不认同二元划分的非二元性别者（gender non-binary）。① 并且，性别重置手术至少需花费几万元，并非所有希望接受手术的人都有能力负担；性别重置手术也还存在一些技术上的局限，有些希望接受手术的人也在保持观望等待技术的进步；还有些人只希望完成部分手术。② 在我国，修改身份证件上的性别信息以完成性别重置手术为前提，后者意味着必须摘除身体原生性别的性器官。③ 总之，跨性别的状态是十分多元的，手术与否也是一个复杂的个人选择。

那些有关"精神病"的讨论则揭示了一个有关权力/知识和规范的更为根本的问题。米歇尔·福柯认为，"性"的问题在 19 世纪晚期才成为一个特别重要的问题，大量的技术手段应运而生，用以规范被理解为一个人的性"本质"（即这个人"真正"是谁）。所有这些手段中，医学在"规范"的发展中扮演了最重要的角色，用来决定什么是"正常"。一大群"不正常"的个体被辨识出来，最著名的便是"诞生于"1870 年的"同性恋"。④

而"性别认同障碍"（gender identity disorder，GID）的概念从 20 世纪 70 年代才首次开始在美国精神病学中被讨论。作为一种"疾病"，GID

① See, Chassitty Fiani and Heather Han, "Navigating identity: Experiences of binary and non-binary transgender and gender non-conforming (TGNC) adults", *International Journal of Transgenderism*, Vol. 20, No. 2 – 3 (2019), pp. 181 – 194.

② 参见联合国开发计划署《跨性别者性别认同的法律承认——中国相关法律和政策的评估报告》，https://www.cn.undp.org/content/dam/china/docs/Publications/UNDP-CH-PEG% E8% B7% A8% E6% 80% A7% E5% 88% AB% E8% 80% 85% E6% 80% A7% E5% 88% AB% E8% AE% A4% E5% 90% 8C% E7% 9A% 84% E6% B3% 95% E5% BE% 8B% E6% 89% BF% E8% AE% A4. pdf，最后访问时间：2021 年 5 月 7 日。

③ 参见联合国开发计划署《跨性别者性别认同的法律承认——中国相关法律和政策的评估报告》，https://www.cn.undp.org/content/dam/china/docs/Publications/UNDP-CH-PEG% E8% B7% A8% E6% 80% A7% E5% 88% AB% E8% 80% 85% E6% 80% A7% E5% 88% AB% E8% AE% A4% E5% 90% 8C% E7% 9A% 84% E6% B3% 95% E5% BE% 8B% E6% 89% BF% E8% AE% A4. pdf，最后访问时间：2021 年 5 月 7 日。

④ 〔美〕狄安娜·泰勒编《福柯：关键概念》，庞弘译，重庆大学出版社，2020，第 75 ~ 76 页。

的"发病率"一直处于波动状态，1977 年美国的研究者认为大约只有十万分之一的儿童受到影响，1990 年变为 2% ~ 5%，1999 年又提高了。对福柯而言，这些差异显示的是为证明诊断与治疗的合理性而出现的历史需求的变动。① 如同同性恋一样，"跨性别"这个概念本身也并不是自然的，而是建构的。对这一群体的病理化（pathologization）是建立在医学作为一种顺性别主义控制手段的基础之上的。这些有关"健康""正常"的理解，都是权力/知识复杂运作的结果。②

然而医学并非从来如此——18 世纪以前，医学所谓的健康是具有个体特质的；而 18 世纪之后，医学开始变成了一种对于标准之人的界定，转为对正常性的关注。同性恋、双性恋、跨性别群体（LGBT）去病理化（depathologization）的努力，就成为一种将这类人群视为正常的努力。重塑正常状态意味着不再将医学类别当作每个人都应该据以被评判的限定性规范，而是从个体的健康标准这一古老的意义上加以理解。③

当然，福柯更关心的是知识与权力的合谋的问题，这固然是一个深刻的问题，但其解决之道并不是本文能够包括的。笔者认为，福柯的洞见给关心跨性别议题的法律人的启示是：跨性别不单纯是一个医学的问题，而法律作为一种对社会问题的回应手段也不应把这个议题简单地推给医学学科。

福柯在生前就认为，"性别认同障碍"并非基于个体的疾病，而是一个关于不宽容及其引发的痛苦的更大问题。④ 世界卫生组织（WHO）于 2018 年出版的《国际疾病与相关健康问题总计分类》（第十一版）（ICD – 11）终于回应了福柯的论断。将跨性别状态的描述进行了语汇上的修改，⑤ 并将其从"精神和行为障碍"（Mental and behavioural disorders）一章中移至"与性健康有关的状况"（Conditions related to sexual health）一章。这样做

---

① 〔美〕狄安娜·泰勒编《福柯：关键概念》，庞弘译，重庆大学出版社，2020，第 74 页。
② 〔美〕狄安娜·泰勒编《福柯：关键概念》，庞弘译，重庆大学出版社，2020，第 84 页。
③ 〔美〕狄安娜·泰勒编《福柯：关键概念》，庞弘译，重庆大学出版社，2020，第 79 页。
④ 〔美〕狄安娜·泰勒编《福柯：关键概念》，庞弘译，重庆大学出版社，2020，第 83 页。
⑤ 将 ICD – 10 当中使用的"易性癖"（transsexualism）和"儿童性别认同障碍"（gender identity disorder of children）修改为"青春期和成年期的性别不一致"（gender incongruence of adolescence and adulthood）和"童年期的性别不一致"（gender incongruence of childhood）。

的原因在于，跨性别状态已经不被认为是一种精神疾病或精神障碍，但由于"不宽容及其引发的痛苦"，跨性别者仍然需要处理社会污名、暴力和性传播疾病等带来的健康问题，ICD－11 的做法是为了确保跨性别者可以在自主决策的基础上获得性别肯定医疗服务。虽然根据 2018 年 12 月国家卫生健康委员会的文件，我国各类医疗机构都应开始在医疗服务活动中采用 ICD－11 的标准，① 但由于在我国接受性别重置手术仍然以"易性症"为前提，② 这种立法冲突亟须解决。对跨性别者平等保护的根本不在于将其作为一种"疾病"进行"治疗"，而在于建立在人权保护基础上对个体自我认同的尊重。

结　论

本文从中国跨性别平等就业权第一案谈起，探讨了我国现行法律中"就业歧视"概念的缺失、反就业歧视诉讼侵权法模式的弊端，以及由于相关立法不完善而给跨性别群体权益保护产生的负面影响。笔者认为，应该严肃考虑制定"反就业歧视法"，对就业歧视的问题进行系统化的规制；同时，也应该开始研究制定符合国际标准的"性别认同法律承认法"，从根本上保障跨性别者的权益。

【责任编辑：沈飞飞】

---

① 《国家卫生健康委员会关于印发〈国际疾病分类第十一次修订本（ICD－11）中文版〉的通知》（国卫医发〔2018〕52 号）。

② 《性别重置技术管理规范》（2017 年版）。

论跨性别者如厕权实现的困境与方式

时雪涵*

摘要：保护跨性别者的权利，让他们免受歧视甚至迫害是十分必要的。保障跨性别者如厕权是平等和不歧视原则的必然要求，也与健康权密切相关。跨性别者如厕权实现主要受到如厕隐私性、安全性以及社会固有的文化环境三个方面的阻碍。实现如厕权有三个主要路径：在只有二元性别厕所的前提下，应允许跨性别者按照内心性别认同选择使用卫生间，但这种传统二元性别体制下的卫生间仍然很难真正实现对跨性别者如厕权的保护；提倡加建"性别友好卫生间"看似能够解决这一问题，但对跨性别群体也并不是合适的做法；最为合理的方式是逐步提倡完全使用"性别友好卫生间"，以使跨性别者如厕权不受歧视地得以真正实现。

关键词：跨性别者权利；跨性别者如厕权；性别中立卫生间

一 跨性别者权利与如厕权发展状况探究

（一）跨性别者权利与如厕权斗争史

从历史与社会的角度看，性别一直以来是一种社会分工与个体识别的身份要素。至今在大多数国家和地区，人们一出生就通过生理结构的不同被划分为男性或女性这种二元性别。长期以来，二元性别也构成了人们对

---

* 时雪涵，中国政法大学人权研究院硕士研究生，研究方向为特殊群体人权保障与国内人权保障。

社会生活的基本认知，当这种认知被动摇时，人们就产生了失序感和焦虑感。① 而对于接受了这种传统的二元性别论的跨性别者而言，其自身存在就是"病态"的，只能等待被"修理"或是"医治"，从而使其能够进入二元性别框架的某一个类别中。在这样的框架下，跨性别者在每一项与性别有关的活动中都处于一种痛苦的境地，在如厕时、在使用公共浴室时、在泳池里、在职业选择中，等等。更为严重的是，其压力不仅来源于自身，也来源于周围绝大多数甚至所有处在二元性别框架之内的人。

如厕权的发展与平权运动的发展密不可分。如厕权的问题最初与种族歧视和针对女性的性别歧视有关。以美国为例，1965 年之前美国南部各州通行的《吉姆·克劳法》（*Jim Crow Laws*）将非洲裔的美国人隔离在公共领域之外，不让其进入白人使用的餐厅、公共浴室、公共厕所等场所，而绝大多数公共设施都是由白人建立供白人使用的。与此类似，在 1905 年前，女性是没有权利使用公共厕所的。1905 年的"便盆政治（potty politics）抗争史"后，女性争取到了使用公共厕所的权利，也开始在已有的公共厕所中加建女性专用的公共厕所。但最初建立女厕时，还是出现了许多对女性的性别歧视现象，例如数量严重不足、空间狭小、卫生难以保证等各方面问题。② 随着性别平等运动的推进，公共厕所中的女厕问题才逐步得到解决。

现阶段，追求性别平等已经在绝大多数国家成为共识。跨性别者使用符合其内心性别认同的卫生间是其自我确认性别的方式，也是社会对这一群体接纳的体现。在这样的前提下，解决性少数者如厕问题的方式——是像"便盆政治"一样，通过加建卫生间，还是通过建立和使用无性别卫生间——是值得讨论的。尤其对于跨性别群体来说，公共卫生间的存在并不意味着如厕权的实现，还由于社会既有文化环境、歧视等诸多障碍的存在，实践中难以真正实现如厕权，这也是跨性别群体与其他社会公众客观矛盾的集中体现之一。在美国的相关调查中，58% 的跨性别者表示他们不被鼓励使用与内心性别认同相对应的卫生间；当被迫使用"特殊"卫生间

---

① 〔美〕伯恩斯坦：《性别是条毛毛虫》，廖爱晚译，新星出版社，2013，第 60 页。
② T. L. Banks, "Toilets as a feminist issue: A true story", *Berkeley Women's Law Journal*, No. 6 (1991), pp. 89 – 263.

和不符合性别认同的卫生间时，超过40%的跨性别者会禁食、脱水或想方设法不使用卫生间。① 为了回应跨性别者使用卫生间的需求，美国各地的学校首先实施了允许跨性别学生使用与其内心性别认同相符的卫生间的政策，且没有发生过任何安全方面的事故。②

（二）跨性别者如厕权的现实发展

近10年来跨性别者如厕权的问题在美国产生了很大的争议。部分州发布了允许跨性别者使用与内心性别认同相一致的卫生间的法案，教育部与司法部也曾发布与此相关的原则，相关案例层出不穷。2013年，负责执行科罗拉多州反歧视法的民权部门（Civil Rights Division）③ 成为美国第一个规定生理性别为男性的跨性别女性可以使用女卫生间的部门。2014年，加利福尼亚州通过了一项法案，允许跨性别者参与与性别隔离有关的活动，并可以根据其性别认同选择使用卫生间和更衣室。④ 可以看出，跨性别如厕权问题不仅是长期以来都存在的问题，也是急需解决的具有现实性的问题。同年，缅因州高等法院作出了美国第一个宣告生理性别为男性的跨性别女性有权在学校使用女卫生间的判决。联邦政府在执行和解释法律方面也一直有类似的趋势。2013年，美国教育部（U. S. Department of Education）和司法部（U. S. Department of Justice）联合调查了一名跨性别

---

① Joseph Kosciw et al. , GLSEN, The 2017 National School Climate Survey: The Experiences of Lesbian, Gay, Bisexual, Transgender, and Queer Youth in Our Nation's Schools (2018), https://www.glsen.org/research/2017 - national-school-climate-survey, 最后访问时间：2021年8月15日。

② See generally Br. of School Administrator Amici; Br. of Education Association Amici; Br. of Fairfax CTY. Sch. Bd. & Other Va. Sch. Bds. as Amici Curiae in Support of Appellee and in Favor of Affirmance.

③ About Colo. Dept of Regulatory Agencies Division of Civil Rights, https://www.colorado.gov/dora/civil - rights, 最后访问时间：2021年8月15日。

④ See School Success and Opportunity Act [Assembly Bill. 1266 (Cal. 2013)], http://leginfo.legislature.ca.gov/faces/billNavClient.xhtml? bill_ id = 201320140AB1266, 最后访问时间：2021年8月15日。
该法案于2014年1月1日具有了法律效力，参见 CAL. EDUC. CODE § 221.5 (f)。（"允许学生参加学校按性别区分的项目和活动，包括运动队和比赛，允许使用与其性别身份相符的设施，而不论其在相关文件上记录的性别。"）

男性的投诉，内容为学校违反联邦法律，不允许他进入学校的男卫生间、更衣室以及与其他男同学一起住宿。此事件的最终结果是两部门与学校达成决议，要求学校在所有方面——包括在更衣室、浴室的使用以及住宿的安排上都将其视为男性。① 2014 年，一名跨性别女性投诉称她因跨性别女性的身份而受到学校的骚扰和训斥，最终教育部要求学校允许该跨性别女性使用与内心性别认同相一致的女卫生间。② 2015 年 1 月，美国教育部发布了一封意见书，指出当学校设有区分性别的洗手间、更衣室等时，应允许学生根据性别认同选择使用。③ 但在 2015 年至 2016 年陆续出现的跨性别者如厕权相关案件中，这个问题呈现反弹的趋势，2015 年 11 月 3 日，得克萨斯州休斯顿的选民投票废除了当地要求民众基于性别认同使用有关设施的反歧视条例，认为这是对图谋不轨的男性尾随女孩进入女卫生间的纵容。④ 而后，在 2016 年 3 月 23 日，北卡罗来纳州通过了一项关于公共设施隐私和安全的法案，通常称为"HB2"（House Bill 2）法案，该法案要求人们根据生理性别——例如出生证明上所注明的性别，来使用卫生间。⑤ 这项法案的通过也意味着一个月前在北卡罗来纳州夏洛特通过的跨性别者保护条款的无效。⑥ "HB2"法案通过之后遭到了激烈反对，最终在美国公民自由联盟（American Civil Liberties Union）及其他平等组织向联

---

① See Resolution Agreement Between Arcadia Unidied Sch. Dist. U. S. Dep't of Educ. Office for Civil Rights, and U. S. Dep't of Justice, Civil Rights Div. （July 24, 2013）, http://www. justice. gov/crt/about/edu/documents/arcadiaagree. pdf （addressing OCR Case No. 09 – 12 – 1020 and DOJ Case No. 169 – 12C – 70）, 最后访问时间：2021 年 8 月 13 日。

② See Resolution Agreement Between Downey Unified Sch. Dist. and U. S. Dep't of Educ. （Oct. 14, 2014）, www2. ed. gov/documents/press-releases/downey-school-district-agreement. pdf （Addressing OCR Case No. 09 – 12 – 1095）, 最后访问时间：2021 年 8 月 13 日。

③ See Letter from James A. Ferg-Cadima, Acting Deputy Assistant Sec'y for Policy, Office for Civil Rights, U. S. Dep't of Educ., to Emily T. Prince （Jan. 7, 2015）, https://www2. ed. gov/a-bout/offices/list/ocr/letters/20150107 – title-ix-prince-letter. pdf, 最后访问时间：2021 年 8 月 15 日。

④ See, e. g., Russell Berman, How Bathroom Fears Conquered Transgender Rights in Houston, The Atlantic （Nov. 3, 2015）, http://www. theatlantic. com/politics/archive/2015/11/how-bathroom-fears-conquered-transgender-rights-in-houston/414016, 最后访问时间：2021 年 8 月 13 日。

⑤ Public Facilities Privacy & Security Act of 2016, § G. S. 115C – 47.

⑥ United States v. North Carolina, No. 1：16 – cv – 00425 （M. D. N. C. May 9, 2016）.

邦法院陆续提出一系列诉讼的要求下被废除。[1]

将跨性别者如厕权问题推上风口浪尖的是美国教育部与司法部在 2016 年 5 月 13 日联合发布的一封名为 "Dear Colleague" 的信。这封信将性别认同视为该学生的性别。[2] 其中详细说明了根据 1972 年教育修正案第十一条学校应负有的对跨性别学生的义务，包括了为跨性别学生提供安全和不歧视的环境、允许学生使用性别隔离设施并参与与其性别认同相一致的性别隔离活动等。这也意味着跨性别学生可以根据内心性别认同选择使用男性或女性卫生间。这封信的内容被确立为重要的指导原则，但在它公布后，联邦政府很快遭到了来自 11 个州的官员的起诉，质疑联邦反歧视法的解释及适用范围问题。[3] 最终，特朗普政府撤销了奥巴马政府发布的这一封联合致信，但并没有提供修改或替代的意见，只是批评这封信缺乏广泛的法律分析、缺少公开的审查程序、散布了不明确的规定且引起了法律上的混乱。[4] 虽然信函最终被撤销，但它在之后的案件处理中引导了处理跨性别者如厕权问题的良性方向。且在此之前，跨性别学生使用与其性别认同一致的卫生间的权利也曾得到过其他联邦机构的支持。例如劳工安全和健康管理部（The Department of Labor's Occupational Safety and Health Administration, OSHA）曾于 2015 年 6 月 1 日发布《跨性别劳工卫生间使用指南》（Occupational Safety & Health Admin, *A Guide to Restroom Access for Transgender Workers*），建议所有员工使用与其性别认同相一致的卫生间。[5]

---

[1] Carcaño v. McCrory, No. 1：16 – cv – 00236（M. D. N. C. Mar. 28，2016）.

[2] Office for Civil Rights, Dear Colleague Letter on Transgender Students. U. S. Dep't of Educ. (2016)，http://www2. ed. gov/about/offices/list/ocr/letters/colleague – 201605 – title-ix-transgender. pdf，最后访问时间：2021 年 8 月 15 日。

[3] David Montgomery, Alan Blinder, *States File Suit in Test of Administration's Transgender Bathroom Policy*, N. Y. TIMES（May 25，2016），A12.

[4] See Press Release, U. S. Secretary of Education Betsy DeVos Issues Statement on New Title IX Guidance. U. S. Dep't of Educ.（Feb. 22，2017），https://www. ed. gov/news/press-releases/us-secretary-education-betsy-devos-issues-statement-new-title-ix-guidance，最后访问时间：2021 年 8 月 13 日。（为教育部撤销和废除之前 "Dear Colleague" 信的决定辩护，该信要求学校以符合其性别认同的方式保护跨性别学生。）

[5] Occupational Safety & Health Admin., Dep't of Labor, *A Guide to Restroom Access for Transgender Workers* 1（2015），http://www. dol. gov/asp/policy-development/TransgenderBathroomAccessBestPractices. p.，最后访问时间：2021 年 8 月 17 日。

与跨性别者如厕权有关的案例中最具代表性的案件是始于 2015 年 6 月 11 日的 Grimm 诉格洛斯特县学校案（G. G. ex rel. Grimm v. Gloucester County School Board）。原告 Grimm 是一名 21 岁的大学生，在 2015 年至 2019 年的 5 年间一直在进行诉讼，以控告其所在的格洛斯特县学校的董事会拒绝他作为一名跨性别男性使用格洛斯特县高中的男卫生间的行为。Grimm 的生理性别是女性，性别认同为男性，他从大一结束时起更改了姓名，并在生活的方方面面表达了他的自我性别认同。起初，学校允许了他使用学校的男卫生间，但此后学校董事会立即遭到了家长的强烈反对，最终称学生只能使用与其"生理性别"相匹配的卫生间。Grimm 在 2015 年进行了第一次起诉和指控，2019 年，经过五年曲折的诉讼过程，地方法院最终对他的两项索赔作出了判决，判决学校给 Grimm 名义上的损害赔偿、宣告刑救济、律师费，并且对学校拒绝对其性别进行更正登记的行为作出救济。[①] 2016 年 5 月 12 日开始的 Whitaker 诉基诺沙联合学区第一教育委员会案（Whitaker by Whitaker v. Kenosha Unified School District No. 1 Board of Education）也是跨性别如厕权问题的代表案例之一。原告 Whitaker 是一名跨性别男性，被告学区认为原告使用男卫生间会侵犯其他男孩的隐私权，因此禁止他进入男卫生间。[②] 2018 年 6 ~ 8 月也陆续发生了四起跨性别者诉学校的案件，即 Doe 诉 Boyertown 地区学区案、Adams 诉圣约翰斯县的学校董事会案、JAW 诉 Evansville Vanderburgh 学校机构案以及家长以隐私权诉 Dallas 第二学区案。这四起案件的判决结果都是学校应允许跨性别学生使用符合内心性别认同的卫生间和更衣室。[③]

---

① Grimm v. Gloucester Cty. Sch. Bd. , 132 F. Supp. 3d 736, 744（E. D. Va. 2015）.

② Whitaker v. Kenosha Unified School District No. 1 Board of Education, 858 F. 3d 1034343（Ed. Law Rep. 672 2017）.

③ Doe v. Boyertown Area Sch. 326 F. Supp. 3d 1075（D. Ore. 2018）; 897 F. 3d 515（3d Cir. 2018）Dist. , 893 F. 3d 179（3d Cir. 2018）; 318 F. Supp. 3d 1293（M. D. Fla. 2018）; 323 F. Supp. 3d 1030（S. D. Ind. 2018）.

二　跨性别者如厕权保护之必要性及合理性

(一)　平等与非歧视原则

《世界人权宣言》奠定了人权平等和不歧视原则的基础，其第一条表明"人人生而自由，在尊严和权利上一律平等"，第七条表明"法律面前人人平等，并有权享受法律的平等保护，不受任何歧视"。

跨性别者如厕权实现受阻碍一定程度上源于社会对这一群体的歧视，主流社会对跨性别群体存在一定的偏见。在这种环境下，让其进入与内心性别认同相符合的厕所或是直接让其使用"第三性别"卫生间看起来都是不被接受的。《就业与职业歧视公约》中对歧视的定义是为大部分学者所采纳的定义："基于种族、肤色、性别、宗教、政治见解、民族血统或社会出身的任何区别、排斥或特惠，其效果为取消或损害就业或职业的机会平等或待遇平等。"将该定义延伸至如厕权领域，则体现为基于种族、肤色、性别、宗教、政治见解、民族血统或社会出身的任何区别、排斥或特惠，使如厕的待遇或机会平等被损害的现象。如本文第一章所述，基于种族、性别剥夺或限制一个群体的如厕权是曾客观发生的，而为如厕权抗争的历史也是与平等和反歧视运动密切联系的。

平等权本质是要求相同事物相同对待，允许合理差别的存在，禁止不合理的差别对待。[①] 对不同事物，并不是一定要给予相同的对待，因为平等权的内涵是"平等"而不是"等同"。[②] 这就要求对不同的群体，根据特殊需求，给予不同的对待，以保证其平等权的实现。[③] 体现在如厕权方面，当今社会中多数人都有毫无障碍地享有使用公共厕所的权利，或是说根据自己内心性别认同选择和使用厕所的权利。但性少数群体由于受歧视

[①]　邓静秋：《同性恋教师被开除案件中的平等就业权问题》，载刘小楠、王理万主编《反歧视评论》（第 8 辑），社会科学文献出版社，2021，第 3 ~ 17 页。

[②]　石文龙：《我国宪法平等条款的文本叙述与制度实现》，《政治与法律》2016 年第 6 期。

[③]　曾云燕：《平等原则研究》，吉林大学博士学位论文，2014。

而不愿或直接被禁止进入与自己内心性别认同相符的厕所，这就造成了一种客观上存在的不平等。因此，保护跨性别者的如厕权，使其能够和多数人一样使用与内心性别认同相符的厕所，或仅仅是能够不受阻碍地使用公共厕所是合理且必要的。美国跨性别者如厕权案例中，参考的条款也包括美国宪法第十四修正案的平等保护条款，即要求保证生活在美国境内的全体国民生命、自由、财产权不被剥夺。[①]

（二）跨性别者健康权

目前世界上还有很多国家和地区出于较保守的文化传统，或是宗教上的信仰，对性少数群体持严厉制裁的态度。例如相对保守的不丹、孟加拉国、马尔代夫、新加坡与乌干达对 LGBT 群体与非异性的性行为处有期徒刑；阿富汗、伊朗、巴基斯坦、尼日利亚等传统伊斯兰国家甚至会对这一行为处以死刑。[②] 除此之外，20 世纪 50 年代美国主流社会抵触 LGBT 群体时，为了躲避公众，大部分跨性别者会群居在卫生和设施较低级的社区中，在这种情况下，跨性别者常常死于各种疾病，或患病后拒绝去医院治疗而死亡。

在相对开放的社会和文化环境下，跨性别者的处境比上述的情形相对乐观，但跨性别者健康权受侵害的情况仍然存在，比如如厕权的问题就是其中的一个重要方面。在 2017 年北京同志中心和北京大学社会学系对中国跨性别群体生存现状调查报告中，受访者表示自己在公共场所上洗手间是非常困难的[③]。在美国与跨性别者如厕权相关的案例中，原告也都提到

---

① U. S. CONST. amend. XIV § 1. （"Nor shall any State deprive any person of life, liberty, or property, without due process of law; nor deny to any person within its jurisdiction the equal protection of the laws."）（"未经适当的法律程序，任何国家不得剥夺任何人的生命、自由或财产；也不否认在其管辖范围内的任何人受到法律的平等保护。"）

② 区琳：《跨性别者之如厕权研究——以美国法为中心》，上海交通大学硕士学位论文，2017。

③ 原文为："跨性别男性 S5：我的外表非常男性化，每次上洗手间都是很忐忑的。你想一天要上多少次厕所，可能你在办公室这种地方大家都很熟悉，但是你要出去啊，你可能要在商场这些公共场合的厕所排队等啊。每去一次都会有害怕的感觉，去洗手间那个脚步都会不自信。如果厕所里没有人，就会感觉'哇'太好了，赶紧解裤带，完事赶紧走，终于被我逮着了，太好了。如果遇到排队，那就是……"北京同志中心、北京大学社会学系：《2017 年中国跨性别群体生存现状调查报告》（完整版），载北京同志中心网站，http://www.bjlgbtcenter.org.cn/s‐‐241.html，最后访问时间：2021 年 9 月 1 日。

了无法行使如厕权对自己身体和心理的伤害。例如在 Grimm 案中，Grimm 为了避免使用洗手间减少喝水量或强迫自己不上厕所，导致他反复患尿路感染，大三时因感受到身处"不安全、焦虑、不受尊重"的环境中产生自杀意念而住院。[①] 2016 年美国俄亥俄州东区地方学区教育委员会诉美国教育部的一起行政诉讼中，当事人简也因为学校对她使用单独卫生间的要求的忽视以及周围人的称呼问题产生了极度焦虑和抑郁的情绪，最终她因情绪持续低落和企图自杀而住院。[②] 笔者与日常生活中认识的跨性别者沟通时也了解到，有许多跨性别者从小到大都有在洗手间中受到其他人歧视和不友善的目光、被直接驱赶或禁止入内的经历，发展到后来，他们可能完全不愿意在家之外的场所上厕所了。在学校时他们就将这样度过半天或是一天，于是他们不得不减少日常的饮水量，或是完全不喝水。长期以来，很多人都会有膀胱和肾脏的疾病，这无疑让跨性别者的健康权受到了侵害。因为各种理由无法使用公共厕所而造成身体健康的损害，在一般人看来是无法想象的，但这是跨性别群体在现实中切实遭遇的问题。健康权是每个人应当享有的基本人权，保护跨性别者的如厕权，使他们能够在公共场所使用卫生间，是对跨性别者健康权的保护。从历史的角度看，女厕的增设是女性地位日益提高而进入社会开始工作、学习时必要的举措。从这一角度出发，跨性别者和非跨性别者一样，需要在学校学习、在外工作。由此看来，让跨性别者能够正常使用厕所，也是十分合理和必要的。

（三）权利的冲突与平衡

经过上文的分析，跨性别者如厕权无疑是一项合法的权利，而非跨性别者的如厕权也是一项合法权利。如果两项合法权利同时实现存在问题，实质上体现的是一种权利的冲突，即两项或多项合法性、正当性权利之间所发生的冲突。[③] 表面上看来，这一问题是两个群体如厕权方面的冲突，

---

① Grimm v. Gloucester Cty. Sch. Bd. , 132 F. Supp. 3d 736, 744 (E. D. Va. 2015).
② Board of Education of the Highland Local School District v. United States Department of Education. 208 F. Supp. 3d 850 (6th Cir. 2016).
③ 刘作翔：《权利冲突的几个理论问题》，《中国法学》2002 年第 2 期。

但更进一步来看，如果允许跨性别者使用符合自己内心性别认同的厕所或是所有人使用无性别卫生间，这种冲突就转化为跨性别者如厕权和非跨性别者如厕时的安全、隐私方面权利的冲突；而如果增设第三性别卫生间，就转化为跨性别者如厕权与社会经济投入方面的冲突。第一种体现为权利与权利之间的冲突，第二种则体现为权利与某种直接利益之间的冲突。①

权利的冲突往往表现为一种权利对另一种权利的损害，例如允许跨性别者使用与内心性别认同相符的卫生间，就是跨性别者如厕权对非跨性别者隐私权、安全权或多或少的损害，而禁止跨性别者进入与内心性别认同相符的卫生间则反之。现实明显更符合后者描述的情况。关于如何处理这两者之间的冲突，按照科斯的观点，在权利冲突时，法律应当按照一种能避免较为严重的损害的方式来配置权利，需要权衡比较哪一种权利的实现可以让法律的价值最大化，这体现的是一种功利主义的思想。② 於兴中先生则认为有三个原则：一是权利原则，二是关系原则，三是悲悯原则。③而在大多数少数群体的特殊保护问题上，笔者认为是可以适用权利冲突中的悲悯原则的，即使不适用这一原则，也不宜用简单的人数上的多少来判断权利的位阶。如厕权关系到健康权，也是人们在社会生活中必不可少的权利之一，因此应当得到保护。同时，允许跨性别者使用符合内心性别认同的卫生间，或是无性别卫生间，对非跨性别者权利的侵害程度是值得进一步研究的，下文将继续对这一问题进行详细讨论。

三　跨性别者如厕权阻碍根源

笔者在进行文献梳理和相关案例阅读时，发现禁止跨性别者进入与

---

① 刘作翔在《权利冲突的几个理论问题》中提到，权利冲突的实质就是利益和价值的冲突，每个权利都可以体现为一种利益或价值。加建"第三性别"卫生间需要直接使用社会，包括公共场所如医院、学校、商场用于建设基础设施的资金，此种资金是一种更为直接的利益，本文使用"直接利益"来进行表述。但使用这部分资金来建立"第三性别"卫生间，也必然造成可用于建设其他公共设施的资金减少，其实也能够最终转化为另一种权利与如厕权的冲突，但这种权利未被具体化。
② 苏力：《〈秋菊打官司〉案、邱氏鼠药案和言论自由》，《法学研究》1996 年第 3 期。
③ 刘作翔：《权利冲突的几个理论问题》，《中国法学》2002 年第 2 期。

其内心性别认同相符的卫生间主要出于以下原因。第一，不允许跨性别女性进入女卫生间的原因是认为其可能会增加某些偷窥者乔装进入女卫生间实施犯罪的可能。第二，出于对非跨性别者如厕时隐私的考虑。允许跨性别者（尤其是生理性别为男性的跨性别者）进入与生理性别不相符的厕所，意味着非跨性别者有很大可能性被生理性别不同的人看到隐私部位，从而造成隐私得不到保护的结果。第三，几乎所有国家和地区至今维持着二元的性别划分，允许跨性别者进入与内心性别认同相符的厕所是对既有观念的冲击。很多人在固有观念上无法接受在洗手间内看到与自己生理性别不同的人；即使在第三性别卫生间中，也可能会不由自主地产生内心的不舒适感然后通过表情、动作等表现出来，让跨性别者不愿使用。

（一）安全性

安全性实际上是实现跨性别者如厕权面临的最大问题之一，美国许多与跨性别如厕权有关的案例中都涉及对安全性问题的担忧。美国 Doe v. Regional School Unit 26 案中，米德（Mead）法官在异议书中提到，在没有有效的验证机制时，允许所有跨性别者使用与内心性别认同相符的卫生间，某种程度上是通过立法的方式让那些借跨性别的名义实施犯罪的人拥有了便利条件。[1] 这样可能会让公众陷入不安的情绪之中，还可能引起社会的动荡。联邦第八巡回法庭在 Sommers v. Budget Marketing 案的判决书中也提到，雇主在面对跨性别员工的诉求时，需要解决的问题核心也在于如何"保护女性员工在卫生间内的合法权益"[2]。

但其实，即便是在厕所区分性别的情况下，性侵害和性暴力的情况也是存在的，想进入女卫生间的犯罪者还是可以通过各种方式进入女卫生间，并不是所有女卫生间门口都会有管理者来把守。且根据性学家的观点，即使设置了区分性别的卫生间，也并不能让性犯罪者望而却步，但固

---

① Doe v. Regional School Unit 26, 86 A. 3d 600（W. D. Pa. 2014）.

② Sommers v. Budgeting Market, 667 F. 2d 748, 750（8th Cir. 1982）.

守"二元制"的卫生间设置，却会引发无穷的问题，例如"跨性别者恐惧症"（Transphobia）。① 因而根据这一原因就认为允许跨性别者进入与其内心性别认同相符的卫生间会放纵犯罪者是不合理的。但不能否认的是，允许跨性别者自由使用与其内心性别认同相符的卫生间，可能会给其进入女卫生间带来或多或少的便利，在一定程度上降低犯罪者的犯罪成本，因此，这确实是在解决跨性别者如厕权时不容忽视的问题。但解决如厕安全性的更合理的做法是从卫生间的设计出发，如果是为了打击犯罪就否定跨性别的如厕权，忽视跨性别者客观存在的困境和权利需求是极不负责任的。

（二）隐私性

在世界上的大部分国家和地区，设定区分生理性别的卫生间是一直以来的做法，这样一方面是对男性与女性平等保护的体现，一方面也是对个体隐私的尊重。每个人都享有决定是否在异性面前暴露自己任何身体器官的权利。即使是部分权利被剥夺的囚犯，在被强制要求展示生殖器的时候，也会感到有损人格与备受侮辱，对于普罗大众来说，当然更是难以想象的。② 有关跨性别者如厕权的案件中，被告在异议时都提出了对隐私权方面的担忧，例如 Grimm 案中学校董事会提供的证人证词表示，Grimm 使用男卫生间或小便池涉及学生的隐私问题③。

在这一问题上，应该就不同的卫生间情况分别进行讨论。一般女性卫生间使用单独的隔间将便池分开，每个人在单独的相对独立的空间内如厕，在这样的空间内，隐私性并不会成为严重的问题。而一般男性卫生间除了有单独的隔间，也会有集中的小便池。此外在一些条件较为简陋的地区，可能男女卫生间都没有搭建隔间或是隔板，Evancho v. Pine-Richland

---

① 区琳：《跨性别者之如厕权研究——以美国法为中心》，上海交通大学硕士学位论文，2017。

② 区琳：《跨性别者之如厕权研究——以美国法为中心》，上海交通大学硕士学位论文，2017。

③ Whitaker v. Kenosha Unified Sch. Dist. No. 1 Bd. of Educ.，858 F. 3d 1034，1052（7th Cir. 2017）.

Sch. 案中的争议也体现了这一点。涉案学校里的部分洗手间厕所隔板稍低，虽然可以遮挡住如厕时的主要视线，但学生还是可以抓住隔板顶部，通过隔板与天花板的空隙来窥视另一个学生。[1] 关于隐私权，首先如前文所述，并不是在所有情况下都会成为应当考虑的问题；其次，当被迫使用与其性别认同不符的卫生间时，跨性别者的隐私权同样有受到侵害的危险。例如在 Doe 诉学校的案件中，原告就认为学区禁止他们使用与内心性别一致的卫生间的政策侵犯了他们的身体隐私。[2] 在家长以隐私权诉 Dallas 第二学区案（Parents for Privacy v. Dallas School District No. 2）[3] 中，原告直接指控学区禁止学生按照内心性别认同选择卫生间的行为侵犯了跨性别学生的隐私权。同时被告则主张允许使用会侵犯到其他学生的隐私权，体现了两者之间的冲突；最后，如厕权是社会生活中一项很基本的权利，也很少存在出于好奇或是其他原因进入男性洗手间或是无隔间的异性洗手间的情况。笔者认为从权利冲突与平衡的角度，无论是为了保护跨性别者在社会生活中这项基本的如厕权，还是出于悲悯原则对弱势群体的保护，都不应禁止跨性别者进入与其内心性别认同相符的卫生间。

（三）社会文化环境

社会长期以来二元性别划分的环境也是跨性别者如厕权实现道路上的很大阻碍。例如人们在如厕时看到外表与自己生理性别不相符的人而流露出奇怪的目光，或是严重时言语上的攻击都是这种阻碍的具体体现，而这也是跨性别者自己拒绝进入与内心性别认同相符的卫生间的极大原因。在美国跨性别者如厕权相关案例中，法官也曾提出这样的意见："如果允许跨性别者根据内心性别认同对使用公共厕所作出选择，无疑是人类历史上前所未有的、大规模破坏传统风俗与人类文化的行为。"[4]

但跨性别者的权利本就建立在性别多元理论的立场之上，该理论将性

---

[1] Evancho v. Pine-Richland Sch. Dist. , 237 F. Supp. 3d 267, 272（W. D. Pa. 2017）.

[2] Doe v. Boyertown Area Sch. Dist. , 276 F. Supp. 3d 324, 335 – 64（E. D. Pa. 2017）.

[3] Parents for Privacy v. Dallas School District No. 2, 326 F. Supp. 3d 1075（D. Ore. 2018）.

[4] Grimm v. Gloucester County School BDD, 822 F. 3d 709（4th Cir. 2016）.

别视为自由且应该被平等对待的事项，并以此为基本立场，强调尊重每个个体的自主性，凸显个人的差异和诉求。① 个人的性别认同和性别表达发自于人的本能，欲保护跨性别者的权利，就必须打破传统的二元性别构建，这也许是个漫长的过程，但也是一条必经之路。女性性别平等运动一开始也受到了传统父权制的种种阻碍，但这种阻碍通过女权主义者的努力慢慢被打破。时至今日，女性的各项权利正在逐渐冲破父权牢笼的束缚。对种族歧视的抗争也有类似的过程，非洲裔美国人从毫无自由和人权可言的奴隶逐渐解放为具有独立人格的个体，再逐渐冲出白人绝对统治权的牢笼，在各方面拥有与白人平等的权利。跨性别者追求与生俱来的权利的实现，也将经历这样一个艰难的过程。因此传统的社会文化环境这一阻碍与上述两点不同，并不是应该被纳入考量的问题，而是应该被逐步改变的。跨性别者应当逐步冲破传统二元性别的束缚，被赋予与他人平等的权利。

四　跨性别者如厕权实现路径与问题

下文将对现阶段能够实现跨性别者如厕权的几种途径进行列举并分析，试图从上文所述的阻碍出发，并加之经济成本方面的考量，探索最适合跨性别者实现如厕权的方式。现阶段，实现跨性别者如厕权主要有以下几个路径：第一种是以某种标准使用既有的按男女二元性别区分的卫生间；第二种是在传统的男女卫生间基础上，再增设"第三性别"卫生间；第三种是提倡建立和使用性别中立卫生间，使所有人不区分性别地使用卫生间，从而实现跨性别者的如厕权。下文将对这三个路径分别作出具体分析。

（一）路径一：使用二元性别卫生间

世界上现有的公共卫生间大多根据生理性别进行了男或女的划分，允许跨性别者直接按照内心性别认同使用卫生间从直观上看似乎是最为经济

---

① 王毅平：《社会性别理论：男女平等新视角》，《东岳论丛》2001 年第 4 期。

和合理的方式。但采此方式最明显的问题即判断标准的问题。因为传统上卫生间的选择是根据生理性别进行的，即生理性别为男性的人进入男卫生间，生理性别为女性的人进入女卫生间。以上传统标准和卫生间的分类都是基于传统的二元性别划分，但在性别多元的框架之下，跨性别者以何种标准"被分类"进传统二元性别卫生间，就成为这种路径不得不面对的问题，而这也是我们所使用的多元性别理论基础与二元性别现状之间矛盾的显著体现，本文列举出以下几种可能存在的判断标准，并将对每一种标准的合理性及可操作性进行进一步分析。第一种是仍然根据生理上的性别，包括实施过性别重置手术的人根据手术后的性别使用卫生间；第二种是根据直观外表，即根据外表看起来更像男性或是更像女性来使用卫生间；第三种是根据跨性别者在其国家或地区的身份证件上标明的性别来使用；第四种是直接根据其内心性别认同来使用卫生间。

1. 根据生理性别（包括实施性别重置手术之后的生理性别）使用

根据生理性别选择使用男或女卫生间是最为传统的做法，但在跨性别者选择使用卫生间的问题上，从某种程度上说是荒谬的。首先，"跨性别"是一个集合概念，用以形容一个人性别认同与出生时被指派的性别不同，或性别表达与关于该指派性别的社会规范不同。[①] 跨性别者至少包括已实施或希望实施性别重置手术和未实施也不希望实施性别重置手术两个群体，要求跨性别者根据生理性别使用卫生间对其如厕权的实现效果是很有限的。根据调查，截至 2015 年，我国跨性别者人数达 10 多万，而已经通过手术改变性别的只有 1000 多人。[②] 目前，大多数跨性别者生活条件落后，经济水平较低，在工作时也时常遭遇歧视，他们大部分没有足够的金钱去做手术。其次，如果认为只有实施过性别重置手术的跨性别者才能够按照内心的性别认同选择卫生间从而实现如厕权，那么就是变相提倡跨性别者去实施性别重置手术，而提倡每个跨性别者实施性别重置手术也体现

---

① 刘小楠：《中国跨性别者受教育权实现状况及法律对策》，载刘小楠、王理万主编《反歧视评论》（第 6 辑），社会科学文献出版社，2019，第 226 页。

② 翁里、万晓：《变性人的性别变更权及其婚姻家庭法律问题研究》，《宁夏大学学报》（人文社会科学版）2016 年第 1 期。

了社会对他们的偏见和歧视。跨性别者本就有选择实施或不实施性别重置手术的权利,上文数据也说明绝大部分的跨性别者是没有实施性别重置手术的,但这部分人也有按照自己内心的性别认同选择卫生间的需求和权利。如果是否实施手术的选择会影响他们的如厕的权利,实际上是对其选择权不尊重的体现。另外,即使是实施过性别重置手术,后续还需要持续的激素治疗使其外表各方面更贴近于与内心性别认同相符的性别,因此并不是所有实施过性别重置手术的人都具有与内心性别认同一致的外表,且不仅是跨性别者,许多同性恋者也可能在日常穿衣打扮中偏向于"中性"的风格,异装者也是在外表装扮上看起来更贴近于与生理性别不同性别的人。在 Grimm 案中,第四巡回法庭的法官也对此有着相同观点,认为要求跨性别者接受性别重置手术是没有根据的。且根据世界跨性别者身体健康专门协会(The World Professional Association)制定的健康标准,不允许未满 18 周岁的跨性别者进行性别重置手术,如此 18 岁以下的跨性别者更加无法能实现如厕权。[1] 在这一角度下可以看出,通过生理性别的标准来让其使用洗手间是难以实现的,如果坚持这种标准,在实践中还可能意味着要求其当场证明自己是何种生理性别,这无疑是很不合理且不尊重对方的做法。

2. 根据外表、衣着打扮使用

根据他人外表来判断其对卫生间的选择其实也是我们日常生活中下意识采用的标准。这种标准看起来具有一定合理性,也是最简单和直接的方式,但并不是所有跨性别者都拥有与自己内心性别认同相符合的外表。笔者在与一名跨性别女性交谈的过程中也了解到,其实最不敢使用与内心性别认同相符的卫生间的就是外表更偏向于自身生理性别的跨性别者,而外表更偏向于内心性别认同的跨性别者实现如厕权的阻碍则更小。可见,其实前者实现如厕权的困难更大,如果采用外表、衣着打扮作为判断标准,更是确认和加重了对这部分跨性别者权利的侵害。同时,还存在内心性别认同与生理性别相符的异装者等,外表这一标准对异装者群体而言也是有

---

① Grimm v. Gloucester Country School. Bd, 822 F. 3d 709(4th Cir. 2016).

失公平的。

在实践中，许多跨性别者被禁止进入与内心性别认同相符的卫生间或更衣室的理由都是"看起来不像男人"或是"看起来不像女人"，跨性别者内心对使用公共厕所的恐惧也来源于这种"理由"和由此产生的怪异目光。由此，虽然根据外表、衣着打扮的标准来进行判断相较于直接根据生理性别来判断是更直观的，但这种标准无疑更加体现了对部分跨性别者保护的缺失。且通过外表判断跨性别者应当选择的卫生间也是一种对二元性别的确认和性别刻板印象的固化，这种传统二元性别的刻板印象正是我们提倡的多元性别理论要求打破的。综上所述，使用外表和衣着打扮作为判断标准是不可取的。

3. 根据身份证件上标明的性别使用

在香港一名跨性别女性使用更衣室的案例中，她被要求出示有关身份证件以证明自己是一名女性。美国北卡罗来纳发布的已经被废除的"HB2"法案要求人们根据生理性别来使用卫生间时，也是以出生证明上所注明的性别为准。[1] 日常生活中人们发现某人外表与其性别认同不相符时，出于尊重和基本礼貌所采用的判断标准当然也不是当场确定其生理性别，而是确认其身份证件上的性别。这就涉及"性别变更权"的问题，即身份证件上性别的确定及改变的权利。不同国家和地区对"性别变更权"有着不同的规定。如英国早期立法只依据染色体、性腺确定性别，[2] 2004年出台了《性别识别法案》，认可了心理认定法；[3] 美国和澳大利亚部分州使用心理方法作为性别鉴定方法；尼泊尔在 2015 年发出第三性别护照；[4] 克罗地亚共和国宪法法院在 2014 年声明，在"以另一种性别身份生活"的情况下，其有权依法将性别改变列入身份证件上的出生登记，[5] 随

---

① Public Facilities Privacy & Security Act of 2016, § G. S. 115C – 47.
② Lori Sexton, Valerie Jennens, Jennifer Macy Sumner, "Where the Margins Meet: A Demographic Assessment of Transgender Inmates in Men's Prisons", *Justice Quarterly*, Vol. 27, No. 6 (Dec. 2010), pp. 835 – 866.
③ 王洁怡、葛治华：《变性人性别变更权及其衍生权利限制与保护》，《长江师范学院学报》2019 年第 3 期。
④ 高建伟：《变性人法律问题初探》，《中国卫生法制》2005 年第 5 期。
⑤ Constitutional Court Decision of 18 March 2014, U-IIIB – 3173/2012, OG 46/2014.

后卫生部在 2015 年发布了关于更改身份证件上性别以及性别重置手术的详细专业指导方针。[①] 中国则主要采取以第一性征和第二性征为主的鉴定方法，根据《公安部关于公民实施变性手术后变更户口登记性别项目有关问题的批复》以及《关于公民变性后变更户口登记性别项目有关问题的批复》，在有三级医院出示的有效变性公开证明并由本人以书面形式申请时，我国允许变更身份证和户口本上的性别。可见，根据身份证件上标注的性别使用卫生间是否能够实现跨性别者的如厕权还是取决于其所处的国家或地区关于"性别变更权"的相关规定。例如在我国，允许变更身份证件上的性别以实施性别重置手术为前提，实质就转换为前文所述的生理性别标准；而在不承认"性别变更权"的国家或地区，跨性别者就完全不享有根据内心性别认同使用厕所的权利；但是在能够使用心理方法认定性别的国家或地区，使用身份证件上的性别作为判断标准，跨性别者的如厕权一定程度上是能够得到保障的。

综上所述，并不是在所有国家和地区都能够根据内心性别认同来变更身份证件上的性别。使用这种标准一定程度上也是对跨性别群体的歧视，且不能体现平等保护的思想。"HB2"法案实行后受到的起诉理由都是违反了美国宪法中的平等保护条款和《教育修正法案》中的非歧视条款。因此从整体来看，用身份证件上的性别作为选择卫生间时的性别判断标准还是难以实现跨性别者的如厕权。

4. 根据内心性别认同使用

在使用二元性别卫生间的前提下，根据内心性别认同选择卫生间能够实现对跨性别者如厕权最大限度的保护。美国近年来通过的保护跨性别者如厕权的相关法案也是以此为方向，例如前文提到的科罗拉多州、加利福尼亚州发布的允许跨性别者按照内心性别认同使用卫生间的法案、2015年劳工安全与健康管理部发布的指南以及美国教育部和司法部曾在2016年发出的信函。对于跨性别者而言，其之所以成为跨性别者，就是因为他

---

① Nenad Hlača, "The Legal Status of Trans Persons in the Republic of Croatia, Trans Rights and Wrongs", *A Comparative Study of Legal Reform Concerning Trans Persons*, Vol. 54, No. 4 (2021), pp. 71 – 77.

内心的性别认同与其出生时的生理性别无法一致，而经过一定时间的性别探索，他在性向的引导下找到了符合自我的性表达方式，这是与生理性别相独立的。① 但根据内心性别认同的标准使用卫生间也同样存在一些问题，正如在美国的 Oiler v. Winn-Dixie Louisiana, Inc. 案例中，法庭认为因为无法检验其内心认同的真实性，跨性别者以异装进入公共厕所被歧视的行为是无法受到保护的。② 与此相似，在 Holt 诉西北宾夕法尼亚培训合作联盟公司案中，法院也认为无法充分证明内心性别认同的原告需按规定使用与自己生理性别相对应的公共厕所。③ 而证明内心认同就可能采用外表标准、通过相关的心理机构鉴定或是单纯根据其自己的表达。采用外表标准的问题如前文所述。以心理机构的鉴定证明来判断内心性别认同也存在一些问题：首先鉴定证明需要一定的经济成本，也并不是所有国家和地区都存在能够出具这样报告的机构；其次，要求跨性别者在上厕所时随身携带或展示电子或纸质的证明是不现实的，客观上也容易造成其他人对这一群体的歧视。

大众对跨性别者群体的歧视是客观存在的，很多情况下并不是有人直接驱逐或禁止跨性别者进入卫生间，而是跨性别者无法面对其他人奇怪的目光，这也是阻碍跨性别者在现实中享有如厕权的很大原因之一。跨性别群体与顺性别者的矛盾是客观存在的，在如厕权的问题上这一矛盾集中体现了出来。如果忽视客观存在的矛盾，允许跨性别者直接按照自己的内心认同选择卫生间，即使他们不畏惧他人的异样目光，也无疑会激化已经客观存在的矛盾。且允许跨性别者按照内心性别认同使用男或女卫生间，这其实也是对二元性别划分的一种再确认。综上所述，在只有二元性别卫生间的前提下，允许跨性别者按照内心性别认同选择卫生间是最合理的，这也是现在最为直接和经济的保护方式，可以看作对跨性别者如厕权保护的基础和底线，即不侵害。但在现阶段社会公众并没有完全从内心接受跨性

---

① Rachel. E. Moffitt, "Keeping the John Open to Jane: How California's Bathroom Bill Brings Transgender Rights out of the Water Close", *Geo. J. Gender & L.* Vol. 16, No. 2 (2015), pp. 475 – 504.

② Peter Oiler v. Winn-Dixie Louisiana, Inc., No. 00 – 3114 (E. D. La. 2002).

③ Holt v. Northwest Pennsylvania Training Partnership Consortium, Inc., 694 A. 2d 1134, 1136 (Pa. Commonw. 1997).

别者的情况下，这种方式仍然存在问题。在 Whitaker 案中，Whitaker 由于担心使用单独的卫生间会给自己造成"孤立"和"隔离"的局面，坚持使用男卫生间。但这一决定给他带来了进一步的心理压力，他多次违反学校规定，在课堂上离开以便在没人时使用卫生间。因为经常被同学和老师询问卫生间的使用问题，Whitaker 开始考虑自杀。可见即便是跨性别者能够用各种方式证明自己的内心性别认同，自身也愿意去使用与内心认同一致的洗手间，仍然很容易产生更进一步的身心健康问题。跨性别者的各项权利保护都立足于多元性别的理念，在传统的二元性别构建之下的卫生间中很难真正实现对跨性别者如厕权的保护，这其实也是两种理念基础的矛盾。在几乎所有与跨性别者如厕权有关的案例中，被告方都认识到了这一问题，并尝试提供单独的卫生间。通过建设"第三性别"卫生间，也许能够在客观上减少跨性别者与非跨性别群体之间的矛盾，使跨性别者不用因畏惧他人鄙夷或歧视的目光而不敢进入公共厕所，使其如厕权得到真正的实现，下文将继续对这种方式的合理性进行分析。

（二）路径二：增设"第三性别"卫生间

增设"第三性别"卫生间即在已有的男女卫生间基础上，再建立一个"第三性别"卫生间，以使生理性别与内心性别认同不相符的人、异装者或是外表与生理性别有差异的人能够不受阻碍地在公共厕所如厕。实践中增设的卫生间名称多种多样，有"第三性别"卫生间、"性别友好"卫生间、"性别中立"卫生间等，实质即在已有的男女两间卫生间基础上增设的第三间，为了与下文路径三中完全的"性别中立"卫生间相区别，本文中对此种增设的卫生间采用"第三性别"卫生间的叫法。第一间"第三性别"卫生间在泰国北部的一家公立中学中出现，之后泰国许多中小学都建立了"第三性别"卫生间，它能够解决跨性别者实现如厕权的问题，也减少了针对跨性别者的校园暴力。但建立使用"第三性别"卫生间还是存在两方面的问题。第一，即便是狭义上的跨性别者，即内心性别认同与生理性别不同的群体，其中大部分人认为自己就是内心认同的那种性别，是男性或是女性，而不是什么"第三性别"，这个叫法本身就是对他们的歧视。"第三性别"卫生间在泰国建立最初也是提供给"人妖"使用，而"人妖"这个词也体现了对跨性别者或是异装者极大程度的歧视与鄙夷。第二，跨性别者的问题是十分复杂的集合问题，其中包括很多具体的不同情况。在考虑针对特殊群体的政策时，应避免的是以非特殊群体为中心的想法，体现在跨性别者如厕权问题上，即应该避免只是再建一间厕所将他们与其他群体分隔开从而解决问题这样简单的思路。

在 2015 年的 Grimm 诉格洛斯特县学校案中，原告 Grimm 最初使用为护士准备的单独卫生间。他表示，单间厕所让他感到"被污名和被孤立"。因为学校的每个人都知道单间卫生间是特别为 Grimm 设置的，这样其他的男孩就更不会且不必跟 Grimm 共用一个洗手间了。2016 年的 Whitaker 案中，Whitaker 也表示，学校为其提供的单独的"第三性别"卫生间只为他一个人提供了钥匙，这让他感觉到了进一步的侮辱和歧视，在此之后人们也越来越关注他的卫生间使用和他的跨性别者身份，加剧了他身体和精神上的不适。如前文所述，在美国的相关调查中，跨性别学生为了不使用卫生间会采取禁食、脱水等办法，这里的卫生间不仅包括强迫其使用的与内心性别认同不符的卫生间，也包括强迫其使用的单独的"特殊"卫生间。在俄亥俄州东区地方学区教育委员会诉美国教育部的行政诉讼中，艾伦赛夫特（Ehrensaft）博士也提出，强迫跨性别儿童使用单独的洗手间并反复提醒他生理性别相关的代名词，会对儿童的心理造成伤害，给他们带来严重的健康问题，对于之前有自杀企图的跨性别儿童来说这种做法也会放大这一企图。[①]

其实这与我们熟悉的种族隔离问题是相似的，即认为给非裔学生提供单独且平等的设备就不会造成伤害，但这种行为反而更会导致他们在社区中感到自卑，以一种永远无法消除的方式影响他们的心灵和思想。[②] 由此，将跨性别者隔离在一个单独的空间并给其宣传"隔离但平等"的思想会在实质上剥夺他们在教育和就业中的平等待遇。从非跨性别群体的角度出

---

① Board of Education of the Highland Local School District v. United States Department of Education. 208 F. Supp. 3d 850（S. D. Ohio. 2016）.

② Brown v. Bd. of Ed. of Topeka，347 U. S. 483，494，74 S. Ct. 686，98 L. Ed. 873（6th Cir. 1955）.

发，也许会认为增设单独的卫生间能够为他们的如厕权提供保障，但临时性的措施也许会使社会更加忽视跨性别者原本的需求，从而造成永久性的伤害。其次，"第三性别"的提法本身也暗含对二元性别构建的一种确认，跨性别者在生理性别的框架下，仍然受到传统二元性别的束缚，将他们归于"第三类"性别会使这一群体与传统两性相平行，从而不能被任何一方所接受。同时，建立"第三性别"卫生间需要投入一定的经济成本，而跨性别群体存在于整个世界范围内，并不是所有国家和地区都能够投入这种成本。政府或相关机构还需要做利益的权衡，且卫生间的建立也需要一定的时间，经济成本问题也构成了目前对跨性别群体如厕权的阻碍。国内近年来也出现了以"Gender Neutral Toilet"命名的无性别卫生间，该卫生间内设置了针对残障人士的特殊设施，因此遭到了跨性别者的反对，他们认为将无性别卫生间和残障设施合二为一对他们是一种歧视。从非跨性别者的角度出发，这样的做法在现阶段看似具有一定合理性，首先在经济成本方面实现了节约，残障人士、性少数群体和其他任何有需要的人都可以使用这一间厕所，同时也对实现跨性别者如厕权起到了很好的过渡作用，能够解决燃眉之急。但如上段所述，最重要的是临时性的解决措施可能带来的是永久性的伤害。标签的形成可能很快，但去标签则一定是一个漫长的过程。特别是在中国性少数群体近年来刚进入社会大众视野，这样的做法很容易导致人们给跨性别者贴上"身心障碍者"的标签，从而出于同情或是怜悯为其提供和残障人士共同使用的设施，继而认为跨性别者的如厕权已经通过这种措施得到了保障，更加忽视了其本身的最为迫切的需求。

（三）路径三：提倡建立使用性别中立卫生间

2016 年美国司法部和教育部（the U. S. Departments of Justice and Education）允许每个学校的学生按照性别认同使用卫生间的原则发布并被废除后①，

---

① See Joint "Dear Colleague" Letter from Catherine E. Lhamon, Assistant Sec'y for Civil Rights, U. S. Dep't of Educ. & Vanita Gupta, Principal Deputy Assistant Attorney Gen. for Civil Rights, U. S. Dep't of Justice, to Title IX Coordinators (May 13, 2016), https://perma.cc/NPL4 - 3F8C, 最后访问时间：2021 年 8 月 13 日。

美国也有部分州发布了允许学生使用与其性别认同相一致的卫生间的政策。但以科罗拉多州为例，该州仍然要求每个学生使用固定、单一性别对应的卫生间，该政策因为忽视了性别认同不属于男性或女性这两类的群体而在该州的许多地方遭到了激烈的反对。[1] 在这种情况下，一些学校为了解决这一问题采取了进一步的措施，即建立性别中立卫生间（Gender-neutral Bathroom）。"性别中立卫生间"在翻译为中文时也可能写作"性别友好卫生间"、"性别友善卫生间"、"男女通用/共用卫生间"、"无性别卫生间"等，是指男女混用的卫生间，与路径二中卫生间的区别在于这种卫生间并不作任何性别的区分，只设置一个空间，在这个空间中隔出一样的隔间和便池，没有针对男性特别设置的小便池。

性别中立卫生间不仅能够更好地满足不同性别群体学生的需求，也能更好地回应反对跨性别者按内心性别认同使用厕所的人的担忧。正如宾夕法尼亚西区法院在 Evancho v. Pine-Richland Sch. Dist 案中提出的，厕所隔间是为人们提供实际的身体隐私权保障[2]，使用性别中立卫生间不仅能够保障跨性别者的如厕权，还能够容纳其他群体例如异装者和性别酷儿，是能够打破二元性别构建的处理方式。同时也能够节约资源，解决女卫生间不足的问题，实现"男女如厕平等"（potty parity），让每一种性别的群体得以在同一个队列中等候，在同一个空间中使用厕所。

中国也逐步有建立使用性别中立卫生间的声音和实践出现。2011 年，台湾地区的世新大学首次建立使用性别友善厕所。随后，台湾地区的其他高校和机构也开始建立性别友善厕所。2017 年，香港中文大学设立了该学校第一个性别友善厕所。中国大陆地区的北京、上海、重庆等多个城市都出现了"无性别"厕所。同时，无性别厕所也多见于旅游景点和许多空间不足的小餐馆、咖啡厅等场所，这也是为了提高厕所的使用效率，解决

---

[1]　See Pub. Facilities Privacy & Sec. Act, 2016 N. C. Sess. Laws 3, partially enjoined, Carcaño v. McCrory, 203 F. Supp. 3d 615（M. D. N. C. 2016），partially repealed, 2017 N. C. Sess. Laws 4；Joint "Dear Colleague" Letter, supra note 3.

[2]　Evancho v. Pine-Richland Sch. Dist. , 237 F. Supp. 3d 267，272（W. D. Pa. 2017）.

女厕所不足而男厕所进出自如的问题。①

　　但提倡建立使用性别中立卫生间其实是如厕领域一项新的革命的开端。如厕问题涉及人们的私密领域，因此建立性别中立卫生间的提议经常遭到强烈的反对。在美国，反对在学校建立性别中立卫生间的声音包括担心安全问题的父母、政客及国家管道部门（the State Plumbing Board）。其中最大的反对声音来自国家管道部门，因为这种改变会导致一些建设和设计方面的问题。② 由此，美国有学者开始对性别中立卫生间实际涉及的方面进行研究，学者们将设计中应关注的问题总结为可获得（access）、平等（equality）和隐私（privacy）这三个方面，③ 并且从这三个原则出发，对性别中立卫生间的建立提出了建议。例如出于对隐私方面的考虑，将性别中立卫生间的隔板设计为从地面延伸到天花板等。④ 目前也有实践采用此种设计，如国内外机场等人流量大的公共场所的卫生间为了如厕安全将隔板上端与天花板连接，下端与地面连接，从而保证人们如厕时的安全与隐私。笔者认为这种设计是十分合理的，采用类似的设计不仅能保护跨性别者的权利，也能解决女性担心被偷窥的问题，比传统的隔离不同性别的卫生间具有更高的安全性和隐私性。美国跨性别者如厕政策发布后最经常遭受的反对意见就是允许跨性别者进入与内心性别认同一致的卫生间为图谋不轨的顺性别男性提供了机会，使其可以正当地进入女性洗手间以攻击

---

① 曲雪晶、孙勇、于乐、杨晓田、矫玲伟、刘铁敏：《无性别厕所发展状况调查研究》，《企业技术开发》2018 年第 6 期。

② See, e. g., Gershenson, supra note 1, at 204（表达了一位大学管理人员对推动中性厕所的第一反应，援引了建筑法规中的限制）；Harvey Molotch, On Not Making History: What NYU Did with the Toilet and What it Means for the World, in TOILET, supra note 1, at 255, 260 - 61（表达了拒绝提供中性卫生间的要求）；see also Mary Anne Case, Why Not Abolish Laws of Urinary Segregation?, in TOILET, supra note 1, at 211（援引了得州的一项法规，该法规对提供酒类的企业进行了监管）. See generally Elizabeth Nolan Brown, The Biggest Obstacle to Gender Neutral Bathrooms Building Codes., REASON（Apr. 11, 2014）, https://reason. com/archives/2014/04/11/gender-neutral-bathrooms-building-codes, https://perma. cc/D3M3 - 55LS，最后访问时间：2021 年 7 月 28 日。

③ 即任一群体都可以获得如厕的权利、各个群体平等地享有这一权利和机会、任何群体如厕时均能保证隐私性和安全性。

④ Jennifer S. Hendricks, "Arguing with the Budling Inspector about Gender-Neutral Bathrooms", *Northwestern University Law* Review *Online*, Vol. 113, No. 19 - 8（2018）, pp. 78 - 95.

妇女和儿童。[①] 如 Grimm 案中，校方提出的两个反对观点之一就是允许跨性别学生进入与内心性别认同一致的卫生间意味着卫生间大门的打开，这会侵犯到其他多数人的权利。这种情况下，性别中立卫生间恰能成为一个双赢的解决方案。在我国，设计性别中立卫生间时其实也加入了对可获得、平等和隐私这三个方面的考虑。根据在重庆建立无性别厕所的相关负责人的介绍，在景区提倡建立性别中立卫生间可以有效解决景区男女如厕资源不平等的问题，在建无性别卫生间时可以通过在厕所外的安全提示、求助电话或者求助按键解决安全性的问题，通过在厕所门外设置明显的"有人"或"无人"标识，以及及时检修损坏的门锁来解决隐私性的问题。

综上所述，性别中立卫生间是一个最优的解决方案，也是未来最合适的发展方向。它能够容纳不同性别群体正常如厕，还能够消除不必要的性别刻板印象，保障所有使用者的如厕安全。提倡建立使用无性别厕所也是当前实现跨性别者如厕权最低成本和便捷的方式。另外，可以在部分地区先提倡建立使用无性别厕所，然后通过对使用者进行问卷调查、采访等方式，寻找更加合理、更加为人们所接受的建立方式。在目前的社会环境下，提倡建立无性别卫生间也有利于潜移默化地打破传统的二元性别构建，使少数群体与传统两性群体之间的利益得以平衡，一定程度上弱化基于性别的矛盾，这同样也有利于对跨性别者其他权益的保障和发展。

【责任编辑：王怀玉】

---

① Jody L. Herman, "Gendered Restrooms and Minority Stress: The Public Regulation of Gender and Its Impact on Transgender People's Lives", 19 *J. PUB. MGMT. & SOC. POL'Y* (Jun. 2013), pp. 65 – 80.

学术专论

就业性别歧视检察公益诉讼研究*

何　霞　冉智勤**

摘要： 随着公益诉讼实践的不断推进，检察机关也在不断拓展检察公益诉讼案件范围。切实消除就业性别歧视不仅是实现妇女发展与人权保障的内在要求，更关系着整个社会的和谐稳定与可持续发展，具有鲜明的公益性质。将就业性别歧视纳入检察公益诉讼的范畴合乎检察机关履行法律监督职能与保护社会公共利益之理念，具有现实基础和法律依据。

关键词： 就业性别歧视；公益诉讼；检察机关

男女平等是我国的基本国策。妇女在就业时不因其性别而遭受不合理的区别对待，是实现男女平等的内在要求。我国《劳动法》、《就业促进法》与《妇女权益保障法》中明确规定禁止就业性别歧视、保护妇女就业与劳动权。2021 年 3 月，全国人大通过的《国民经济和社会发展第十四个五年规划和 2035 年远景目标纲要》也明确将"促进男女平等和妇女全面发展"、"消除就业性别歧视"纳入国家发展规划。

新中国成立以来，我国的性别平等事业取得了卓著的发展成就，保障妇女权益的法治体系不断完善。但是在现实中，就业市场上的性别歧视现象还较为严峻，制约了男女平等发展以及更高质量、更充分就业的进一步实现，是需要予以重点关注和解决的就业矛盾。习近平主席在联合国大会纪念北京世妇会 25 周年高级别会议上的讲话指出："建设一个妇女免于被

---

* 本文为中央高校基本科研业务费专项资金资助项目"就业性别歧视公益诉讼制度构建研究"（项目编号：JBK2102048）的资助成果。

** 何霞，西南财经大学法学院副教授、法学博士，研究方向为反就业歧视法；冉智勤，西南财经大学法学院法律硕士研究生。

歧视的世界，打造一个包容发展的社会，还有很长的路要走，还需要付出
更大努力。"① 在 2017 年底中央经济工作会议上，习近平总书记也强调
"就业要解决好性别歧视、身份歧视问题"。

最高人民检察院与全国妇联于 2020 年 1 月联合下发《关于建立共同
推动保护妇女儿童权益工作合作机制的通知》，提出"针对国家机关、事
业单位招聘工作中涉嫌就业性别歧视，……检察机关可以发出检察建议，
或者提起公益诉讼"。这是对十九届四中全会决定中"拓展公益诉讼案件
范围"及"坚持和完善促进男女平等、妇女全面发展的制度机制"的落
实，也是对女性面临严峻就业歧视问题的制度回应。尤其是"三孩"政策
实施后，女性就业环境可能面临更多的挑战。为此，国务院印发的《中国
妇女发展纲要（2021—2030 年)》也明确规定，促进开展妇女权益保障领
域的公益诉讼。本文即从检察机关提起公益诉讼的视角，对就业性别歧视
公益诉讼的制度建构进行探讨。

一 就业性别歧视救济机制的现状及问题

（一）现行反就业性别歧视法律实施机制

我国反就业性别歧视的宪法依据是《宪法》第 48 条，即"中华人民
共和国妇女在政治的、经济的、文化的、社会的和家庭的生活等各方面享
有同男子平等的权利"。目前我国尚未制定专门的反就业歧视法，现行反
就业性别歧视的法律制度主要包含在《妇女权益保障法》、《劳动法》和
《就业促进法》当中。综合而言，我国目前的反就业性别歧视法律制度采
取确权、禁行以及司法救济相结合的调整方法。② 《妇女权益保障法》第
22、23 条，《劳动法》第 13 条与《就业促进法》第 27 条都明确规定：妇

① 《习近平在联合国大会纪念北京世界妇女大会 25 周年高级别会议上的讲话》，http://
www.gov.cn/xinwen/2020 – 10/01/content_5548949.htm，最后访问时间：2021 年 6 月 21 日。
② 王显勇：《论反就业歧视法的多元综合实施理论》，《中国劳动关系学院学报》2021 年第
1 期。

女享有与男子平等的就业权利。用人单位在录用职工时，除国家规定的不适合妇女的工种或者岗位外，不得以性别为由拒绝录用妇女或者提高对妇女的录用标准。《妇女权益保障法》第四章"劳动和社会保障权益"中则更进一步规定了除不适合妇女的工种或者岗位外，在招聘录用、劳动报酬、岗位晋升、结婚生育、退休等各个就业环节都不得以性别为由实施区别对待、歧视妇女。

在司法救济方面，《妇女权益保障法》第52条规定了妇女在合法权益受到侵害时可以采取的行政、仲裁及诉讼三种救济机制，《就业促进法》第62条规定了遭受就业歧视的民事诉讼机制。在行政机关职责方面，《妇女权益保障法》第6条明确规定了各级人民政府的妇女权益保障职责，第57条规定了行政机关违法履职、侵害妇女合法权益时应当承担相应的法律责任；《就业促进法》第25条规定了各级人民政府创造公平就业的环境与消除就业歧视的职责，第57条至第61条则针对劳动行政部门的监督检查职责以及滥权违法的法律后果进行了明确。

（二）就业性别歧视法律规制仍存不足

整体上看，我国的反就业歧视法律实施机制呈现不断完善的发展特征，为推动性别平等事业的发展进步提供了有效助力。但是通过数据调查与案例考察可以发现，在实际中就业性别歧视问题仍较为严峻，我国反就业性别歧视法律实施效果亟待进一步提升。

1. 就业性别歧视现象依然存在，制约社会公平正义的实现

党的十九大报告提出，要坚持在发展中保障和改善民生，在发展中补齐民生短板、促进社会公平正义，不断促进人的全面发展。就业是最大的民生，就业机会平等是社会公平正义的一个重要体现。然而，我国就业市场上的性别歧视现象在一定程度上还较为严重。据全国妇联和国家统计局联合开展的第三期中国妇女社会地位调查，在就业方面遭遇过性别歧视的女性占10%，而男性仅为4.5%；在有求职经历的女大学生中，有24.7%的受访者提出曾经遭遇过不平等对待。而即便是女性高层人才，也有19.8%

认为性别给自己的职业发展带来了阻碍。① 智联招聘于 2021 年发布的《中国女性职场现状调查报告》也显示，曾在求职时因为性别被用人单位限制的女性占 29.6%，有近六成的女性在应聘过程中会被问及婚姻生育状况，而同一问题男性被问及的仅占两成。②

就业性别歧视不仅会挤压女性的生存空间，挫伤女性自我发展的积极性，还会阻碍社会公平正义的实现，使全社会的人才流动不畅通，扭曲劳动力资源配置，不利于和谐社会的构建和市场经济的持续健康发展。在新冠疫情和"三孩"政策颁布的背景之下，有效抑制就业性别歧视在社会治理中更显关键和紧迫。2021 年 9 月全国妇联、教育部、人力资源和社会保障部联合印发的《关于做好女性高校毕业生就业创业工作的通知》就是对当前就业性别歧视严峻形势所作出的积极回应。

实现社会公平正义、促进就业平等需要法治保障。习近平总书记指出："必须牢牢把握社会公平正义这一法治价值追求，努力让人民群众在每一项法律制度、每一个执法决定、每一宗司法案件中都感受到公平正义。"③ 具体到就业问题上，通过良法善治有效规制违法歧视现象、推动就业性别平等依然任重道远。

2. 就业性别歧视行政监督机制有待完善

作为代表人民执行公务的机构，行政机关不仅在整治歧视、推动平等就业中能起到重要的监督保障作用，在推动企业公平就业改革、营造反对歧视的社会氛围上也能扮演十分积极的角色。为此，我国《妇女权益保障法》与《就业促进法》对行政机关保障妇女权益、促进就业和消除就业歧视的行政职责作出了明确规定。

推进依法行政，严格规范公正文明执法是贯彻实施依法治国基本方略的重要内容，行政机关对就业性别歧视的规范治理责无旁贷。但是从现实状况来看，行政机关在反就业歧视领域的充分有效履责仍然面临一定的掣

---

① 《第三期中国妇女地位调查主要数据报告》，https://www.wsic.ac.cn/index.php? m = content &c = index&a = show&catid = 51&id = 2，最后访问时间：2021 年 6 月 21 日。

② 《2021 中国女性职场现状调查报告发布 男女收入差距连续两年收窄》，http://news.bandao.cn/a/471901.html，最后访问时间：2021 年 6 月 21 日。

③ 习近平：《加强党对全面依法治国的领导》，《求是》2019 年第 4 期。

肘。一方面是行政机关具体实施机制的阙如。① 法律仅仅对行政机关的职责作出了宣示性的规定，而没有明确具体的处理机制和法律后果，并且，尽管有地方性法规作出探索，但《劳动保障监察条例》（以下简称《条例》）并没有将就业歧视纳为劳动保障监察事项。虽然通过《就业促进法》第60条及《条例》第11条的扩张解释，可以将就业性别歧视纳入劳动保障监察范围之内，但由于缺乏法律的明文确认，部分行政机关在现实当中较容易忽视对该项职责的履行。另一方面，由于我国立法对就业性别歧视仅有宣示性、列举性的规定，而并未明确就业性别歧视的具体定义，这就导致行政机关在判断是否存在就业歧视时拥有较大的自由裁量空间，就业歧视监察结果在很大程度上依赖于执法者主观上对歧视的认知水平。一旦部分执法者的反歧视意识存在局限，面对公民提出的举报、投诉，就很可能作出不存在就业歧视的认定。②

（三）司法救济面临障碍

1. 公民原告主体不适格

行政诉讼原告资格是指"公民、法人或者其他组织就行政争议所具有的向法院提起行政诉讼从而成为行政诉讼原告的法律能力"③。我国行政诉讼原告资格标准"主要经历了从直接利害关系人到行政相对人标准，从行政相对人到法律上利害关系人，再到利害关系人标准"④ 的发展历程。尽管总体而言，我国行政诉讼原告资格范围呈现不断拓宽的趋势，但是并未改变我国行政诉讼以主观诉讼为核心、以客观诉讼为例外的功能定位。根据我国《行政诉讼法》第2条第1款及第25条第1款的规定，行政诉

---

① 参见王显勇《公私兼顾论：我国反就业歧视法行政实施机制构建研究》，《法律科学（西北政法大学学报）》2019年第2期。
② 例如陈某某与济南市历城区人力资源和社会保障局行政其他一案，见济南市中级人民法院行政裁定书，（2018）鲁01行终83号。在本案中，原告发现第三人在网络发布的招聘要求中有"优秀男士优先"的描述，原告认为该招聘标准属于性别歧视，遂向被告举报。被告答复称：经调查，第三人确有"优秀男士优先"的招聘要求，但不存在性别歧视。
③ 江必新、邵长茂：《新行政诉讼法修改条文理解与适用》，中国法制出版社，2015，第84页。
④ 程琥：《行政法上请求权与行政诉讼原告资格判定》，《法律适用》2018年第11期。

讼原告应该是认为其合法权益受到被诉行政行为侵害的行政相对人或与行政行为有利害关系的其他主体。且为了避免诉权的滥用，反射利益并不在行政诉讼的救济范围之内。具体到反歧视领域，当社会公众依据《就业促进法》第 60 条向劳动行政部门举报用人单位招聘广告或互联网招聘信息存在就业性别歧视的内容时，假如举报人认为劳动行政部门的处理有所不当却又并未在相关用人单位应聘，其在举报事项上就并不存在自身合法权益，也就不会与行政机关的举报处理行为产生利害关系，因而不满足原告资格的要求。[①] 例如在笔者检索到的两起对行政机关劳动保障监察行为提起诉讼的案例中，原告在招聘网站上看到第三人发布的含有性别歧视的招聘信息后向被告行政机关举报，后均以行政机关的举报处理违法为由提起行政诉讼。而法院则均以行政机关的处理不影响原告合法权益或与原告没有直接利害关系，因而原告不具有起诉资格裁定驳回起诉。[②] 这样，《就业促进法》所规定的举报机制就很容易沦为具文。

2. 主体适格的个体提起私益诉讼的成本过高，动力不足

即使相关个体符合与具体行政行为有利害关系的起诉资格条件，在实际当中，也往往不会通过诉讼方式寻求司法救济。通过提起私益诉讼的方式寻求救济需要付出大量的时间、精力与费用成本，而由于目前缺乏对就业歧视法律后果的明确规定，遭遇就业歧视的受害者即使胜诉，也难以获得与其诉讼成本相匹配的补偿与赔偿。特别是在招聘过程当中因遭受歧视而丧失录用机会的应聘者，在提起诉讼时该岗位很可能已经录用他人，即使法院认定用人单位存在歧视行为，也很难弥补原告遭受的工作机会损失。例如被媒体称为"中国乙肝歧视第一案"的张先著诉芜湖市人事局公务员招考行政录用决定案的最终结果即是如此。在这种情况下，一方面，应聘者即使提起诉讼其损失也无法得到弥补，寻求司法救济反而成了一种得不偿失、自找麻烦的举动；另一方面，用人单位与劳动者之间往往存在

---

① 参见李凌云《行政诉讼中投诉人与举报人的原告资格之区分》，《辽宁大学学报》（哲学社会科学版）2020 年第 1 期。

② 参见济南市中级人民法院行政裁定书，（2018）鲁 01 行终 83 号；深圳市中级人民法院行政裁定书，（2018）粤 03 行终 486 号。

力量强弱的对比关系，除去举证与诉讼等专业能力方面的不足，选择与用人单位"对簿公堂"的个体还会担忧在今后的求职乃至工作、生活当中遭受用人单位的打击报复。即便存在少数个体愿意通过提起影响性诉讼的方式推动社会对就业歧视的关注，其在实际当中的作用往往也十分有限，无法从根本上解决就业歧视问题。

二　就业性别歧视检察公益诉讼制度之证成

（一）就业性别歧视检察公益诉讼的法理基础

行政公益诉讼是当行政主体的违法作为或不作为对公共利益造成侵害或有侵害之虞时，法律容许无直接利害关系人为维护公共利益而以自己的名义向法院提起行政诉讼的制度。[①] 行政诉讼的功能在于通过司法权对行政权的制约，来保证公权力的合法正确行使。随着社会发展，侵害公益的行为日渐增多，当行政主体的违法行为损害公共利益，而囿于传统行政诉讼对原告主体资格的要求无法对其进行有效规制时，就诞生了由法律特别赋予某些主体提起行政诉讼的诉权以使公共利益免受侵害的制度，即行政公益诉讼。行政公益诉讼最早的形式，是以法国为代表的行政越权之诉，在行政越权之诉中，没有利害关系的人都可以对某些具体的行政行为提起公益诉讼。[②] 因此，行政公益诉讼是一种客观诉讼，设立行政公益诉讼制度是对传统行政诉讼当事人适格理论的突破。其作为行政诉讼的一种特殊类型，首要目的就是对行政机关行使公权力的制约与监督，而其最终目的，也是与传统行政诉讼的分殊之处，在于行政公益诉讼是通过纠正行政主体的违法行为起到维护公共利益的效果。

在我国，检察机关作为《宪法》第135条明确规定的法律监督机关，代表国家行使法律监督权，维护法制统一。检察机关的监督职能本身内在地包含了对行政机关滥用公权力行为的监督权。这一职能定位使得检察机

---

① 参见蔡虹、梁远《也论行政公益诉讼》，《法学评论》2002年第3期。
② 颜运秋：《公益诉讼理念与实践研究》，法律出版社，2019，第191页。

关无论是地位与职权都独立于行政机关，检察权的行使不受行政权的掣肘，而作为一种外部权力来监督、制约行政权。具体到公益诉讼领域，当行政机关的违法行为侵害公共利益或存在侵害之虞时，检察机关可以基于其法律监督职能享有原告的诉讼权利，即代表其守护的社会公共利益提起诉讼，寻求法院的中立裁判。行政公益诉讼的制度设计，就是检察机关将法律监督具体化为诉讼程序中的起诉权的过程。监督与诉讼都具有维护法制的作用，诉讼是监督的一种手段，通过诉讼的方式启动司法，监督行政权力合法、合理地行使，从而达到保护国家和社会公共利益的效果。① 应当强调的是，检察机关提起行政公益诉讼，其目的绝不在于替代和干涉行政权力的运作，而是通过发挥检察机关的法律监督作用，促进行政机关在法律框架内更好履行职责，由行政机关实现公共利益维护和风险防范，而非由检察机关直接对受损利益进行修复。因此，检察权是保护公益的辅助性、补充性手段，其功能在于推动各个国家机关在公益诉讼的机制下协同共进，提高行政领域与司法领域法律适用的协同性，使各方面立法、执法、司法更加科学、更加完善。②

基于上述逻辑理路，对于就业性别歧视的法律规制中涉及行政机关职责履行的情形，检察机关同样是适格的监督主体。在我国反就业性别歧视法律制度的落实状况不尽如人意且监督渠道的有效性尚需增强的情况下，通过检察机关提起公益诉讼的方式对就业性别歧视行为予以规制，拥有充分的法理基础。

(二) 就业性别歧视检察公益诉讼的制度依据

从 2014 年党的十八届四中全会提出"探索建立检察机关提起公益诉讼制度"、2015 年全国人大常委会授权最高检在部分地区开展公益诉讼试点工作，到 2017 年修订的《民事诉讼法》与《行政诉讼法》将检察公益诉讼制度正式纳入法律规定、2018 年修订的《人民检察院组织法》和

---

① 参见徐全兵《检察机关提起行政公益诉讼的职能定位与制度构建》，《行政法学研究》2017 年第 5 期。

② 参见刘艺《论国家治理体系下的检察公益诉讼》，《中国法学》2020 年第 2 期。

《检察官法》明确赋予检察机关提起公益诉讼的职权与检察官开展公益诉讼工作的职责，再到《中华人民共和国消费者权益保护法》《中华人民共和国环境保护法》《中华人民共和国英雄烈士保护法》等法律规范赋予检察机关在更多领域提起公益诉讼的职权，我国检察公益诉讼的适用范围不断扩大、制度构建逐步完善。

我国《行政诉讼法》第 25 条第 4 款明确规定了检察机关提起行政公益诉讼的受案范围、对象及诉前程序。尽管该条文采取的是明确列举四个领域加兜底的方式，但是目前对条文中的"等"字作"等外等"理解已无太大争议，只要是可能侵害国家利益或社会公共利益的违法行政行为，就具有纳入行政公益诉讼制度受案范围的合法性依据。党的十九届四中全会决定提出"拓展公益诉讼案件范围"，而在实践中检察机关也在积极开展文物保护、英雄烈士保护、未成年人保护等法条列举领域之外的公益诉讼工作。2020 年 1 月最高人民检察院联合全国妇联下发《关于建立共同推动保护妇女儿童权益工作合作机制的通知》，提出"针对国家机关、事业单位招聘工作中涉嫌就业性别歧视，……检察机关可以发出检察建议，或者提起公益诉讼"。2021 年 6 月，中共中央专门印发的《关于加强新时代检察机关法律监督工作的意见》充分体现了以习近平同志为核心的党中央对检察机关法律监督工作的高度重视，强调"全面深化行政检察监督"、"积极稳妥拓展公益诉讼案件范围，探索……妇女及残疾人权益保护……等领域公益损害案件，总结实践经验，完善相关立法"。上述规定为检察机关提起就业歧视公益诉讼提供了直接且明确的政策回应。

就业性别歧视与国家利益和社会公共利益息息相关。从表面上看，就业歧视损害的是劳动者的个人权利，但是其本质是群体与群体之间的利益冲突。正如麦金农所言，一种歧视行为必须足以证明具有某种社会类属的群体特质，而不是个体独有的或个人品质的问题。[①] 歧视实质上是社会强势群体对弱势群体的单边行动——男性、主体族群、健全人群等强势群体

---

① 〔美〕麦金农：《性骚扰与性别歧视——职业女性困境剖析》，赖慈云、雷文玫、李金梅译，时报文化出版企业有限公司，1993，第 147 页。

通过歧视排斥女性、少数族裔、残障人群等弱势群体，剥夺其受教育、就业等的平等权利，从而将其驱赶到报酬偏低、工作环境恶劣、晋升空间促狭的低端岗位中，甚至将其隔绝在劳动力市场之外，最终实现对社会资源和财富的独占。① 因此，就业性别歧视所损害的是一种群体化的个体利益，如果不对其进行保护，不仅会阻碍两性的平等发展，更有可能威胁到国家社会的和谐稳定。我国法律将行政机关确立为保障妇女平等就业权的重要主体，既然是经由国家权力机关通过民主立法程序纳入行政机关职责范围内的事项，其与公共利益自然具有紧密的相关性。通过提起就业性别歧视检察公益诉讼，可以合理确定检察权与行政权的边界，使就业歧视的依法治理与社会公共利益的维护实现不同主体之间的合理分工。因此，由作为法律监督机关的检察机关，通过提起就业性别歧视检察公益诉讼来实现对公益的维护，就同样是其履行法律监督职责的应有之义。

（三）就业性别歧视检察公益诉讼制度的比较法基础

综观域外法律制度，无论是美国的"私人检察总长"制度，英国的"特别救济"制度，法国行政法上的"越权之诉"，德国的"撤销之诉"与"课以义务之诉"，日本的"机关诉讼"与"民众诉讼"，都旨在将行政行为对公共利益的侵害纳入行政诉讼的救济范围之内。而许多国家也都普遍地赋予检察机关提起公益诉讼的诉权，承认检察机关有权提起行政公益诉讼。但是，检察机关在各国公益诉讼中的法律定位有所不同，例如英国的总检察长是形式上的原告人；德、日的检察长既不代表原告也不代表政府，而是公益代表人。② 这是由于各国检察机关在国家权力体系中的地位不同所致。许多西方国家的检察机关即便相对独立、自成体系，也多属于被包含在行政系统之下的行政机关，比如德国检察官隶属于各行政法院；美国总检察长及若干联邦检察官由总统任命，并且总检察长由司法部长兼任；英国检察官隶属于行政部，其设置目的是制衡、监督国家司法权

---

① 刘小楠：《反歧视法讲义：文本与案例》，法律出版社，2016，第 38～39 页。
② 颜运秋：《公益诉讼理念与实践研究》，法律出版社，2019，第 193 页。

和立法权的行使。^① 在这一定位下，检察权实际上归属于行政权，检察机关提起行政公益诉讼更接近于一种行政机关内部的自我监督。

在域外制度中，与我国检察机关在国家机关中的地位较为相似的是俄罗斯检察机关。根据《俄罗斯联邦宪法》第七章关于检察机关的规定，俄罗斯联邦检察机关是一个特殊的护法机关，俄罗斯联邦检察机关旨在"保障法律至高无上，保障法制的统一和巩固，保护法人和公民的权利与自由，捍卫社会和国家的利益"。根据《俄罗斯联邦检察法》规定，俄罗斯检察机关对行政机关的行政违法行为享有监督权，其可以送达消除违法行为的提请书，直接责令停止行政执行，也可以代表社会公共利益提起行政违法诉讼。俄罗斯检察机关还可以"对抵触法律的文件提出异议，以国家名义要求撤销非法文件或者予以修正，恢复受到侵害的公民权利和自由，以及国家或其他机关的合法利益"^②。

在我国，检察机关提起行政公益诉讼在诉讼层面落实了检察机关对涉及公益的行政违法行为的监督，是对宪法法律监督内涵的具体化。通过考察域外经验，我们可以看到就业性别歧视问题具有很强的公益性，有必要将其纳入行政公益诉讼范畴；其次，俄罗斯检察制度启示我们，将抽象行政行为纳入检察监督的范畴，也是检察机关履行法律监督职能、保证国家法制统一的内在要求。

（四）就业性别歧视检察公益诉讼制度的现实意义

1. 整合监督资源，有效督促行政机关依法履职

由检察机关启动反就业性别歧视检察公益诉讼，能够有力地发挥行政公益诉讼的制度功效。

检察机关作为法律监督机关，在提起行政公益诉讼方面，与公民、社会团体相比，具有天然的比较优势。虽然现行法律制度并未明确排除公民与社会团体的诉权，但是就现实而言，由公民与社会团体提起行政公益诉

① 何家弘：《检察制度比较研究》，中国检察出版社，2008，第29页。
② 肖中扬：《论新时代行政检察》，《法学评论》2019年第1期。

讼在我国目前还存在较多障碍。一方面，我国社会公众的公民意识与反歧视意识总体而言与西方国家相比还较为淡薄，而我国社会组织总体上处于较为分散、弱小的状态，难以形成比较强有力的团体力量，在提起反就业歧视公益诉讼上往往显得"心有余而力不足"；另一方面，招聘过程中的就业歧视行为往往涉及人数众多，而且行政机关在行政管理中信息极为不对称，大量的证据掌握在行政机关手里，公民与社会团体在专业判断、证据收集、出庭应诉、资源整合等方面都存在较大困难。在这种情况下，选择检察机关来承担启动反歧视行政公益诉讼的职责，就可以弥补公民与社会团体在专业程度与力量对比上的不足。而检察机关在提起诉讼方面作为法律明确规定的主体，也会更具主动性。

2. 发挥公益诉讼的示范性作用，引导和促进全社会反歧视意识的增强

公益诉讼本质是一种理性而和平的法律运动，它首先承认在现有的政治和法律空间内提出变革社会的法律主张和要求，所采取的是严格的法律手段而非广泛的政治动员，所提出的是具体的法律要求而非抽象的政治诉求。[①] 公益诉讼具有天然的开放性与民主性，通过提起公益诉讼，可以将检举控告与调查处理相分离的传统执法、监督方式转化为实实在在、透明可见的诉讼过程，将现实中的就业歧视、不平等现象暴露于社会普遍监督之下，通过公共场域形成对就业歧视的外部压力，有效制约有关主体的打击报复心理，并督促行政机关增强反歧视意识与提高对就业歧视监察工作的重视程度，积极主动履行相应职责。

其次，我国实行具有中国特色的案例指导制度，把通过公益诉讼形成的司法判决列为指导性案例，既可以为人民法院在反歧视法律适用、司法机制完善等方面提供有效借鉴，更能形成法治样本，在全社会起到警示与教育作用。在督促行政机关依法行政的同时，用人单位的就业歧视行为也可以借此得到控制，从而促进全社会平等观念与反歧视理念的提升，推动我国人权事业的发展进步。

---

① 参见李雄、刘俊《中国公益诉讼：概念、理念与发展展望》，《河南财经政法大学学报》2012 年第 5 期。

三 就业性别歧视检察公益诉讼制度构建

（一）拓宽线索发现机制

行政公益诉讼案件线索包括检察机关在刑事检察、控告检察、诉讼监督、公益监督等履行职责过程中发现的行政违法情形。笔者认为，检察机关探索构建就业性别歧视检察公益诉讼机制的一大关键就在于如何发现案件线索。在 2018 年内设机构改革以来，检察机关编制紧缩、业务增加，并且随着公益诉讼案件范围的逐渐扩大，检察机关的确面临着巨大的公益诉讼办案压力，而且由于就业歧视的隐蔽性强，与此相关的行政行为即使违法所造成的损害也不像环境保护、食药品安全领域的损害那样可见可感，因此在检察机关自行调查线索面临较大难度的情况下，如何及时发现与识别相关行政违法行为就是启动行政公益诉讼必须予以重点考虑的问题。检察机关除了前述增强观念意识，通过主动开展专项活动，发现相关行政违法线索以外，更要积极调动各种社会力量，扩展检察机关案件线索的来源，探索多样化的线索发现机制。

建立公益诉讼观察员制度。随着我国公民教育与人权保障意识的不断增强，在社会公众中间出现了一些致力于反歧视的公益人士与公益组织，构建就业性别歧视检察公益诉讼制度也应当对这些民间力量予以重视。可以考虑充分发挥相关公益组织以及妇联等社会团体的作用，聘请其作为公益诉讼观察员。这不仅可以调动社会公众与社团组织的监督积极性，还可以利用其专业能力与不同职业背景对相关行业的了解情况，在一些较为隐蔽的领域及时发现就业性别歧视线索。这也有利于检察机关在整改督促环节中持续监督，发现有怠于整改、拒绝整改以及整改不力等问题时及时处理，推动诉前监督取得良好效果。

搭建就业歧视线索发现和信息共享平台。随着互联网大数据等科技的快速发展，国家机关的工作方式也在随之不断发生变化。检察机关可以充分利用互联网信息技术，搭建就业歧视线索发现与信息共享平台，推动行政部门与检察机关之间的信息互联互通，实现信息共享；通过互联网渠道加大公益诉讼宣传，增加社会公众对公益诉讼的了解，增强社会公众对检察公益诉讼的认同感；建立网上检举机制，降低社会公众提供线索的成本与难度，广泛拓宽案件线索来源，将"智慧检务"建设落到实处。

完善立案结果答复与监督规范，让线索提供机制得到有效运行。可以参照检察机关对刑事犯罪举报工作的规定，检察机关对社会公众的检举要及时进行线索评估，重点审查线索的真实性、可查性与风险性，并在合理期限内给出是否立案的书面答复，对符合立案条件的及时予以立案，不符合立案条件的也要向提供线索的社会主体说明理由。对检察机关不予立案的理由不服或者检察机关在合理期限内未作出答复的，提供线索的社会主体可以向上一级检察机关申诉或申请复议。

（二）规范检察机关办案流程

就业性别歧视检察公益诉讼作为尚处探索阶段的新领域，个案经验往往难以解决检察机关在办案过程中遇到的各种新问题，因此需要构建符合就业性别歧视检察公益诉讼特点的办案流程。

细化调查核实机制。调查核实是新时代检察机关履行法律监督职能的重要方法，是提高检察建议质量、落实监督手段的重要保障，亦是公益诉讼的必要取证手段和前置程序。[①]检察机关应当从适用对象、具体措施、程序规则、机制保障与监督等方面进一步细化调查核实机制，对行政机关作出行政行为的法律依据、行政机关违法履职或不履职的事实以及公共利益受到侵害的事实状态进行全面、客观的调查、审查。检察机关可以向行政机关提出质询，要求行政机关提供与作出行政行为相关的内部文件。除书面调查以外，检察机关也要全面听取行政主体、利害关系人的意见或理由，必要时对客观证据或证人证言进行复核，以厘清事实，查明是非。

---

① 参见董坤《新时代法律监督视野下检察机关调查核实权研究》，《内蒙古社会科学》2020年第 6 期。

（三）有效发挥诉前程序的作用

诉前程序是检察机关提起行政公益诉讼的必经程序，既发挥了行政机关纠正违法行为的主动性，又有效节约了司法资源。[①] 2020 年，检察机关共发出检察建议 11.8 万件，行政机关回复整改率为 99.4%，这说明很多行政违法问题在诉前阶段就可以获得解决。[②] 在就业性别歧视检察公益诉讼中，也需要充分重视诉前程序。因为在招聘阶段的就业性别歧视所导致的损害在一开始往往并不会明显地暴露出来，但是一旦对特定求职者的平等就业权造成侵害，现实当中往往难以补救，特别是司法需要在用人单位的用工自由权以及劳动者的个体权益保护之间进行权衡，而用人单位的招聘岗位与名额往往是根据用人单位内部的工作安排与规定流程划定，法院往往不便过度干涉，而即便考虑金钱补偿或赔偿，也很难对其损失进行衡量。所以，检察机关在针对有关线索立案后需要尽快采取行动，灵活调整督促手段，争取在诉前阶段实现对违法行政行为的督改与纠正。为此，检察机关需要提高制发检察建议的质量与效率，重点增强检察建议的明确性、可行性与法律说服力；可以建立信息通报制度，对已经立案的检察监督、制发检察建议等情况，及时向行政机关及其上级部门进行通报，一方面推动行政主体内部主动整改，另一方面也可以为提起公益诉讼争取支持；对招考公告等抽象行政行为，检察机关可以直接向制定机关提出处理建议，并通报上级部门或司法行政部门，督促其及时对抽象行政行为的合法性与合理性进行审查。

（四）区分公益诉讼的诉讼请求

检察机关提起行政公益诉讼的诉讼请求核心在于督促行政机关履行职

[①] 参见胡卫列、迟晓燕《从试点情况看行政公益诉讼诉前程序》，《国家检察官学院学报》2017 年第 2 期。

[②] 数据来源：《最高人民检察院工作报告——2021 年 3 月 8 日在第十三届全国人民代表大会第四次会议上》，https://www.spp.gov.cn/spp/gzbg/202103/t20210315_512731.shtml，最后访问时间：2021 年 4 月 24 日。

责以维护国家利益和社会公共利益。① 在就业性别歧视检察公益诉讼当中，检察机关应当区分不同情况，有针对性地提出诉讼请求。如果行政行为可以撤销，应当请求人民法院予以撤销；如果存在不能撤销的情形或者在诉讼过程中行政机关履行职责、公共利益得到维护并使得检察机关的诉讼请求全部实现的，检察机关可以请求人民法院确认行政行为违法或无效。如果存在行政机关履行劳动保障监察职责违法或处理不力、相关就业性别歧视行为没有得到较好纠正的情况，检察机关可以提出责令被告依法履行法定职责的诉讼请求，并明确履行职责的内容。此外，在立法层面仍然需要进一步明确就业性别歧视的法律后果，提高相关违法成本，才能让受害者真正得到救济，从根源上抑制就业性别歧视行为。

【责任编辑：梁硕】

---

① 《检察机关行政公益诉讼案件办案指南（试行）》高检民〔2018〕9 号，2018 年 3 月 12 日发布。

混合性取向婚姻中的配偶权问题研究

郑　睿　段知壮*

摘要： 随着社会层面性/别意识的日益增强，"同性恋骗婚"一度成为舆论热议话题，相应的婚姻纠纷在司法实践中也不断增多。不过许多围绕此议题的讨论往往受限于强烈的价值前见，在"爱情婚姻"的假设前提下批判"同性恋骗婚"的道德缺失。尽管从道德导向的维度出发，"真情实感"理应作为婚姻的基石，但在法律语境下似乎更应当关注混合性取向婚姻中异性恋一方所遭受的实际权利减损。如何在弱化乃至消解道德批判的前提下增强混合性取向婚姻中的配偶权保障才是解决相关婚姻纠纷的不二选择。

关键词： 混合性取向婚姻；配偶权；爱情婚姻

引　言

近年来，"同性恋骗婚"的报道在主流媒体中频现，其中"同妻"或"同夫"则常因被赋予"受害者"的标签而为公众所知悉。与此同时，在法律实践领域，性取向问题的介入也导致了许多婚姻纠纷诉讼的发生。以海口市发生的一起离婚诉讼为例，张某（女）与吴某甲（男）于2011年6月经人介绍认识，频繁联络后两人感情迅速升温但一直未共同生活。2012年2月两人在湖北老家举办婚礼，但仅相处三天吴某甲便以工作忙为

---

* 郑睿，浙江师范大学行知学院讲师，菲律宾圣保罗大学公共管理学博士研究生；段知壮，浙江师范大学行知学院副教授，硕士研究生导师。

理由返回海南。2012 年 5 月张某抵达海口不久后吴某甲就承认自己是同性恋，与陈某（男）已共同生活了三年之久，张某在绝望之下甚至试图割腕自杀。2012 年 7 月，吴某与张某正式办理了结婚登记，此时张某再次怀孕。2013 年 3 月，张某生育男孩吴某乙，但吴某甲与陈某旧情复燃并长期拒绝归家，仅提供主要经济来源。张某在与吴某甲多次协商无果后决定起诉离婚，并要求其支付 5 万元的精神损害赔偿。张某诉称吴某甲系同性恋，对异性不感兴趣，也不愿与异性结婚生子、共同生活，其隐瞒此重要信息以求达到传宗接代的目的。吴某甲同意离婚，但对张某对其"同性恋骗婚"的指控不予承认。法院最终虽作出离婚判决，但并未对吴某甲是否系同性恋作出正面回应，仅以"由于被告未能正确处理与同性交往的关系"一笔带过，同时针对张某提出的精神损害赔偿诉求，认为缺乏法律依据而予以驳回。①

鉴于中国传统文化观念习惯于将"同性恋"冠以污名，这使得不少同性恋者选择隐瞒性取向，与异性恋者走入婚姻。② 异性恋方得知真相后，部分会选择离婚，从这种"有名无实"的婚姻中解脱，这造成了涉同性恋离婚案件数量的上涨；同时，由于我国相关立法的缺失，异性恋方在离婚诉讼中的合法权益常常无法得到较好的保障，想要得到准予离婚的判决已困难重重，意欲在子女的监护权、财产分割以及损害赔偿等方面获得支持或倾斜更是难上加难。为解决司法实务中的尴尬，2013 年北京市第一中级人民法院发布的《离婚案件中涉同性恋诉求裁处的调研报告》（以下简称《调研报告》），试图对该类纠纷可能涉及的问题给出回应。该《调研报告》对当事人的诉讼请求进行了梳理，主要分为因同性恋身份导致感情破裂，请求离婚、要求撤销婚姻、要求离婚损害赔偿以及财产分割上的倾斜四类情况。同时，《调研报告》也指出，由于涉及问题较为敏感、法律规定缺失以及取证认证困难等原因，目前审判实践中对当事人基于对方是同性恋提出的诉讼请求大多不予支持。

---

① 海南省海口市龙华区人民法院民事判决书，（2014）龙民一初字第 942 号。
② Eileen Y. H. Tsang，"A'Phoenix'Rising from the Ashes：China's Tongqi, Marriage Fraud, and Resistance"，*The British Journal of Sociology*，2021，p. 8.

　　同性恋者和异性恋者组成的家庭模式可被称为"混合性取向（婚姻）
关系"，① 该现象已引发社会学、心理学、医学、法学等多个学科的关注。
通过检索梳理已有文献，笔者认为以下两个问题需在开篇予以澄清。一是
现有研究大多使用"骗婚"、"同直婚姻"以及"隐瞒性取向婚姻"这三
个概念来描述同性恋者与异性恋者之间缔结的婚姻关系。对此有学者指出
上述定义似乎失之偏颇，如"骗婚"实则将同性情欲视作与异性婚姻不兼
容的"人格"而偏向贬义，再如"同直婚姻"又因暗含同直二分的"暗
柜认识论"而脱离中性。② 即使是看似描述性的"隐瞒性取向婚姻"这般
形容，也依旧折射出将同性恋方预设为道德失准的歧视性色彩。基于上述
比较分析，本文拟借鉴使用"混合性取向婚姻"这一概念，试图更为客观
中立地看待这类婚姻关系所折射出的个体权益困境。二是围绕该问题的大
多先行研究均集中在"同妻"群体，聚焦其诸如再婚压力更大、经济实力
悬殊、无力争取子女抚养权等社会性别资本与社会舆论等方面的困境。③
概括地说，这类研究是将社会性别构建中相较于男性，女性群体本身的弱
势地位与社会压力直接投射在混合性取向婚姻中异性恋女性一方。如方晓
华运用性别与性取向二维弱势比较图分析了社会背景下弱势之争的结构，
在承认这样的比较解决不了问题的前提下得出已婚男同性恋者与"同妻"
处于一强一弱的状态，双方都在争当弱势，这样只能让弱者更弱，恰好符
合社会中男权的构思。④ 徐莎莎也认为，国内学术研究、社会大众的关注
以及舆论的热点都多集中在男同性恋群体上，"同妻"群体作为无声的在
场者，其性、情感等多方面的权利被忽视，折射出男权主义的霸凌。⑤ 此

① 〔美〕大卫·诺克斯、卡洛琳·沙赫特：《情爱关系中的选择：婚姻家庭社会学入门》
（第 9 版），金梓译，北京大学出版社，2009，第 2 页。
② 朱静姝：《不方便抽样：中国大陆"男同骗婚"研究的方法论启示》，《中国青年研究》
2016 年第 10 期。
③ 唐魁玉等：《弱势与生存：关于同妻群体的虚拟社会人类学研究》，中国社会科学出版
社，2018，第 73 页。
④ 方晓华：《以问题解决模式看：从同直婚之争到之解》，载黄盈盈、潘绥铭主编《走向性
福：第四届中国性研究国际研讨会论文集》（下集），百骏文化出版社，2013，第 266 页。
⑤ 徐莎莎：《同直婚对同妻性与身份建构的影响研究》，载黄盈盈、潘绥铭主编《走向性福：
第四届中国性研究国际研讨会论文集》（下集），百骏文化出版社，2013，第 281 页。

外与"同妻"相比,"同夫"的案例虽然少见但也并非没有。事实上,有研究表明"同夫"并不在少数,只是由于男性相对于女性较少在网络上互动诉苦,抑或部分"同夫"并不清楚自己配偶的性取向等其他原因,其并不像"同妻"那样集中出现于网络中。[①] 早在 2015 年的相关报道就显示,中国由异性恋者与同性恋者组成的夫妇大约涉及 4000 万人。[②] 作为"弱势"的社会边缘群体,无论是"同夫"还是"同妻",他/她们在面对婚姻的维系以及解体时,尽管承受着超出常人的辛酸与磨难,却通常无法在现有的制度框架下实现配偶权益的救济。笔者正视社会建构对女性群体的诸多不公,也认可女性所面临的社会性别资本压力,但若仅聚焦于此,恐怕无法真正触及"同妻"群体所面临的真实困境,同样这也并非混合性取向婚姻所面临的共性问题。因此本研究将重点分析性取向问题对婚姻关系的影响,进而试图为解决混合性取向婚姻中"他/她方"现实的法律困境提出建设性的意见。

一 混合性取向婚姻中"骗"的界定困境

随着社会文化的日益多元和个体权利意识的日渐觉醒,同性恋自1990年从世界卫生组织的精神病名册中"去病化"后,逐渐作为一种情感关系形态走入公众的视野。但囿于社会现实的文化偏见和传统家庭的婚育压力,勇敢宣告"出柜"的同性恋者总是少数,更多的"沉默的大多数"还是会选择和异性结合进入混合性取向婚姻。据刘达临教授估计,现代中国同性恋者有90%以上都与异性结婚或认为"这是不可避免的"。[③] 混合性取向婚姻中最突出的问题即同性恋方试图通过掩饰其性取向与异性恋者缔结婚姻,造成婚后得知真相的后者生理与心理上的巨大落差,甚至"想离离不了"或"离了亦损失"的极端痛苦。但婚姻缔结作为典型的双方

---

① 唐魁玉、于慧:《"同妻"、"同夫"婚姻维持与解体的比较——一项虚拟社会人类学研究》,《辽东学院学报》(社会科学版) 2014 年第 6 期。

② 纽约时报中文网:《走近中国的"同妻"和"同夫"》,http://cn. nytstyle. com/living/2015 0514/t14marriages/,最后访问时间:2021 年 9 月 2 日。

③ 刘达临、鲁龙光:《中国同性恋研究》,中国社会出版社,2005,第 73 页。

法律行为，不能被视为同性恋者一厢情愿的结果。因此，大众媒介才会频现以"骗婚""隐瞒性取向婚姻"等消极字眼来对此加以描述。

我国《民法典》规定结婚需要满足四个法定要件才能生效：一是应当出于男女双方完全自愿，二是必须达到法定婚龄，三是不得有法律禁止结婚的近亲关系及疾病，四是应当进行婚姻登记。[①] 学界一般认为混合性取向婚姻的问题症结在于在缔结婚姻的过程中一方刻意隐瞒或未曾表露自己的性取向，导致婚姻关系似乎并非建立在双方完全"真实合意"的基础上，因此有不少学者将其定义为"骗婚"或"婚姻欺诈"。[②]

针对"骗婚"行为，我国《民法典》第1051条明确规定了隐瞒已婚状态、隐瞒未到法定婚龄以及禁止结婚的亲属关系的三种情形，应将其直接视为无效婚姻。同时在第1053条新增设隐瞒重大疾病，可与胁迫行为一并成为可撤销婚姻的事由。立法上对于其他的欺诈事由，即虚构事实和隐瞒真相的具体内容，均未作出详细的规定，当事人仅可选择离婚途径进行救济。这就使得现实生活中大量存在的混合性取向婚姻并不属于法律规范意义上"骗婚"的范畴。

或许正是因为立法上的模糊，混合性取向婚姻的效力问题在学界仍存在较大争议，多数学者认为应将其纳入可撤销婚姻制度。[③] 该类观点一般认为故意隐瞒性取向属于"欺诈"，与"胁迫"一样都属于当事人意思表示不自由，提出若将其纳入可撤销婚姻制度较离婚更能保护"同妻"和"同夫"的利益。[④] 但也有学者提出反对意见，认为"可撤销婚姻"制度本身就有待论证。"欺诈"行为虽然构成广义合同法上的可撤销事由，却

---

① 《中华人民共和国民法典》第1046~1054条。

② "婚姻欺诈"是指性少数者在婚前刻意隐瞒自己的真实性取向，从而构成对法律上配偶的欺骗行为。刘佳佳：《混合性取向婚姻中女性权益保护及其相关法律问题研究》，《法学杂志》2019年第11期。

③ 刘佳佳：《混合性取向婚姻中女性权益保护及其相关法律问题研究》，《法学杂志》2019年第11期。类似观点可参见王静《试论将同妻情形纳入可撤销婚姻制度内的合理性》，《兰州教育学院学报》2015年第7期；袁翠清《我国"同妻"法律权益保护现状及对策研究》，《西安石油大学学报》（社会科学版）2018年第6期；景春兰《"同妻"权利保护的法律困境及其破解》，《法学论坛》2018年第4期。

④ 袁翠清：《我国"同妻"法律权益保护现状及对策研究》，《西安石油大学学报》（社会科学版）2018年第6期。

并未被婚姻法所吸纳，将其直接视为"可撤销婚姻"的事由无论是在法律效果还是社会效果上都很失败。一方面，它严格限缩之立场与《调研报告》中"保护无过错方"之理念背道而驰；另一方面，"可撤销婚姻"的设想也不符合生活经验：一个所谓已在法律上被撤销婚姻的人——他或她——仍将被人们认为是个结过婚的人。人们不会视他（她）为未婚的单纯一族。① 可见结合立法现状及学界争论，对于混合性取向婚姻所涉的"欺诈"要素，很难有一个明确的界定标准及司法适用。基于此，笔者拟以"欺诈"的构成要件为视角，试图从主客观两个角度去厘清混合性取向婚姻中所谓"骗"的界定。

（一）婚姻关系中"骗"之界定的应然标准

理想的婚姻缔结自然应当是男女双方在相互了解与充分信任的基础上，作出的升华亲密关系的理性决策。因此基于诚实信用与婚姻自由原则的考量，男女双方缔结婚姻时应基于真实合意，对个人事项需坦诚以告，这既是婚姻存续的内在要求，也符合《民法典》婚姻家庭编的立法精神。但如何框定"真实合意"背后的"应告知事项"范畴以及不履行特定事项告知的法律后果，无论在理论上还是在实务中均存在较大的争议。

梳理各个国家及地区的立法与实践，大致可以包括两种模式：一种是以《德国民法典》为代表，试图通过逆向逻辑论证"应告知事项"的范围，即以若当事人提前告知相关事项便会作出不结婚的意思表示为判断标准，但明确将财产关系和第三方行为排除在外；② 另一种是以我国澳门和台湾地区相关立法及实践为代表，明确界定"应告知"的具体情形包括但

---

① 何剑：《身份丛林中的被放逐者——中国隐瞒性向婚姻的法律困境与出路》，载刘小楠、王理万主编《反歧视评论》（第 7 辑），社会科学文献出版社，2020，第 234～248 页。

② 《德国民法典》第 1314 条第 2 款第 3 项：配偶一方因受恶意欺诈而作出结婚的意思表示，并且该方在此前知悉实情并正确认识到婚姻的实质就不会缔结婚姻的。但上述规定不适用于欺诈所涉及财产关系或者是在婚姻另一方不知情的情形下由第三方所为的情形。

不限于身份、精神和肉体方面的重大恶疾等。① 对此有学者提出,以上两种模式均因考虑婚姻关系的特殊性,而将真实合意的界限标准作出限缩解释,仅限于对婚姻的缔结起到实质性决定意义的事项。② 换言之,无论如何框定婚姻缔结时双方的"应告知事项",婚姻中"欺诈"事由的认定都应当具有重大性、本质性、关键性,即足以影响对方是否缔结婚姻的意愿。且考虑到婚姻关系的本质是人身关系而非财产关系的变动,因此"应告知事项"的范围必须是涉及人身关系的重大事实(如有重大传染疾病、性能力缺失、有过婚史等),而不包括财产关系和非本质的信息(如自称腰缠万贯、谎称身居高位、虚构自身职业等)。③ 那么结合民法上"欺诈"行为的构成要件,④ 可得出婚姻关系中"骗"之界定的应然标准,即当事人在缔结婚姻时主观上故意未如实告知重大事实,且未告知的事项(仅限人身关系的事实)会直接影响相对方缔结婚姻的意愿,从而使对方基于错误认识作出结婚的意思表示。

(二)混合性取向婚姻中"骗"之界定的实然困境

混合性取向婚姻之所以被社会舆论定义为由同性恋方的"骗婚"行为所致,是由于人们在认知上通常认为该婚姻是由于其隐瞒其为同性恋者的事实,进而"诱使"异性恋方与之缔结婚姻的"欺诈"。结合上文对"骗婚"的应然标准的界定,诚然性取向符合"重大事实"的形式要求(即属于人身关系范畴而非财产要素),但行为人主观上是否存在"骗"之故意以及性取向是否属于足以直接影响相对方缔结婚姻之意思表示,仍有待

---

① 《澳门民法典》第 1508 条:欠缺结婚意思而缔结的婚姻为可撤销婚姻,包括:结婚人因偶然无能力或其他原因而在无意识下作出该行为;结婚人对另一结婚人之个人身份的认识存有错误;结婚意思表示系在外力胁迫下作出;假装结婚。《台湾民法典》第 995 条:当事人之一方,与结婚时不能人道而不能治者,他方得向法院请求撤销之。但自知悉其不能治之时起已逾三年者,不得请求撤销;第 996 条:当事人之一方,于结婚时系在无意识或精神错乱中者,得于常态回复后六个月内向法院请求撤销之。

② 田韶华:《民法典婚姻家庭编瑕疵婚姻制度的立法建议——以〈民法总则〉之瑕疵民事法律行为制度在婚姻家庭中的适用为视角》,《苏州大学学报》2018 年第 1 期。

③ 郑知谦:《论欺诈婚姻的法律效果》,《法学》2019 年第 3 期。

④ 民法上的"欺诈"行为要求必须具备四个要件:一方有欺诈行为;欺诈方主观上故意;另一方陷入错误认识;另一方基于错误认识作出了与自己真实意思不相符的意思表示。

进一步论证。

1. 同性恋方"骗"之主观恶意难辨

在法律实践中，之所以通常无法将同性恋者故意隐瞒或不主动告知自己的性取向直接认定为婚姻缔结层面的"欺诈"，是因为存在多种外在制约因素，其中一方面便是"性/别流动"视角下的感知偏差。所谓"骗婚"必然包含主观上欺诈的故意，而混合性取向婚姻中同性恋方是否存在主观恶意在实践中基于性/别的流动性似乎无法盖棺定论。诚如有学者指出的，对于性/别与身份的认同/不认同是一个流动操演的过程，① 每个人对自我的认知都处于稳定的变化中，其中自然也包括对性别及性取向的认同。建构主义视角下"同性恋成因的后天说"② 也佐证了这一点，特别是性取向可能会随着主观心理和外在环境的影响而产生变化，有时这种变化发生在主体个人都始料未及，甚至未曾感知的情况下。换言之，性/别并非一种普适的体验，而是被认为植根于"我们的所作所为"③。因此实践中想要在某一特定时间节点上量化某一自然人个体的性取向指标几乎不具有可操作性，这一问题在主体个人未曾感知或虽已感知但自认仍存在恢复可能的流动空间下表现得尤为明显。但笔者并不认可基于性/别流动，就能简单反向推定一切性取向都具有可变性和易塑性，即认为婚姻中的同性恋方可以轻易通过后天影响转换为异性恋取向。毕竟，在性取向的本源问题上本质主义和建构主义的理论之争由来已久，人类的性经验无法进行本质主义或建构主义这样截然二分，对任何以非此即彼的方式对待性取向的态度都应该保持审慎。④ 即便我们可以抛弃同性恋基因等这样的"不可改

---

① 朱静姝：《不方便抽样：中国大陆"男同骗婚"研究的方法论启示》，《中国青年研究》2016年第10期。
② 后天说认为心理因素和社会因素是同性恋的成因，如童年环境、青春期经历以及造成所谓"境遇性同性恋"的环境因素等等。可参见李银河《同性恋亚文化》，今日中国出版社，1998，第27页。
③ 〔英〕萨莉·海因斯：《性别是流动的吗》，刘宁宁译，中信出版集团，2020，第18页。
④ 本质主义认为同性恋是内在的固有特性，强调自然特征的首要性，但忽略产生性取向的社会与文化背景。建构主义认为同性恋是在特定的历史和文化的背景下被赋予的一种身份标签，从侧面试图解构同性恋－异性恋的"自然"分类法。详见王晴锋《同性恋研究：历史、经验与理论》，中央民族大学出版社，2017，第80页。

变"说成为性取向保护的基础，但是也绝不意味着我们可以认为性取向对于大多数个人来说是可以随意选择的，即使是社会建构的，也不一定是可以随意改变的，就像看破了红尘不一定可以叱咤红尘。① 由此可见，混合性取向婚姻中"骗"之应然标准遇到了实然状态下的首个挑战，即基于性/别的流动性，主体个人对性取向的认识在实践中存在流动性、滞后性与非敏感性等问题，致使其主观上可能没有"如实告知"的"能力"，从而阻却了主观上必然构成"骗"之恶意的可能性。

对此问题另一方面的考量还涉及身份认同过程中的自我挣扎。实践中，作为性少数群体的同性恋者基于各种原因往往不会选择公开"出柜"而隐匿其"性取向"，其中不乏"身份认同"的回避现象。作为一种身份认同，性取向成了"我们是谁"的一个重要面向，而不单是我们做了什么。② 有一些同性恋者的自我确认颇费周折，经历了痛苦的心理波折，这种心理痛苦不是来自发现自己是同性恋本质上的痛苦，而是社会教育潜移默化所造成的那种抗拒，因而产生的不愉快。③ 但可能是基于社会文化等多方面因素的综合影响，并不是所有的同性恋者都会完成对自己性取向"身份"的认同。如唐魁玉就结合社会地位和社会认知程度，指出同性恋群体可以分为自我认同缺失和自我认同偏差两种类型，当其发现与主流文化相左的性取向时，必然会产生心理层面的不安、焦虑和迷茫。在这样的心理状态下，很多同性恋者急于进入符合主流文化方向的异性恋婚姻，进而摆脱自我认同的困境。④ 更有学者激进地认为正是恐同意识驱使男同与异性结婚。⑤ 通过一些研究成果也可以发现，实践中不乏同性恋者试图通过真心与异性相处甚至组建美满家庭，以期摆脱自身显露出来的同性恋倾

① 郭晓飞：《本质的还是建构的？——论性倾向平等保护中"不可被改变"进路》，《性地图景：两岸三地性/别气候》，(台湾)中央大学性/别研究室出版，2011，第25~26、42页。
② 〔英〕萨莉·海因斯：《性别是流动的吗》，刘宁宇译，中信出版集团，2020，第76页。
③ 邢飞：《中国"同妻"生存调查报告》，成都时代出版社，2012，第12页。
④ 唐魁玉等：《弱势与生存：关于同妻群体的虚拟社会人类学研究》，中国社会科学出版社，2018，第20页。
⑤ Higgins, D. J., "Gay Men from Heterosexual Marriages: Attitudes, Behaviors, Childhood Experiences, and Reasons for Marriage", *Journal of Homosexuality*, 2002, pp. 15 – 34.

向。① 试问，在当事人自己都"回避"自身性取向的前提下，又何以将其缔结婚姻的意思表示直接定性为具有"骗"之恶意呢？

此外需要说明的是，性/别的流动性与身份认同之回避两者之间存在衔接关系。正是因为性/别流动性的假设前提加之社会性别建构，才会导致作为性少数群体的同性恋者出现身份认同回避的问题。也正是在两大因素的共同作用下，司法实务中对性取向问题的判断缺乏（也不可能有）客观统一的衡量标准。故在司法实践中主要将医学证明和当事人自认作为性取向认定的客观标准，但未将其作为混合性取向婚姻所涉离婚之诉中的必需证据。这无疑是"骗"之主观恶意认定难在客观标准认定难度高上的折射，这一点在司法实务中也得以印证。②

2. 异性恋方婚意"不真实"之难断

结婚系双方法律行为，需要双方有真实合意。那么在承认同性恋方"骗"之主观恶意认定难的前提下，再来看看异性恋方是否必然会因此陷入"被骗"的囹圄。"幸福的家庭幸福的方式也不一而足。每一个婚姻，不管幸福与否，都是独一无二的，而且对外人而言，不可言说"③，决定步入婚姻的理由和适配的考量因素千差万别。一方面，婚姻缔结的意思表示是当事人基于全方位、多因素的综合考量作出的决定，这些动机包括颜值、财力、社会地位以及健康状况等等。因此，不同的社会主体，无论是对婚姻缔结的意向性因素进行筛选，还是对各因素间的重要性进行排序均有一定差别。已有一些研究的数据也可表明，现实生活中并非所有的"同夫""同妻"均是在不知情的前提下步入婚姻，"5.5% 的女性在婚前知道或隐约了解配偶的真实性取向，在 5.5% 的同妻中，63.6% 的同妻选择相信自己的丈夫婚后会改变性取向，27.3% 的同妻承认婚前接受丈夫为双性

---

① 邢飞：《中国"同妻"生存调查报告》，成都时代出版社，2012，第 34 页。
② 广东省珠海市斗门区人民法院（2015）珠斗法民一初字第 764 号，江西省上饶市横峰县人民法院（2018）赣 1125 民初 362 号，山东省菏泽市东明县人民法院（2016）鲁 1728 民初 1140 号。上述判例中法院均认为"不能仅仅凭观看同性恋网站、聊天记录、保证书等行为就认定原告是同性恋"。
③ 〔美〕乔安娜·格罗斯曼、劳伦斯·弗里德曼：《围城之内——二十世纪美国的家庭与法律》，朱元庆译，北京大学出版社，2018，第 59 页。

恋，9.1%的同妻表示当时觉得无所谓"①。也就是说，基于个体偏好的差异性，性取向的"存在感"在婚姻缔结过程中有时容易被其他适配因素影响而暂时"掩盖"，对此问题当事人会呈现可以"妥协"甚至"接受"的情况。这也就意味着在不同主体视角下的婚姻缔结决定中的性取向因素确实重要但并非唯一，其并不必然否定异性恋方"缔结婚姻"的意愿，自然也就无法直接推得异性恋方会因此作出"不真实"的缔结婚姻的意思表示。甚至在某种意义上说，性取向作为婚意的影响要素之一往往是在婚姻关系出现问题时才被凸显放大，此时对性取向问题的激烈关注更像是婚姻关系动态发展中的结果而非原因。另一方面，以上所言包括性取向在内的诸如颜值、财力、社会地位以及健康状况等因素之于婚姻缔结之意思表示乃属于动机范畴，从行政确认的角度我们很难基于当事人所谓的"真实图谋"（特别是当事人的"真实动机"林林总总、纷繁复杂，并带有特定的时代印记）去推断其婚姻缔结之意思表示的效力。比如在对以购房资格、户口迁移等目标为导向的"假结婚""假离婚"现象进行司法适用时，法院多以意思表示动机与内容区分的方式判定婚姻缔结或解除的真实有效。换言之，当事人在各种因素综合考量的基础上作出婚姻缔结之意思表示并完成婚姻登记后，其再度以意思表示背后之"动机"之一的性取向认知差异为由反推整体意思表示的不真实，这种逻辑往往难以在法律实践层面得到推行。

通过上述分析，再结合我国混合性取向婚姻的社会实践可以看出，笼统地将"同性恋者"故意隐瞒或不主动告知性取向而进入异性恋婚姻认定为"骗婚"，不仅在"应然"层面缺乏实质性的统一标准，同时在"实然"层面也面临判定困境，统统将其简单视为可撤销婚姻或无效婚姻予以规制的论断，在实践中常显得力不从心。更何况，传统上在界定"骗婚行为"的概念时多将其目的限定在诈取钱财或其他财产权利上，而非欺骗情感。② 因此，笔者以为不宜将"性取向"简单认定为可撤销或无效婚姻的

① 唐魁玉等：《弱势与生存：关于同妻群体的虚拟社会人类学研究》，中国社会科学出版社，2018，第30页。
② 月茹：《骗婚行为的刑法规制》，黑龙江大学硕士学位论文，2018，第13页。

事由，而应回归自治，允许通过离婚途径以解除婚姻关系。

二 混合性取向婚姻中异性恋方的义务困境

延续以上分析，尽管在面对混合性取向婚姻的效力时我们很难以一个简单的"骗"字来进行实质判断，但这并不意味着该婚姻类型背后不存在共通性的制度困境。如许多研究从各学科多角度地剖析了混合性取向婚姻中异性恋方面临的现实问题，其中一项较为统一的结论，即"同妻"称被"骗婚"所依据的生活事实主要与两性相处及性生活相关,[1] 性生活不协调成为多数走进婚姻的"同志"们的最大苦恼，这几乎是所有同直婚姻都会遭到的问题。[2] 因此，如果我们试图将混合性取向婚姻背后的困境尽可能地拉回到法律权利与义务的层面，那么配偶权中的同居义务与忠实义务无疑是其中最主要的部分。

(一) 同居义务困境

同居义务，也被称为同居权，是指夫或妻在婚姻关系存续期间要求对方共同生活的权利。[3] 目前我国立法并未直接规定配偶间负有同居义务，但我国《民法典》的第 1042 条和第 1091 条实则体现了配偶一方不履行同居义务的后果。立法上虽未对同居义务的内容予以正面回应，但理论上不少学者从正面认可性生活的重要地位，认为同居是指夫妻共同居住于某场所，进行包括性生活在内的共同生活。法律规定同居权就是正视婚姻的自然属性，合理地将人的具体要求置于婚姻家庭制度的保护之下。[4] 也有学者从反面论证，认为如果配偶无理由拒绝满足对方正常的性需求，必将损

---

[1] 唐魁玉等：《弱势与生存：关于同妻群体的虚拟社会人类学研究》，中国社会科学出版社，2018，第 7 页。
[2] 邢飞：《中国"同妻"生存调查报告》，成都时代出版社，2012，第 61 页。
[3] 冀祥德：《婚内强奸入罪正当化分析》，《妇女研究论丛》2014 年第 5 期。
[4] 史浩明：《论配偶权及其立法完善》，《学术论坛》2001 年第 2 期；郑睿、段知壮：《婚姻关系视角下的性自主权属性探究》，《妇女研究论丛》（第 7 卷），厦门大学出版社，2021。

害婚姻的感情基础，进而使家庭这个社会细胞受损。① 可见，无论基于何种角度，承认性生活是同居义务的核心内容已然成为学界的主流观点。同时，我国的法律实践也支持仅因主观上无故不履行夫妻间性义务而提起的离婚诉求。② 综上，无论是学理还是实务均已达成共识，夫妻的同居义务理应包括性生活、共同的精神生活、共同的婚姻住所、互相扶持等内容。而在混合性取向婚姻的生存实践中，性生活的缺失成为首要的却又非常普遍的"难言之隐"，其会导致异性恋方陷入"欠缺性魅力"的自我怀疑，进而在面对社会生活与人生态度时变得不自信。如有学者曾对 300 多位混合性取向婚姻中的女性群体进行调查，参与问卷调查的同妻群体几乎100%表示曾经历过丈夫多次回避、拒绝过夫妻生活的行为。③

此外，精神维度的情感缺失更是成为混合性取向婚姻中异性恋方无人知晓的"习以为常"。徐莎莎通过调研得出，绝大部分同直婚中夫妻的性行为很少，但又存在较为普遍的冷暴力，大部分同妻都说在婚后尤其是在生育后丈夫态度转变很大，曾经有过的爱恋、关心、照顾都不复存在。④ 刘佳佳在调查研究中也同样证实了这一点，约有 74.3% 的同妻表示自己曾经或正在遭受婚内冷暴力，通常表现为丈夫对妻子一方的疏远与不理睬，远高于传统婚姻模式中冷暴力的平均值（约 25%）。⑤ 家庭冷暴力属于家庭暴力中的精神暴力范畴已成为学界共识，但对于是否有必要进行立法干预，学界仍存在争议。⑥ 从表面上看，虽然我国《反家庭暴力法》所称的"家庭暴力"明确提及精神伤害，但大多数学者认为其仅指附属于身体暴力的精神伤害，并不包含家庭冷暴力，持这一观点主要是考虑到作为一种

---

① 参见万志鹏《婚姻中性自主权与同居义务的冲突及其解决——从"婚内强奸"说起》，《西南民族大学学报》（人文社会科学版）2009 年第 7 期。
② 四川省南充市顺庆区人民法院民事判决书，(2015) 顺庆民初字第 2768 号。
③ 刘佳佳：《混合性取向婚姻中女性权益保护及相关法律问题研究》，《法学杂志》2019 年第 11 期。
④ 徐莎莎：《同直婚对同妻性与身份建构的影响研究》，载黄盈盈、潘绥铭主编《走向性福：第四届中国性研究国际研讨会论文集》（下集），百骏文化出版社，2013，第 285 页。
⑤ 刘佳佳：《混合性取向婚姻中女性权益保护及相关法律问题研究》，《法学杂志》2019 年第 11 期。
⑥ 刘洪华：《家庭冷暴力的立法思考》，《南华大学学报》（社会科学版）2010 年第 1 期。

消极的不作为，冷暴力隐蔽性较强且缺乏统一标准，法律难以干预。除非造成了由极大的精神痛苦导致的受害人重伤或死亡的后果，否则很难认定。① 但也有学者认为只有将冷暴力纳入家庭暴力的范畴，才能与我国婚姻家庭制度中的精神损害赔偿更好地衔接，名正言顺地追究施暴者的法律责任。② 如果说前述不履行性义务仍可明确归入违反夫妻同居义务的范畴，相较之下，仅因情感维度缺失而导致的家庭冷暴力所引发的困境却往往是目前法律所不能及，毕竟更多时候这类行为发生在私密空间中，是一种更集中于情感层面的主观感受，难有统一的行为或其他量化标准。不过无论如何，长期处于该种婚姻冷暴力之下，异性恋方会在社会普遍婚恋观评价的冲突压力下滋生出被利用和被欺骗的心理压力，亦会有不敢揭露现状、唯恐遭受社会冷眼的焦虑，有学者将这种情形界定为热暴力与冷暴力之外的"第三暴力"③。可见，除了不履行同居义务之外，混合性取向婚姻中还可能存在热暴力、冷暴力甚至"第三暴力"，这会导致异性恋方的情感利益极大受损，甚至威胁到其人身安全，进而丧失夫妻同居义务所要求的共同精神生活以及履行互相扶持义务的动力。

（二）忠实义务困境

忠实义务作为配偶权的核心内容之一，是指不得与配偶以外的第三人进行性行为，是婚姻关系最本质的要求。目前学界关于"忠实义务"的概念主要有广义说和狭义说两种观点。狭义说认为忠实义务仅指性忠诚，即不得同配偶以外的人发生性关系，④ 而广义说则认为夫妻之间除了要做到性忠诚之外，还要做到不得为第三人利益牺牲损害配偶方的利益，⑤ 比如不得将夫妻共同财产擅自处分给第三者。以上无论是哪一种观点，性忠诚都是忠实义务最为核心的内容，这也在我国立法上得到了回应。我国《民

---

① 陈明侠等：《家庭暴力防治法基础性建构研究》，中国社会科学出版社，2005，第27页。
② 陈丽平：《"冷暴力"应否由法律调整分歧明显》，《法制日报》2009年2月7日，第2版。
③ 邢飞：《中国"同妻"生存调查报告》，成都时代出版社，2012，第160页。
④ 刘继华：《夫妻忠实义务的界定及违反之法律救济途径》，《中华女子学院报》2011年第3期。
⑤ 马原：《新婚姻法诠释与案例评析》，法律出版社，2001，第28页。

法典》第 1043 条第 2 款中明确了夫妻间应互负忠实义务。针对忠实义务条款的效力问题，有学者认为忠实义务更多的是一种"道德义务"，纳入法律规定之范畴意在提倡。[①] 也有学者认为，既然使用了"应当"的字眼，忠实义务理应是一种具有法律强制性的法定义务。[②] 还有学者提出了"双重义务"之融合说，认为忠实义务类似于"诚实信用"，既是一种道德原则，又是法律原则。[③] 后两种观点均认可在司法实务中该条款应具有一定的裁判规则效力，但是在适用上需要考量其特殊性，一般不具有优先性。为解决忠实义务条款之适用效力问题，立法上试图通过将违背忠实义务的行为作类型化处理，通过"将其列入离婚法定事由"及"赋予无过错方求偿请求权"等方式予以认可。例如针对"重婚"和"与他人同居"两类违反忠实义务的典型行为，不仅通过《民法典》第 1079 条之规定将其视为提起离婚诉讼的法定事由之一，更是在第 1091 条中保障了两种情形下无过错方的离婚损害赔偿请求权。

混合性取向婚姻当中的许多同性恋者在婚后仍然保持着同性关系，甚至因为有"家庭"作为社会舆论的挡箭牌，这种情况更是"变本加厉"。而异性恋方因其在婚内遭遇漠视，妄图通过婚外关系寻求安慰的例子也时有发生。根据公共卫生管理的数据统计，在婚期间男同和同妻拥有婚外性伴侣的数量较大，且已婚男同较独身男同有更多同性性伴侣。[④] 张北川的调查也显示，1/3 在婚期间的同妻在外有男性性伴侣。[⑤] 但在司法实务中，混合性取向婚姻中异性恋方因其配偶发生婚外同性性行为而提出离婚及赔偿的诉求时常遭遇阻碍。一方面，针对偶发性的单纯"出轨"行为，无论系发生在同性还是异性之间，在婚姻关系中本身就存在法律救济不足的问

---

① 马忆南：《论夫妻人身权利义务的发展和我国〈婚姻法〉的完善》，《法学杂志》2014 年第 11 期。

② 王旭冬：《"忠诚协议"引发的法律思考》，《南通师范学院学报》（哲学社会科学版）2004 年第 4 期。

③ 陈雪：《夫妻忠实义务研究》，江西师范大学硕士学位论文，2019，第 12 页。

④ 《2014 年中国艾滋病防治进展报告》（定稿），http://www.doc88.com/p-0601409874955.html，最后访问时间：2021 年 9 月 6 日。

⑤ 张北川、李洋、李秀芳、李现红、禹沛衡：《固定性伴是男男性行为者的女性之相关健康问题及影响因素》，《中国性科学》2015 年第 1 期。

题，尽管《民法典》对此有兜底性的规定，但司法实践中无论是行为举证还是过错认定仍存在重重障碍。另一方面即便是持续性的"与他人同居"行为，相较于异性同居关系，同性同居关系的司法认定更是难上加难。深究其背后的原因，一是举证难，法院对认定同性恋倾向的举证责任要求较高，导致离婚诉求难以得到支持。现实生活中同性性取向及性关系较容易隐匿于亲属、朋友、同事等社会关系称呼的背后，例如曾有男子在与妻子异地生活的情况下，与其他男子同居，被发现后却辩称是合租省钱；而女性互称"亲爱的"，拥抱甚至普通亲吻都不足以作为女同性恋的证据。①在笔者所搜集到的司法判例中，除医学证明及当事人自认外，仅凭同性间的艳照、情书、聊天记录、浏览同性网站记录、同性恋使用相关商品的购买记录等证据均无法证明当事人有同性恋倾向，从而也就不足以认定夫妻感情彻底破裂，往往被驳回离婚诉求。② 二是索赔难。实务中即使法院准予离婚，但异性恋方基于因他方同性取向受到的情感伤害所提出的损害赔偿请求或财产分割时的倾斜性要求大多得不到支持。③ 有学者通过对十个"同妻"离婚诉讼案件进行分析，发现即使法院判决准予离婚，均是以丈夫的同性恋行为侵犯妻子的配偶权为由，将其视为"其他导致夫妻感情破裂的情形"，但对于同妻提出的离婚损害赔偿请求，大多予以驳回（除有忠诚协议外）。④

三 "爱情婚姻"理念下的婚姻情感标准

如前所述，无论是基于何种考量，一旦走入混合性取向婚姻，婚姻存

---

① 唐魁玉等：《弱势与生存：关于同妻群体的虚拟社会人类学研究》，中国社会科学出版社，2018，第 248 页。

② 浙江省宁波市余姚市人民法院民事判决书，（2015）甬余泗民初字第 229 号；江西省上饶市横峰县人民法院民事判决书，（2018）赣 1125 民初 362 号；北京市西城区人民法院民事判决书，（2014）西民初字第 5889 号。

③ 辽宁省大连市庄河市人民法院民事判决书，（2016）辽 0283 民初 5327 号；广东省珠海市斗门区人民法院民事判决书，（2015）珠斗法民一初字第 764 号；广西南宁市中级人民法院民事判决书，（2015）南市民一终字第 1750 号。

④ 张健、王龙龙：《论"同妻"群体的生存困境与权利保障》，《中南大学学报》（社会科学版）2013 年第 4 期。

续期间异性恋方确实可能面临配偶权（尤其是同居义务和忠实义务）实现的困境。这些困境究竟如何形成也曾引发不同学科视角的关注。对此大多先行研究的论证逻辑往往是将"性向"视为关键要素，从"异性恋他方之权益困境是由于相关立法不完善"，到"相关立法的不完善归根结底是由于同性恋婚姻尚未合法化"，进而推得"混合性取向婚姻成为部分群体的最佳选择路径"，再基于混合性取向婚姻中不同群体的立场，进行更为细致的因素分析。① 此外也有部分学者将成因深入社会文化及制度构建的层面，如唐魁玉认为传统性别文化是造成"同妻"悲剧的根源，性别文化通过对人类社会的价值观念、伦理道德、风俗习惯、制度规范等方面的渗透，使人们将其内化到个人主观意志之中，并形成一系列使社会全体共同遵守的性别规范。② 再如有学者主张对此不应过分着墨于"同性恋"这一身份符号，认为已婚男同"欺骗"妻子是基于其男权属性，而非其同性恋的属性，这么做只是制造了更多人对同性恋的控诉，而没有去控诉社会主体不作为。③ 何剑在支持后者观点的基础上更犀利地指出，恰恰是社会层面所抱持的传统伦理道德教化对混合性取向婚姻以及其背后的权利义务层面法律困境起到了反向的推动作用；其认为中国式婚姻并非单独为个人的选择和幸福而设，性别要素不可或缺，繁衍子嗣、儿孙满堂、孝的伦理价值都因此得以体现，因此以爱情、以个体选择界定婚姻的本质几乎要成为"自私"的代名词。④ 那么如果我们换个思路，可否将"婚姻"视为目标对象，进而将以上困境的形成归咎于混合性取向婚姻之于传统"爱情婚姻"的不包容呢？

中国自五四新文化运动起，主流文化理想将婚姻的建构确立为"爱情

---

① 林东旭：《同妻群体的困境和对策分析》，《中国性科学》2013 年第 5 期；袁翠清：《我国"同妻"法律权益保护现状及对策研究》，《西安石油大学学报》（社会科学版）2018年第 6 期。

② 唐魁玉等：《弱势与生存：关于同妻群体的虚拟社会人类学研究》，中国社会科学出版社，2018，第 117 页。

③ 方晓华：《以问题解决模式看：从同直婚之争到之解》，载黄盈盈、潘绥铭主编《走向性福：第四届中国性研究国际研讨会论文集》（下集），百骏文化出版社，2013，第 267 页。

④ 何剑：《身份丛林中的被放逐者——中国隐瞒性向婚姻的法律困境与出路》，载刘小楠、王理万主编《反歧视评论》（第 7 辑），社会科学文献出版社，2020，第 234～248 页。

婚姻",即以浪漫爱情和自由恋爱为基础的婚姻。在这种文化理想中,爱情与婚姻的关系构成了主轴,被赋予极高的地位。① 以"爱情婚姻"取代门当户对的社会分层原则,且将性的要素纳入符码,这就奠定了当代社会的基本婚恋法则。② 但问题是,爱情与婚姻两者之间真的如我们想象中那样贴切与吻合吗? 这里我们可以引入卢曼对爱情与婚姻的一些讨论,在其眼中爱情本身代表着某种对规范性进行肆无忌惮之跨越的"美",而作为规范性表征的婚姻则更加偏重于权利与义务的具体限定。也就是说,爱情的丧失与婚姻能否维系两者之间并不存在必然的因果关系,甚至在某种意义上看,在"爱情婚姻"的样板建构背后,婚姻本身可能就是为了束缚爱情的激情因素以及不确定性而人为打造的制度框架。"爱情是在身份丧失——而非今天的人们所认为的在身份赢得——中臻于顶峰。"③

　　将视角收回到婚姻的价值基础上来,即便我们承认爱情乃是婚姻肇始的火花,但婚姻的情感因素并不会随着爱情这一微弱火苗的熄灭抑或蔓延而产生制度性的变迁。由此而产生的结果就是,貌似婚姻制度维护了情感这一价值导向,但事实上制度化的婚姻只是试图打造了一种规范性的情感模板,这种模板与爱情本身并无过多的实质连接。延续这种逻辑,假设婚姻当事人无论是在主观意思还是客观行为上都努力地向这种模板靠拢(比如有研究者在田野中发现同性恋丈夫对异性恋妻子的照顾有加),那么是否婚姻的情感要素就已经被填满? 而在异性恋婚姻当中如果夫妻双方丧失了婚姻缔结之初的那种"作为激情的爱情",他们的婚姻又是否就不再具备婚姻制度的情感要件? 我们可以用更为简单的语言来描述这种冲突:在现实生活的考量之下,人们通常倾向于认为"真正的爱情"应该是非理性的或排斥理性计算的,婚姻应该是理性的、现实的,于是真正的爱情和婚姻就很难共存。④

---

① 王文卿:《性·爱·情——过程中的主体建构》,社会科学文献出版社,2019,第 4 页。
② 〔德〕尼古拉斯·卢曼:《作为激情的爱情:关于亲密性编码》,范劲译,华东师范大学出版社,2019,第 18 页。
③ 〔德〕尼古拉斯·卢曼:《作为激情的爱情:关于亲密性编码》,范劲译,华东师范大学出版社,2019,第 153 页。
④ 王文卿:《性·爱·情——过程中的主体建构》,社会科学文献出版社,2019,第 57 页。

如上所述，爱情婚姻或许只是人们对婚姻的一种"想象"，事实上我们很难把婚姻的缔结仅框定在爱情甚至是情感的基础上。现实社会正在不断消解婚姻的情感属性，孕育并衍生出多种婚姻家庭模式，只要获得双方认同即可稳定存在。许多学者的研究也证实了这一点，如陈亚亚提出稳定的传统婚姻很大程度上并不是建立在双方的情感基础上，而是源于其交易性的实质、仪式性的过程和共同生活的互动。更关键的是，得到社会认可的共同生活模式在婚姻家庭中具有极其重要和不可替代的意义，这种生活模式会受到传统和社会大环境的深刻影响，单纯的情感在它面前往往不堪一击。[①] 有学者则进一步提出"利益婚姻"、"伴侣婚姻"[②] 以及"表现型婚姻"[③] 等区别于"爱情婚姻"的现代婚姻模式。毫无疑问，这些模式自然也会出现在混合性取向婚姻中，例如在学者对"同妻"的田野调查中也出现过其与同性恋彼此认同的"和谐"生活状态。对此富晓星曾试图从双方对婚姻的观念与期待的认知错位来解释混合性取向婚姻的自身困境，其认为对于同性恋丈夫而言，走入异性恋婚姻是符合社会秩序规范的选择，而对于异性恋妻子而言，忠诚的爱情才是婚姻的主要诉求。[④]

可见，很多时候我们在探讨混合性取向婚姻中异性恋方的困境时本能地预设了一个大前提即理想的婚姻应当是"爱情婚姻"模式，想当然地认为混合性取向婚姻由于缺乏"爱情"之要素，使双方均沦为婚姻的受害

[①] 陈亚亚：《围城中的拉拉：女同性恋给传统婚姻制度带来的挑战》，载黄盈盈、潘绥铭主编《中国"性"研究》（第2辑），万有出版社，2008，第143页。

[②] 利益婚姻一般指在现实社会生活中，特别是伴随着个人主义、拜金主义、物质主义、金钱至上的观点的出现和流行，婚姻的情感功能、纽带功能等不断被弱化，经济功能凸显，甚至在某些案例中婚姻的工具属性完全挤压了价值属性的空间，成为唯一的目标。婚姻异化为改善自身经济地位、社会地位的工具，其本质转变为"个人在一定社会中获得某种社会地位的手"。伴侣婚姻指除了个人情感之外，个人责任感也在起作用，尤其是基于孩子的教育与抚养责任，使得许多同妻选择接受现实，没有对各种压力进行激烈的反抗。参见林惠祥《文化人类学》，商务印书馆，2002，第15页。

[③] 表现型婚姻指夫妻双方都在追求个人发展，他们以"个人发展，而不是通过取悦对方和养育子女所获得的满足感"衡量婚姻质量。参见 Andrew J. Cherlin，"The Marriage-Go-Round：The State of Marriage and the Family in America Today"，*Journal of Marriage and Family*（2009），p. 271。

[④] 富晓星、张可诚：《在隐性"婚"与制度婚的边界游走：中国男同性恋群体的婚姻形态》，《华南师范大学学报》（社会科学版）2013年第6期。

者，进而在将双方视为"水火不容"的基础上，妄图客观公允地剖析各自的权益困境。笔者以为，这样的论证逻辑不够严谨，与现实中多样化的婚姻家庭模式并非完全匹配。婚姻关系缔结基础的多样性，情感表达方式的多重性，决定了"性"抑或爱情都并非衡量婚姻质量良莠的绝对唯一标准。

四 混合性取向婚姻中配偶权益保障的出路

当然，夫妻忠诚于彼此与精神、生活的互相扶助是婚姻关系中最核心的道德价值追求。[①] 混合性取向婚姻中，往往由于双方性取向相异，导致可能无法达成这一道德价值追求的共识，极易造成异性恋方配偶权（主要系同居义务和忠实义务）受损之现实困境。要从根本上有效化解该问题，不应仅仅将重点着眼于"同妻"或"同夫"这一更为显性的弱势群体，甚至将其视为与同性恋方的敌对立场予以探讨，而应从"婚姻"制度本身入手，通过实质与形式的二分，寻求混合性取向婚姻在道德与制度层面的化解之道。

（一）道德困境之化解

尽管现代社会的婚姻模式已不限于"爱情婚姻"，但我们必须承认，在本质属性上，社会建构下婚姻的理想模式仍应倡导以情感要素为核心。如前所述，对混合性取向婚姻的质疑很大一部分来源于同性恋一方对"同妻"或"同夫"情感维度的伤害，以及由此而衍生的家庭暴力（特别是冷暴力）。但有学者也曾专门针对"混合性取向婚姻中的情感维度之困境"的分析路径提出质疑，认为这种分析没有将那些"未形成身份认同的'同妻'"考虑其中，"声称900万同妻都生活在水深火热之中，是在抽样上无视并代言了'沉默的大多数'"[②]。有研究者在田野调查中也发现了那些"慢慢接纳了新的婚姻状态"的同妻们[③]，并进而按照婚姻丈夫给予同

---

① J Finnis, Marriage: A Basic and Exigent Good, *Monist* (2008), pp. 388 – 406.
② 邢飞：《中国"同妻"生存调查报告》，成都时代出版社，2012，第32页。
③ 唐魁玉等：《弱势与生存：关于同妻群体的虚拟社会人类学研究》，中国社会科学出版社，2018，第114页。

妻的情感体验分为照顾有加型、性冷落型和完全冷漠型,① 这意味着"骗"来的婚姻与"普通"异性恋婚姻并非毫无共性。② 即便是倾向于混合性取向婚姻效力"待定"的学者也承认,"婚姻关系中,男方是同性恋,是一个单方的身份事实而非表征夫妻间关系融洽度的事实因素,丈夫是同性恋与夫妻感情破裂之间并不存在逻辑上的因果关系"③。而根据本研究的论证,即便是"身份事实"这一问题也并非不存在讨论的空间,即同性性行为——同性性取向——夫妻感情破裂三个判定之间的任何一个环节均存在着某种"假设"推演。这也就意味着,如果我们想以情感维度的判断来对混合性取向婚姻进行一定程度的干预的话,这背后仍然存在若干个性差异的制约。因此,在面对混合性取向婚姻时,不能仅直接地做一个道德判断,即同性恋介入婚姻就是不道德的。虽然社会有一些既成的道德导向,但我们不能用一种理想的婚姻状态(以情感为基础的亲密关系)试图去嵌套同性恋者的婚姻,而不去比对异性恋婚姻。换言之,我们既没办法说混合性取向婚姻就是没有感情的,也不能反向推出异性恋婚姻就是有感情的。既然如此,在混合性取向婚姻的现实纠纷中就应当弱化性取向,而强化情感因素的自治空间,即在减少甚至不再谴责同性恋群体和混合性取向婚姻的基础之上,让这种婚姻关系从根本上回归自治,由夫妻双方的个体意愿来自由决定是否继续维持。

此外有学者曾建议引入美国科罗拉多州的判例,将性取向置于"婚姻成立要件",认为性取向是婚姻关系缔结与存在的基本前提,④ 这种观点看似合理却异常激进,颇有种打着保护婚姻神圣性的旗号而大肆把国家公权力引入公民私领域的意味。性/别要素仅是混合性取向婚姻的特征之一,不能将其过分渲染上道德色彩并与特定性别相捆绑,作为声讨他方权益受

---

① 唐魁玉等:《弱势与生存:关于同妻群体的虚拟社会人类学研究》,中国社会科学出版社,2018,第 247 页。

② 朱静姝:《不方便抽样:中国大陆"男同骗婚"研究的方法论启示》,《中国青年研究》2016 年第 10 期。

③ 景春兰:《"同妻"权利保护的法律困境及其破解》,《法学论坛》2018 年第 4 期。

④ 刘佳佳:《混合性取向婚姻中女性权益保护及相关法律问题研究》,《法学杂志》2019 年第 11 期。

损的要素予以简单确认。一味谴责同性恋者在"骗婚",抹黑混合性取向婚姻存在的合理性,甚至将矛头指向整个同性恋群体解决不了实质问题。因为,现阶段的社会现状某种程度上不允许"他/她们"不结婚,[①] 从同性恋方的视角而言,恰恰是因为立法层面缺乏对同性伴侣相关权益的保障,他们才会基于社会舆论的压力、传宗接代的需求、传统孝道的捆绑等原因选择进入混合性取向婚姻,从而让"同妻"或"同夫"沦为无辜的受害者。在当前仅认可"异性婚姻"的法律制度框架之下,同性伴侣的配偶身份是得不到承认的,其配偶权益也无法得到保障,这会导致一系列诸如监护、继承、生育、抚养等现实问题。[②] 因而,也有许多学者认为应当通过同性婚姻合法化来从根本上解决这一问题。有学者以为,同性婚姻合法化不能完全解决问题,立法只能是引导,改变不了社会对同性恋的态度,本质还是要正视同性恋的非病态性。[③] 也有学者提出可以将国外同性之间的伴侣式同居引入立法,但我们也要认识到,如何能够将伴侣式同居纳入婚姻法律制度中的配偶权益判定仍然存在很多的制度性障碍,这其中最为核心的就在于我国现行法律中并未从权利视角对同性伴侣的相关权益进行规范性保障,那么如果在"同妻"问题上以义务限定的方式反向制约同性伴侣,这明显存在一种立法上的"歧视"悖论与本位混乱。就规制路径而言,同性婚姻合法化或许过于一蹴而就,但相关立法至少应从权利义务视角认可并增设同性伴侣的相关权益,以解决同性恋群体的后顾之忧,减少其选择混合性取向婚姻的可能性。

(二) 配偶权益受损之化解

同理,在尽量淡化婚姻制度背后的道德色彩的基础上,还应通过立法路径去不断逼近这一目的,通过双方权利和义务的规范性设置去倡导凸显

---

① 唐魁玉等:《弱势与生存:关于同妻群体的虚拟社会人类学研究》,中国社会科学出版社,2018,第 211 页。
② 《长沙同性恋婚姻登记案败诉 将公开举行婚礼》,http://news.sohu.com/20160516/n449739794.shtml,最后访问时间:2021 年 9 月 6 日。
③ 唐魁玉等:《弱势与生存:关于同妻群体的虚拟社会人类学研究》,中国社会科学出版社,2018,第 179 页。

婚姻之"爱"。诚如学者所言，法律更多的是为了界定夫妻双方的经济纠纷和孩子抚养等问题，并不负责对家庭的情感功能进行修复。[①] 但法律所保护的婚姻制度仍应根基于情感纽带，体现家庭稳定，这也反映了社会对其的创设初衷。因此，其实我们并非要从根本上彻底解决该问题，只是试图在法律的框架内对其作出切实可行的回应，使得"同夫""同妻"在自身情感受骗受损时，其婚姻情感破裂的诉求能够被充分认可，以拥有选择离婚的可行性路径，从而把对其造成的伤害降到最低。毕竟，家庭之于每个人的意义可谓冷暖自知。家庭可以向人们提供除了性爱之外的很多东西，如经济功能、休息、情感的梳理、养育孩子、通过对社会依从得到群体的归属感。[②]

从异性恋方视角而言，纵使"同妻"或"同夫"不幸进入混合性取向婚姻，在得知"被骗"后，情感因素的盈缺理应由当事人自判，即将对婚姻的认知回归情感自治；同时立法层面应至少保障其拥有选择退出婚姻的自由以及权益受损索偿的可能性。笔者认为，首先应将同性之间偶发性的出轨行为或者同性同居行为明确纳入《民法典》中违背夫妻忠实义务的考量情形，保障异性恋方离婚及索赔等权益的可实现性。根据前述分析，司法实践中偶发性的出轨行为，即使发生在异性之间也存在认定难的问题。而针对同性同居行为，当前《民法典》及最高人民法院公布的《民法典》婚姻家庭编相关司法解释的条款在解释"有配偶者与他人同居"之情形时更是将其排除在外，以至于同性出轨行为乃至同居行为，既无法作为婚姻关系破裂的明确法定事由之一，也无法视为无过错方要求损害赔偿的法定事由，使得法律在面对"同妻""同夫"配偶相关权益受损时显得有心无力，何况在司法实践中还面临同性取向"举证难"、"认定难"的问题。当然如前所述，如果仅在立法上做义务违反情形之增加，而没有对应权益授予路径之正当，会引发立法本位之混乱。因此，我们认为应从

---

① 方晓华：《以问题解决模式看：从同直婚之争到之解》，载黄盈盈、潘绥铭主编《走向性福：第四届中国性研究国际研讨会论文集》（下集），百骏文化出版社，2013，第267~268页。

② 方晓华：《以问题解决模式看：从同直婚之争到之解》，载黄盈盈、潘绥铭主编《走向性福：第四届中国性研究国际研讨会论文集》（下集），百骏文化出版社，2013，第274页。

整体上考虑该项制度的构建，既要立足于正面视角，适当承认同性伴侣的相关权益，又要立足于反面视角，增设对同性性行为甚至同居行为侵犯配偶权的认可。毕竟已婚同性恋者与同性的同居同样违反了夫妻忠实义务，侵犯了异性恋方作为法律承认的配偶应当享有的权利。①

此外值得思考的是，即使在立法上明确了同性伴侣制度，在法律运作中仍然会存在后续问题。就如异性之间的婚外性行为，虽然《民法典》通过增设兜底条款，使得其在形式上有法可依，但参考相关裁判案例，司法实践中仍无法回避法官认定困难的问题。为有效应对这一困境，笔者认为，可考虑补强忠诚协议在司法认定中的效力。忠诚协议是夫妻双方对于情感不忠情形下的各方财产及人身权益作出预先安排所达成的合意。然而目前无论理论界还是实务界对忠诚协议的讨论争议较大，② 尤其是对忠诚协议的效力未尽统一，需要依据协议内容进行具体分析。笔者认为，鉴于婚姻制度允许双方在财产关系上的自治性，若能就忠诚协议的效力形成较为统一的做法，加强司法层面对忠诚协议认可的可能性与效力度，同样也有助于应对在面临婚外同性性行为，甚至是婚外同性同居行为时，混合性取向婚姻中的异性恋方配偶权（忠实义务和同居义务）被侵犯的环节，将其作为权益保障的有效手段之一。

结　语

混合性取向婚姻在生活现实中的映射是远比想象复杂的，因此作为学术研究绝不可以将其一股脑地简单等同于社会层面所谓的"骗婚"。在"骗"的界定标准上，性/别的流动性与身份认同等因素均对婚姻缔结之"欺诈"的认定带来阻碍，同时适婚要素的复杂性与个体差异性也会对异性恋方"被骗"之意思表示的判定带来困难。但不可忽视的是，混合性取

---

① 袁翠清：《我国"同妻"法律权益保护现状及对策研究》，《西安石油大学学报》（社会科学版）2018年第6期。

② 王歌雅：《夫妻忠诚协议：价值认知与效力判断》，《政法论丛》2009年第5期；景春兰：《夫妻"忠实协议"的裁判规则解释》，《政治与法律》2017年第8期；韩勖博：《自然之债视域下夫妻忠诚协议的效力判断》，《学习与探索》2017年第6期。

向婚姻中的性取向要素或多或少会对"同妻""同夫"群体带来配偶权益受损的现实问题,这主要集中在同居义务和忠实义务两方面。造成社会对混合性取向婚姻的负面评价主要是基于人们对爱情婚姻的刻板印象,这种观点忽略了现实婚姻模式的多重复杂性。笔者认为,面对混合性取向婚姻的现实纠纷时,一方面从实质上,应弱化性取向的道德色彩而强化婚姻制度所理应包含的情感要素;另一方面从形式上,法律虽无法强制婚姻中包含"爱"的要素,但可以通过权利义务的创设尽力倡导实现情感维度的价值。与此同时,立法也应为混合性取向婚姻中真正的"受害者"提供可能的救济渠道,来弥补配偶权益上遭到的损害。对此笔者提出诸如适当认可同性配偶相关权益、明确将同性之间偶发性的出轨行为或者同性同居行为视为《民法典》中违背夫妻忠实义务的考量情形、强化忠诚协议的认可度及效力等完善建议,试图消减混合性取向婚姻中异性恋一方权益受损时的维权难题。

【责任编辑:杨一帆】

比较法视角下的英美反就业歧视救济体系

——兼论我国的制度设计

高　敏[*]

摘要： 一套有效的反就业歧视救济体系至少包括实施机构、救济程序、法律责任三个方面。英美两国的反就业歧视制度发展较早，在实施机构方面，英国侧重促进性职责，美国侧重保护性职责。在救济程序方面，英国实行形式调解前置程序，美国实行实质行政前置程序。在法律责任方面，两国均建立了以民事责任为主的法律责任体系，但具体形式又有所不同。本文通过比较与借鉴英美反就业歧视救济体系的差异及其原因与影响，为我国构建反就业歧视救济体系提供有益启示。

关键词： 反就业歧视；实施机构；救济程序；法律责任

无救济则无权利。为了更好地解决我国的就业歧视问题，一套有效的反就业歧视救济体系必不可少。英美两国反歧视立法发展较早并不断走向完善，进行了长达五六十年的司法实践后，两国在禁止各类型歧视立法和全面反歧视立法中规定了具体的实施机构、详细的救济程序和救济方式，形成了较完备的救济体系。我国在构建本国的救济制度时有必要借鉴英美两国关于救济体系的立法成果和司法经验。同时，英美在大量判例中形成了救济体系各种制度的细化规则。另外，英美两国均为判例法国家，更重要的是，英国反歧视法的很多核心概念和条款都受到美国的影响[①]，甚至

---

[*]　高敏，中国政法大学民商经济法学院 2019 级法律硕士研究生，研究方向为社会法。

[①]　Bob Hepple, "The European Legacy of Brown v. Board of Education", *University of Illinois Law Review*, Vol. 2006, No. 3, pp. 605 –609.

被称为是从美国"进口"的[①]，之后在各国制度环境的影响和现实需求的呼唤下发展成不同规则，这种相似的渊源为比较二者提供了可能和价值。综上，本文将对英美反就业歧视的实施机构、救济程序、法律责任进行比较与分析，为我国构建反就业歧视的救济体系提供有益借鉴。

一 反就业歧视法的实施机构

（一）实施机构概述

从国际经验来看，大多数国家和司法辖区的反就业歧视立法均建立了反就业歧视法实施机构或称专门机构，如表 1 所示。

表 1　反就业歧视法的实施机构

国家	实施机构	设立依据
美国	平等就业机会委员会（EEOC）	1964 年《民权法》
英国	平等和人权委员会（EHRC）	2006 年《平等法》
澳大利亚	人权与平等机会委员会（AHRC）	1986 年《人权委员会法》
荷兰	平等待遇委员会	1994 年《平等待遇法》
德国	联邦反歧视局	2006 年《一般平等待遇法》
韩国	国家人权委员会	2011 年《国家人权委员会法》

考虑到平等权是人权的一种，这些机构在性质上均是国家人权机构，只不过有的国家人权机构负有全面职责，如英国平等和人权委员会；有的国家人权机构负有反歧视的特别职责，如美国平等就业机会委员会。本文将对这两者进行比较。

（二）英美实施机构的职责比较

上述实施机构的性质、目标、结构、职责和权力有诸多相似之处，其

[①]　Mahlia Malik，"Anti-Discrimination Law in Britain"，*Journal of Ethnic and Migration Studies*，Vol. 20，issue 3，p. 135.

中，能否发挥反就业歧视作用、实现设立使命的关键在于其享有什么样的权力、履行什么样的职责，职责是评价实施机构有效性的重要因素。因此，本文将对英国平等和人权委员会（Equality and Human Rights Commission，EHRC）和美国平等就业机会委员会（Equal Employment Opportunity Commission，EEOC）在执行方面的权力进行比较，以为我国建立实施机构提供有益借鉴。

在比较职责前，有必要理清英美禁止就业歧视实施机构的性质。根据2006年《平等法》的规定，平等和人权委员会是一个非政府部门公共机构，由政府平等办公室（内政部的一部分）出资，独立于政府①。就非部门性公共机构的性质而言，其不是也不属于政府部门，但本质上仍要履行特定政府职能，在政府的监督下履行特定职责、提供特定服务②。平等就业机会委员会是美国国会依据1964年《民权法》创设的联邦政府机构，负责执行联邦的反歧视法律。综上，结合目前两个机构的职责范围，本文将其比较分为行政立法权、行政执法权、准司法权、行政监督权。

1. 行政立法权

平等和人权委员会可以在反就业歧视等领域发布法定业务守则③和非法定指南④。平等和人权委员会于2010年向议会提交了三项业务守则：《就业实务守则》，解决了就业和职场中出现的2010年《平等法》所涵盖的所有歧视，在实践中发挥着重要作用；《公平薪酬规范》，提出了关于同工同酬的建议；《服务、公共职能和协会实务守则》，涵盖了2010年《平等法》的一些非就业领域。在英国，不遵守业务守则的规定本身不会引发刑事或民事诉讼，但是，如果法院或法庭认为业务守则与案件相关，则法院或法庭必须予以考虑⑤。与此相对应的是，平等和人权委员会还有权发布关于公共机关一般和具体职责的非法定指南。虽然指南不同于法定的业务守

---

① Equality Act 2006, sched 1 para 38, 42.
② 张海科：《英国平等和人权委员会有效性研究》，中国政法大学硕士学位论文，2010，第14页。
③ Equality Act 2006, S14.
④ Equality Act 2006, S13 (1).
⑤ Equality Act 2006, S15 (4).

则，但可以作为诉讼中的证据，未能遵守指南的公共机关需要解释其原因。

平等就业机会委员会为细化联邦法律，有权发布行政条例、指南、决定等[1]。平等就业机会委员会发布行政条例用于实施联邦工作场所的反歧视法，其中使用最广泛的是《程序条例》，规定了平等就业机会委员会受理指控、调查、调解、代为起诉的详细步骤。委员会的指南阐述了官方机构政策，并解释了法律法规如何适用于特定的工作场所情况。指南对法院没有约束力，但是各级法院一般会尊重平等就业机会委员会的立场。委员会的决定涉及一项具体的歧视指控，即委员会投票表示，平等就业机会委员会将在类似案件中适用官方机构政策，可见决定具有重要的指导作用。换言之，平等就业机会委员会的行政立法在成文法上没有法律约束力，但是在实际中起到重要的指导作用。

综上所述，平等和人权委员会在制定规则方面比平等就业机会委员会具有更强的法律约束力。

2. 行政执法权

对于行政执法权，实施机构表现最突出的是对歧视行为的调查权。但是，平等和人权委员会和平等就业机会委员会的调查权存在巨大差异。需要说明的是，平等和人权委员会拥有一般性调查权（inquiry）和违法行为正式调查权（investigation of unlawful acts），前者并不是一项执法权，而是通过发现促进平等、多样性和人权等方面的问题来与有关机构合作，并为改进就业政策和做法提供建议[2]。英国平等和人权委员会最近具有较大影响力的正式调查是针对 BBC 的男女同工同酬问题和对工党的反犹太主义指控[3]。

从调查启动标准上说，平等和人权委员会须遵守"合理怀疑"标准[4]，即需有一定的证据，使正常人认为有理由怀疑某个人实施了非法行为[5]。

---

[1] https://www.eeoc.gov/laws-guidance-0，最后访问时间：2021 年 7 月 15 日。

[2] Equality Act 2006, S16 (1).

[3] Annual report and accounts 2020-21, www.equalityhumanrights.com，最后访问时间：2021 年 7 月 22 日。

[4] Equality Act 2006, S20 (2).

[5] Hillington London Borough Council v. Commission for Racial Equality [1982] AC 779.

此类证据包括：调查所产生的材料等；已提交法院并可能导致判决的材料，或案件可能已结案，诉讼被撤回；通过求助热线或咨询服务提请平等和人权委员会注意的信息。而平等就业机会委员会在反就业歧视方面可以从任何来源收到有关涉嫌歧视行为的信息，可以自行展开调查或根据投诉进行调查，投诉被定义为"从任何来源收到的信息，而不是指控，声称指定的潜在被告已经或即将从事违反法案的行为"①。

从调查过程上说，平等和人权委员会的调查方式和内容受到极大限制。在启动调查前，平等和人权委员会必须规定职权范围，明确调查对象和所怀疑的非法行为的性质。平等和人权委员会有义务将拟议的调查职权范围告知被调查人，给他/她一次陈述的机会，并对其陈述给予考虑②。如果它超出了职权范围或超出合理范围，那么调查可能会被质疑并以平等和人权委员会越权（超出其权力范围）为由予以撤销。虽然没有既定的调查程序，但这些程序必须符合自然公正的要求。平等和人权委员会没有权利传唤证人或援引证据或盘问证人③。相较而言，平等就业机会委员会的调查方式更加广泛。平等就业机会委员会可以获取州救济部门已收集的信息；可以举行调查会议，要求投诉人和被投诉人作陈述并提供证据。还可以签发传票，拥有要求证人出庭作证，出示被传唤人拥有或控制的证据（包括但不限于账簿、记录、信件或文件以及为审查目的获取和复制证据）的权利④。

从调查结果上说，如果在调查过程中或后，平等和人权委员会确信某人有违法行为，平等和人权委员会可发布非法行为通知（Unlawful act notice）⑤。非法行为通知可能要求相关人员制定行动计划，以确保遵守不实施进一步非法行为的要求。如有非法行为通知书送达，被送达人可在送达后六周内，以其没有作出通知书所指明的违法行为，向郡法院（或苏格兰治安法庭）或就业法庭提出上诉。平等和人权委员会可在行动计划生效之

---

① 29 C. F. R. § 1626. 3.

② Equality Act 2006, sched 2 para 3（b） - （d）.

③ R v. Commission for Racial Equality ex parte Cottrell and anor 1980 IRLR 279, Div Ct.

④ 29 C. F. R. § 1601. 15 - 16.

⑤ Equality Act 2006, S21（1）.

日起五年内，向郡法院（或苏格兰治安法院）申请命令，要求相关人员按照行动计划行事或为类似目的采取特定行动①。

平等就业机会委员会的处理方式更加多元化。其一，委员会完成调查后，如果发现没有合理理由相信已经发生或正在发生歧视行为，委员会将向各方当事人签发一份无因由决定书②。其二，如果委员会经过调查后认为可能发生了歧视，委员会的调查员就会与被诉人分享相关的信息并鼓励被诉人与申诉人进行和解谈判③。其三，平等就业机会委员会或经授权的下属办公室向申诉人签发诉权通知书（Notice of Right To Sue），表明申诉人有权提起民事诉讼④。其四，平等就业机会委员会以自己的名义在联邦地区法院对非联邦雇主提起民事诉讼⑤。

综上，平等和人权委员会的调查权限较弱，而平等就业机会委员会的调查权限更强。

3. 准司法权

平等和人权委员会在非劳动就业案件中提供调解调停服务的权力被2013年《企业与规制改革法》取消⑥。平等就业机会委员会有权进行调解，调解是平等就业机会委员会程序的核心⑦。平等就业机会委员会推动和解谈判的非正式方法包括召开和解会议、调解和说服。调解义务仅限于委员会"有合理的理由断定已经发生或将发生违反行为"的情况⑧。一些法院认为，在努力实现调解的过程中，平等就业机会委员会必须进行彻底的调解努力，而有些法院提出了"善意调解努力"的要求⑨。

准司法权的差异还表现在参与诉讼的方式不同上。平等和人权委员会可为个人起诉提供或安排的协助类型包括法律咨询、法律代理、解决争议

---

① Equality Act 2006, S21 – 22.
② 29 C. F. R. § 1601. 19.
③ 29 C. F. R. § 1601. 20.
④ 29 C. F. R. § 1601. 21.
⑤ 29 U. S. C. A. § 211.
⑥ 〔美〕鲍勃·赫普尔：《平等法》，李满奎译，法律出版社，2020，第323页。
⑦ 吴俊、杨瑶瑶：《美国EEOC的争端处理：以调解为中心》，《海峡法学》2012年第1期。
⑧ 29 C. F. R. § 1625. 15（b）.
⑨ E. E. O. C. v. O'Grady, 857 F. 2d 383（7th Cir. 1988）.

的服务或任何其他形式的协助①，而平等就业机会委员会有权代为起诉。平等就业机会委员会起诉的案件既可以是申诉人提出申诉的，也可以是委员会成员提出申诉的。如果平等就业机会委员会以自己的名义向联邦地区法院提起诉讼，为歧视行为的受害者寻求法律救济，该诉讼所涵盖的受害者就不能再另行起诉，但可以介入诉讼。如果受害者先提起诉讼，平等就业机会委员会是否可以另外提起诉讼，联邦法院尚没有统一的做法。有的法院认为，平等就业机会委员会不能另行起诉，只能加入受害者已经提起的诉讼；有的法院则认为可以另行起诉。除了可以加入受害者已经提起的诉讼之外，更多的时候，平等就业机会委员会作为法庭之友提出自己的法律意见。

综上，在准司法权方面，平等和人权委员会的权限较狭窄，力度较弱；而平等就业机会委员会拥有更强大、更全面的权力。

4. 行政监督权

行政立法权、行政执法权和准司法权都是为了监督法律而赋予实施机构的权力，是广义的监督权。此处的监督权是对公共机关的监督。

平等和人权委员会可评估公共部门在多大程度上履行了 2010 年《平等法》第 149、153 或 154 条规定的义务，即一般公共部门平等义务、二级立法规定的某些部门的特定义务或职责。如果平等和人权委员会认为公共部门未能履行第 149、153 或 154 条规定的义务，则可向该部门发出通知，要求：第一，部门遵守该义务；第二，平等和人权委员会发出通知后，被通知部门在收到通知之日起 28 天内，提供为履行职责而采取或建议采取的措施的书面信息②。平等和人权委员会有权对与其职能有关的事项提起司法审查程序③。由于司法审查是一种公法救济，因此，在实践中，这一请求权必须具有一定的公法要素，即需要足够的公共利益支撑。

平等就业机会委员会负责审查和批准全国和地区平等就业机会计划，以及联邦机构为维持平等就业机会的积极行动计划；负责审查和评估所有

---

① Equality Act 2006, S28 (4).

② Equality Act 2006, S31 – 32.

③ Equality Act 2006, S30.

平等就业机会计划的运行和进度报告等。

综上，平等和人权委员会更注重对公共部门行使监督权，力图通过推动公共部门反就业歧视来达到保护人权的目的；而平等就业机会委员会对公共部门的监督权相对来说没有那么全面到位。

本文将平等和人权委员会和平等就业机会委员会的职责差异进行总结，具体见表2。

表2　英美反就业歧视法实施机构的职责比较

职责	英国平等和人权委员会	美国平等就业机会委员会
行政立法权	制定业务守则和指南，前者有法律约束力，必须考虑适用	制定条例和指南、发布决定无法律约束力，有事实上的指导作用
行政执法权	调查启动标准高，调查内容和方式受限，处理结果单一	调查启动标准低，调查内容和方式广泛，处理结果多元
准司法权	无权调解，无权代为起诉，可提供支持	有权调解，自主决定代为起诉
行政监督权	对公共部门进行评估并发布合规报告，提起司法审查	审批和批准平等计划，评估运行情况

根据联合国大会决议的规定，国家人权机构的职责可以分成保护性职责和促进性职责两个方面，即针对侵犯人权的行为提供事前和事后救济①。就平等和人权委员会而言，无论是赋予其制定的规则以法律约束力还是对公共部门履职情况进行评估，都属于在事前预防侵权的发生。因此，可以说平等和人权委员会更加侧重促进性职责；而平等就业机会委员会通过行使强大的执法权和主动提起诉讼的权力，更加侧重保护性职责。

二　反就业歧视法的救济程序

在立法层面，我国对遭遇歧视后如何进行救济缺乏明确详尽的规定，但有学者通过案例总结出我国目前就业歧视的救济途径：建立劳动关系之前以侵权之诉为主流模式的民事诉讼程序和建立劳动关系之后的先仲裁后

---

① 袁钢：《国家人权机构导论》，《人权研究》（第7卷），山东人民出版社，2008，第310页。

诉讼的劳动争议程序①。构建反就业歧视制度，就意味着将反就业歧视诉讼从民事诉讼和劳动争议中剥离出来，建立相对独立的救济途径。具体如何构建，有必要参考目前英美的反就业歧视的救济程序现状。

（一）美国的实质行政前置程序

在美国，歧视纠纷的救济途径已从传统的司法补救措施转向新的行政管理方法和其他更具创新性的方法②。

在美国，在提起歧视诉讼之前，必须穷尽行政救济办法，即及时向平等就业机会委员会提出非法歧视的指控。非联邦申诉人必须向平等就业机会委员会提起非法歧视的指控。依法提起联邦诉讼，但未首先请求行政救济的，该诉讼将因未能穷尽行政救济而被驳回。此外，所请求的行政救济的性质必须与联邦起诉密切相关。因此，即使投诉人向平等就业机会委员会提出申诉，并不见得就可向联邦法院提起歧视诉讼。同时，联邦法院申诉的范围受到行政申诉中指控的限制。虽然诉状中使用的语言不必预示随后的司法文书的准确性，但前者必须与后者有某种密切的关系。

在时限方面，如果个人居住在一个有反就业歧视法规和有权根据该法规给予或寻求救济的机构的州（Deferral State，即延期州，亦称转介州），投诉人在涉嫌歧视行为后 300 天内向平等就业机会委员会提出指控③。他还必须向州政府机构提交歧视投诉，但在所在州的投诉无须根据州法律进行处理，甚至不需要及时提交，只需满足法律对州备案的要求。并且，在延期州，向州申请诉讼救济是强制的。在一个延期州发生的非法行为，在根据州法律提起诉讼后的 60 天内，不得就其向联邦提起诉讼。在该州法律生效后的第一年内，该 60 天期限应延长至 120 天。如果受害个人居住在一个未制定反就业歧视的法令以及没有一个有权给予或寻求救济的机构的州（Nondeferral State，即非延期州，亦称非转介州），提交平等就业机

---

① 饶志静：《就业歧视的司法审查方法》，载陈金钊、谢晖主编《法律方法》（第 21 卷），山东人民出版社，2017，第 431~446 页。
② Grainne de Burca, "The Trajectories of European and American Anti-discrimination Law", *The American Journal of Comparative Law*, Vol. 6, No. 1 (2012), p. 1.
③ 29 C. F. R. §1601. 13 (4) .

会委员会指控的时限则为 180 天①。但是，无论申请平等就业机会委员会处理的时限要求是什么，都要遵守公平起诉和禁止反悔的限制。

申诉人可在收到平等就业机会委员会已驳回非法歧视指控或以其他方式终止对该指控的审议的通知后 90 天内提起诉讼②。直到 1991 年，两年的诉讼时效适用于涉及非故意侵权行为的诉讼，而三年的诉讼时效适用于故意侵权行为。但是，1991 年《民权法案》没有涉及适用于平等就业机会委员会的诉讼时效。同样，衡平法上的禁止反言或公平起诉原则也有可能发挥作用，从而使原告即使没有及时提起诉讼也可以提起诉讼。没有要求歧视受害者用尽雇主或与雇主有关的任何其他实体的内部行政救济。根据以上论述，救济程序如图 1 所示。

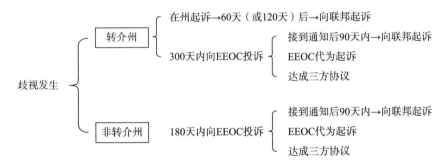

图 1　美国的实质行政前置程序

（二）英国的形式调解前置程序

在英国，自 2014 年起，任何向就业法庭提出申诉的人，在大多数情况下，必须通过劳动咨询调解仲裁委员会（The Advisory, Conciliation and Arbitration Service, ACAS）进行提前调解（Early Conciliation, EC），然后才能向法庭起诉。如果双方希望接受调解，劳动咨询调解仲裁委员会将快捷高效地解决争议。

提前调解计划的运作方式如下：第一阶段：潜在原告通知劳动咨询调解仲裁委员会他/她打算向就业法庭起诉；第二阶段：提前调解工作人员

---

① 29 C. F. R. § 1601. 13（2）.

② 42 U. S. C. A. § 2000e; 29 U. S. C. A. § 626（e）.

作出合理努力，与潜在原告联系，如果他/她同意提前调解，则将案件细节转交对方调解人；第三阶段：调解人在征得潜在被告的同意后，有一个月的时间试图解决双方的争端，如果达成和解，劳动咨询调解仲裁委员会将记录双方之间的协议条款；第四阶段：如果提前调解被拒绝或失败，潜在原告将获得提前调解证书，确认劳动咨询调解仲裁委员会的通知已得到遵守。如果在程序的任何阶段，当事方表明他们不想参加提前调解，劳动咨询调解仲裁委员会将直接进入第四阶段，并向潜在原告颁发提前调解证书。原告有权向就业法庭提出诉讼[①]。

虽然提前调解计划强制要求通知劳动咨询调解仲裁委员会并提出调解请求，但劳动咨询调解仲裁委员会的提前调解提议只是试图在早期阶段解决双方的分歧，任何一方都可以接受或拒绝。换言之，双方没有义务实际参与劳动咨询调解仲裁委员会的提前调解。潜在原告可以向劳动咨询调解仲裁委员会发送他/她的诉讼需求的通知，并拒绝提前调解。劳动咨询调解仲裁委员会会向他/她签发确认收到通知的证书，后者可以继续向法庭提出诉讼。在考虑随后提出的诉讼时，就业法庭将不考虑潜在原告（或潜在被告）是否拒绝了提前调解。对一些人来说，提前调解被视为一个步骤、一个门槛，必须经过这一步，才能将申诉提交给就业法庭。然而，对其他人来说，这可能是一个找到友好解决劳动纠纷办法的真正机会，可以避免在法庭上强制执行他们的就业权利所带来的压力和焦虑。

《平等法》规定，就业法庭（根据 1964 年《工业培训法》设立，以前叫作工业法庭）有权审理第五部分即工作中的歧视[②]。在绝大多数就业案件中，就业法庭是基层法院。就业法庭对就业歧视案件经审理作出判决后，如果当事人对就业法庭的判决不服的，可以就适用法律问题向就业上诉法庭（the Employment Appeal Tribunal，EAT）上诉，仅对事实不服的不能上诉。它的管辖权几乎完全是上诉的，而且由法规严格界定。对就业上诉法庭判决不服的，可向英格兰和威尔士的上诉法院和苏格兰的开庭法庭

---

① "How early conciliation works"，https://www.acas.org.uk，最后访问时间：2021 年 7 月 23 日。
② Equality Act 2010，S120.

（内院）提出，但仅限于法律问题或基于任何合理的劳动法庭都无法达成的判决，并须获得上诉许可。上诉程序的下一个阶段是向最高法院提出上诉，最高法院从 2009 年 10 月 1 日起承担上议院先前承担的司法职责。[①]英国的救济程序如图 2 所示。

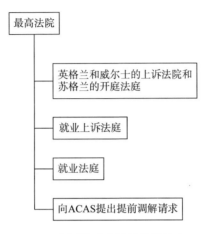

图 2　英国的形式调解前置程序

三　反就业歧视法的法律责任

如果一个案件认定用人单位构成就业歧视，那么必须向用人单位施加法律责任，试图为双方当事人争取一个公平的结果。首先，法律责任必须足够有力，以便在案件中伸张正义，并对有关用人单位和其他用人单位产生震慑作用。同时，救济方式不应过于沉重以致永远无法找到公平的解决办法。另外，法律责任应反映受害人所承担的物质成本和个人风险以及由此产生的压力。由于英美反就业歧视法的法律责任均为民事责任，且多数国家也以民事责任为主，行政责任主要见于日、韩和我国台湾地区，刑事责任更是慎之又慎[②]，因此，本文主要探讨民事责任。

---

① The Employment Tribunals Rules of Procedure 2013.

② Naj Ghosheh, *Age discrimination and older workers*: *Theory and legislation in comparative context*, Printed by the International Labour Office, Geneva, Switzerland, 2008, p. 28.

（一）民事责任形式

民事救济的基本原则是确保原告必须得到补偿，通过弥补损失的方法使他/她恢复得到在没有非法歧视时本可以得到的东西。因此，需要先看原告受到的损失。歧视造成的损失被分为两大类：金钱损失和非金钱损失。金钱损失包括所有最容易被量化的金钱损失，包括收入和养老金福利、奖金、津贴和附加福利，可以细分为过去的损失、未来的损失、养老金损失三类。非金钱损失包括身体伤害、心理伤害、感情伤害等。英美反就业歧视法的法律责任呈现了更加分散的特点，除了反就业歧视立法，很多出现在劳动立法和判例中。由于就业歧视的侵权性质，侵权法上的救济方式有时可适用于就业歧视案件。本文将救济方式总结为两类，一类是金钱救济方式，另一类是非金钱救济方式，如表 3 所示。

表 3　反就业歧视法的民事责任

分类	救济方式	简要说明
金钱救济方式	支付欠薪	采取救济措施之前发生的损失，计算简单
	预付工资	采取救济措施之后将继续增加的损失，计算复杂
	福利损失赔偿金	养老金、健康保险、商业保险等附加福利的损失
	精神损害赔偿金	英国承认精神损害，美国不认可存在精神损害
	惩罚性赔偿金①	在英国，谨慎使用惩罚性赔偿金；在美国，分情况
非金钱救济方式	恢复原职	美国最优先采用的救济方式
	建议	建议被告在规定期限内采取特定措施
	宣告性命令	适用于雇员或求职者没有遭受损失的情形
	禁制令	在美国，法院通常会发布有利于胜诉原告的禁制令

在上表的基础上，本文将对主要的法律责任形式进行论述。

1. 恢复原职

在美国反就业歧视救济体系中，恢复原职（reinstatement）是首选的

---

① 本文中的惩罚性赔偿金并不是一种特指，而是指补偿性赔偿之外的赔偿，包括加倍赔偿、惩罚性赔偿等。

救济方式。除非复职不可行或不可能，否则不得判处预付工资或代替复职的损害赔偿金。只有普遍适用，才能消除就业中的歧视，达到使人们因过往歧视而受到的损害得到补偿的主要法定目的。如果认为复职不可行，一般应当由反对复职的人承担证明责任。如果雇主仍在经营，而原告的原岗位已不复存在，则可以恢复到一个具有可比性的或合理的同等职位。可比职位是指除其他事项外，支付的工资与原告未被解雇或降职本应担任的职位的工资相同或接近。为了确保可比性，雇主可能会被要求增加新职位的工资，使其与原告在原职位上获得的工资相匹配①。但是，法院对下令恢复原告原高级职务持谨慎态度。如果高级职务原告被恢复原职，每当他被拒绝发放绩效，或拒绝加薪或奖金，或与其主管发生争执，他都会试图向地区法院寻求与恢复原职相关的进一步公平救济。对于高级职务原告来说，只有在无法计算预付工资的情况下，才有理由恢复原职②。雇主和雇员之间的敌意和不和可以成为法院拒绝恢复原职的理由，并且考虑支付预付工资来代替恢复原职。为了避免出现不可弥补的损害，法院要求原告在判决前的某个时刻被置于所涉职位。

2. 支付欠薪

在美国，向胜诉的原告支付欠薪（back pay）是原则，而非例外。欠薪是指如工资、附加费和其他与工作有关的福利等金钱或经济损失项目。收入损失款项经常被判给那些被错误解雇、被拒绝晋升、本可以获得更高工资的原告，或者被就业机会拒于门外的原告③。欠薪判决是强制性的，表现在虽然法院有权决定是否支付欠薪，但在欠薪被拒的情况下，必须充分解释其理由。一般来说，员工的不当行为并不妨碍救济。首先，赔偿经济损失比给予禁令救济或可能的公平补救措施（如复职）更能阻止非法雇佣行为。其次，赔偿经济损失是对雇主歧视行为造成伤害的补偿④。欠薪的衡量标准通常是被解雇的雇员在雇主没有违反该法的情况下本应得到的

---

① Gelof v. Wolf, No. CIV. A. 83 – 210 – CMW, 1988 WL 62594, at∗1 (D. Del. June 15, 1988).
② Price v. Marshall Erdman & Assocs., Inc., 966 F. 2d 320 (7th Cir. 1992).
③ Fiedler v. Indianhead Truck Line, Inc., 670 F. 2d 806 (8th Cir. 1982); Coston v. Plitt Theatres, Inc., 860 F. 2d 834 (7th Cir. 1988).
④ Rodriguez v. Taylor, 569 F. 2d 1231 (3d Cir. 1977).

补偿与雇主违反该法之后所获得的其他收入之间的差额。

在英国，直接损失是指从歧视行为的发生日期到就业法庭评估损失的日期之间发生的损失。为了达到补偿目的，赔偿金额是参照雇员在没有被歧视的情况下本应获得的净薪酬来评估的。

3. 预付工资

在美国，对未来损失的赔偿被称为预付工资（front pay）。尽管恢复原职作为首选的救济方式，应在适当的情况下尽可能适用，但并非总是可行。如果雇主的极端敌意使一个富有效率和友好的工作环境变得不可能，或者由于雇主与雇员之间因诉讼引起的敌意而受到无法弥补的损害，那么可以适用预付工资。第八巡回法院将预付工资描述为"不受欢迎的救济方式，只有在恢复原职不切实际的情况下，才可以判给预付工资来代替复职"①。法院为减轻预付工资的投机性质而考虑的一些因素包括：雇员的减轻责任、就业机会的可获得性、通过合理努力可以重新就业的期限、雇员的工作和预期寿命和确定未来损失现值的折现表②。法院还要考虑先前受雇的时间长短、所担任职务的长期性、工作性质、雇员的年龄和身体状况、可能的合并工作以及可能有效地影响原告离职后雇佣关系的各种其他非歧视性因素③。在预付工资问题上，原告有责任证明其有权获得预付工资，被告/雇主有责任证明原告未能减轻损害。

在英国，同样对支付未来工资采取了极为审慎的态度。除非未来损失一定会发生或者不发生的可能性很小以至于可以忽略不计，否则就必须考虑未来损失不存在的可能性④。

4. 惩罚性赔偿金

美国确立了"两级责任制"，如果原告证明被告实行带有恶意的歧视

---

① Dollar v. Smithway Motor Xpress, Inc., 710 F. 3d 798 (8th Cir. 2013).
② Fite v. First Tennessee Prod. Credit Ass'n, 861 F. 2d 884 (6th Cir. 1988). 该案例被 Davis v. Mut. Life Ins. Co. of New York, 6 F. 3d 367 (6th Cir. 1993) 所废除，但关于预付工资的考量因素被认为是精辟的。
③ Reneau v. Wayne Griffin & Sons, Inc., 945 F. 2d 869 (5th Cir. 1991).
④ Atos Origin IT Services UK Ltd v. Haddock 2005 ICR 277, EAT.

性做法，或对受保护个人的权利漠不关心①，原告可根据本节向被告（政府、政府机构或政府分支机构除外）追讨惩罚性赔偿金。只有故意违法的行为才会导致惩罚性赔偿金。如果雇主明知故犯或鲁莽地无视其行为是否被《民权法》禁止，违反《民权法》的歧视就是故意的。但是，最高法院没有区分在责任方面是歧视性"意图"的概念和在惩罚性赔偿金的语境下"故意"的概念，原告为了胜诉必须证明被告的行为带有歧视意图，而意图就隐含着故意行事的意思，这导致惩罚性赔偿金的适用越来越普遍，几乎每一个被认定违法的被告都将承担惩罚性赔偿金，大多数败诉的被告都被判给惩罚性赔偿金。

在英国，惩罚性赔偿金只能在非常有限的一类案件中适用。只有在政府工作人员的压迫、专横或违宪的行为，被调查者的行为旨在牟取私利（例如，因涉嫌歧视者是一名有利可图的雇员而不采取纪律处分），以及法规明确授权的损害赔偿（就歧视立法而言，这不是个案）时，适用惩罚性赔偿金才是合理的②。

5. 精神损害赔偿金

在美国，除年龄歧视外，均可以适用精神损害赔偿金（也被称为补偿性赔偿金）。符合条件的原告可以主张赔偿精神痛苦、生活不便、名誉受损的非金钱损害以及将来的具有金钱价值的损害③。对于年龄歧视，法院认为，《就业年龄歧视法》（*Age Discrimination in Employment Act*，ADEA）的措辞和立法历史均未提及精神损害赔偿，而对精神痛苦的损害赔偿并没有被普遍承认为构成侵权法上的法律救济，对精神痛苦的补偿具有惩罚性质，而惩罚性赔偿金已实现该功能④，因此，不得依据《就业年龄歧视法》支付精神损害赔偿金或补偿性赔偿金。

而在英国，精神损害赔偿是对各种就业歧视一致适用的救济方式，大

---

① 42 U. S. C. A. § 1981a.

② Rookes v. Barnard and ors 1964 AC 1129, HL.

③ West v. Gibson, 527 U. S. 212 (1999).

④ Rogers v. Exxon Research & Eng'g Co., 550 F. 2d 834 (3d Cir. 1977). 该案例被 Smith v. Joseph Schlitz Brewing Co., 584 F. 2d 1231 (3d Cir. 1978) 推翻，但这些年来，其提出的关于精神损害赔偿金的观点几乎没有被改变。

多数歧视行为都会涉及对感情的伤害。就业法庭对精神损害的赔偿金额有广泛的自由裁量权,只有在完全错误的情况下,其判决才会在上诉时被推翻。就业上诉法庭总结了精神损害裁决的基本原则:精神损害赔偿的目的是充分补偿受害方,而不是惩罚违法者;赔偿金应与人身伤害案件的赔偿范围大致相同;判决金额不应太低,以至于削弱对禁止歧视立法政策的尊重,同时,判决金额也不应过高,避免被视为"不征税的财富"①。需要注意的是,判决金额不应因对违法方行为的惩罚而夸大。原告有责任确定精神损害的性质和程度,但是不需要提出精神受到伤害的医学证据。在计算经济损失或赔偿人身伤害时,法院和法庭必须尽其所能利用的现有证据材料作出明智的评估,不可能用相同的确凿证据基础和有说服力的实际推理来证明或解释某一特定金额②。英国在 2003 年就规定了精神损害赔偿的三个级别,即 Vento 指南③。

(二) 一般原则

1. 各方的责任

原告承担减轻损失的义务。为了成功地减轻雇主歧视性行为造成的潜在损害,原告只需作出合理和真诚的努力,而不必遵守最高的勤勉标准。④以合理性为标准意味着必须单独考虑每个案件的具体情况和特点。就业歧视的受害者必须通过合理努力寻找其他工作来减轻其损害。原告不必接受一份与他以前的工作不可比的工作,或者需要搬迁到另一个地方的工作,原告不必接受属于降职的工作。而接受一个需要重新安置的职位是员工可

---

① Prison Service and ors v. Johnson 1997 ICR 275, EAT.

② Vento v. Chief Constable of West Yorkshire Police (No. 2) 2003 ICR 318, CA.

③ 因起初在 Vento v. Chief Constable of West Yorkshire Police (No. 2) 2003 ICR 318, CA 案中提出而得名,最初的三个级别为:15000~25000 英镑的最高限额,5000~15000 英镑的中间级别,500~5000 英镑的最低限额。考虑到通货膨胀,同时为了进一步反映民事诉讼中的损害程度,对于 2020 年 4 月 6 日当天或之后起诉的,赔偿区间为:900~9000 英镑的较低工资 (针对较轻的情况),9000~27000 英镑的中间等级 (对于不值得在上等档次认定的案件),以及 27000~45000 英镑的上限 (最严重的情况)。最特殊的情况可以超过 45000 英镑。

④ Marshall v. Arlene Knitwear, Inc., 454 F. Supp. 715 (E. D. N. Y. 1978), aff'd in part, rev'd in part and remanded, 608 F. 2d 1369 (2d Cir. 1979).

以接受的减轻责任的有力证据。此时，工作的可比性常常是个问题。减轻责任是否包括要求原告接受被告雇主稍后提出的雇用或恢复原职的要求？如果这个提议不够充分，雇员不必接受。

被告承担证明责任。减轻损害是一种积极抗辩。被解雇的雇员无须证明他减轻了损害。相反，雇主有责任证明雇员没有减轻损害，通过确定存在适当的工作，而雇员没有作出合理的努力来获得。作为非法就业歧视的责任方，雇主应当承担举证责任，确定雇员未能减轻的事实。被告可以通过证明它为原告提供了一份实质上同等的工作，而不是以原告牺牲他或她的法定权利为条件，而原告拒绝了这项工作。

2. 抵消原则

抵消原则的基础是胜诉原告不应因雇主的歧视而最终处于比他或她原来更好的地位。因此，法院经常被要求确定是否应将原告从各种来源收到的赔偿与他们的欠薪和福利要求相抵消，避免原告得到意外之财，使他/她们的生活比受到歧视时更好。被告在抵消问题上承担提出责任和说服责任，是一种积极抗辩。

四　英美救济体系之启示与借鉴

（一）实施机构的设置

平等和人权委员会之所以重在促进职责，主要是因为《平等法》确立了其肩负着尊重和保障人权、鼓励平等、促进多样性等职责①，还有一部分原因是经费紧张、人手有限，开展促进性职责更容易。在 2020 年度报告中，平等和人权委员会面临的最大困难是经费缺乏限制了他们实施战略的能力②。

---

① Equality Act 2006, S3, 8（1），9（1）.
② Annual report and accounts 2020 - 21, www.equalityhumanrights.com，最后访问时间：2021年7月22日。

关于执法权，与英国平等和人权委员会相比，美国平等就业机会委员会的执法权更广泛，更能发挥实效。究其原因，可以从二者的发展历史和现状的角度来分析。从英国平等和人权委员会的发展历史来看，平等和人权委员会的前身是平等机会委员会（EOC）、种族平等委员会（CRE）和残疾权利委员会（DRC）。平等机会委员会和种族平等委员会在初期频繁地行使调查权，招致雇主的强烈不满，引起政治上的动荡。正因如此，法院确立了启动调查的"合理怀疑"标准，平等和人权委员会也对调查采取了审慎的态度。而美国平等就业机会委员会的发展历史正好相反，美国平等就业机会委员会经历了从"无牙老虎"到首要执法机构的转变。平等就业机会委员会自 1965 年成立后，大量歧视案件尤其是种族歧视案件涌来，国会意识到需要赋予平等就业机会委员会足够的执法权限。从根本上讲，二者行使准司法权的现状决定了执法权限①。只有赋予广泛的调查权才能为后续行使调解、参与或提起诉讼提供前提条件。正如平等和人权委员会无权组织调解仅能参与诉讼，它享有的调查权也受到了相应的限制。

关于准司法权，正如有学者所说，各国国家人权机构职责最大的差异在于，国家人权机构是否被授权受理和审议有关个别人权案件的申诉和请愿②。平等就业机会委员会有权调解就业歧视纠纷和提起诉讼。在英国，调解就业歧视纠纷的权力不仅被赋予劳动咨询调解仲裁委员会，而且平等和人权委员会仅能参与诉讼，这些使得平等和人权委员会的履职能力大打折扣，难以实现其目的与宗旨。

结合以上分析，我国应建立保护性职责和促进性职责并重的反就业歧视实施机构。需要特别注意的是，在司法权方面，目前我国民事诉讼法对公益诉讼制度的探索已初见成效，出现了消费者权益保护协会和环保组织提起诉讼的先进模式，反就业歧视可以适当借鉴，赋予实施机构起诉的权利。我国反就业歧视的诉权主体单薄，仅仅赋予劳动者反就业歧视的诉讼

① 阎天编译《反就业歧视法国际前沿读本》，北京大学出版社，2009，第 116、134 页。
② 袁钢：《国家人权机构导论》，载徐显明主编《人权研究》（第 7 卷），山东人民出版社，2008，第 316 页。

权利显然是不够的，扩大具有原告资格的主体范围具有必要性。与集体之诉和受害人之诉相比，具有最优性。因此，本文认为，我国应赋予实施机构参加诉讼的权利。

我国设置的反就业歧视法实施机构的职责应包括：（1）制定各类型就业歧视的细则和指南；（2）受理投诉，调查投诉；（3）组织双方调解，代为提起或者参加诉讼；（4）监督政府部门或者其他组织执行反就业歧视法的情况。

（二）救济程序的设计

英美两个国家的救济途径是以司法程序为核心的多元化程序，除司法程序外，还有行政程序、调解程序等。对比英美的前置处理程序可知，美国是硬性规定，必须经过实质行政调解步骤，才能进入诉讼程序，但是英国是软性规定，虽规定必须申请调解，但是申请人仍有权拒绝实质处理，仅为形式程序，申请人享有较大的自主权。

英国之所以没有强制要求由劳动咨询调解仲裁委员会进行实质处理，本文猜测主要是出于避免救济程序过于烦琐的考虑。大量案件证明在美国最常见的程序障碍是，要求受害个人在提起诉讼之前诉诸行政救济①。

选择何种方式作为我国的救济程序？本文认为，由专门机构进行实质前置处理对于解决就业歧视纠纷大有裨益。考虑到劳动关系的人身性和继续履行劳动关系的可能性，通过法院之外的非对抗性调解处理程序能够尽可能缓和雇主与雇员的对立情绪。诉前程序可以缩小劳资双方在诉讼过程中实力与地位的巨大悬殊，对双方均省时省力。不仅于此，诉前程序可以大大减轻法院的案件审判压力。再者，专门机构在处理歧视案件方面具有专业性，对典型问题能快速地作出专业判断，而且专门机构具有独特的审判思维，能够避免法官思维造成的审判不公。考虑到我国2018年新增了

---

① Howard C. Eglit, 1 Age Discrimination § 6：1 (2d ed.), https：//1. next. westlaw.com，最后访问时间：2021 年 8 月 23 日。

平等就业权纠纷案由，原告可以在专门机构实质处理后以平等就业权纠纷向法院起诉。这与《就业促进法》第 62 条①的规定也能有效衔接。

（三）法律责任的创设

本文认为，就业歧视案件在坚持补偿性赔偿原则为主的前提下，在某项情形下设置惩罚性赔偿金是适宜的。美国的惩罚性赔偿金值得借鉴，但是需要修正完善适用标准，以免发生从部分适用到普遍适用的局面。

另外，本文认为，应该将精神损害赔偿金确立为反就业歧视的法律责任形式。任何歧视行为都可能至少在某种程度上对感情造成伤害，感情伤害在大多数情况下是一个关键因素，这种裁决实际上是有合理依据的。虽然它们无法用金钱来客观地证明或衡量，但从人的角度来说，伤害的感觉仍然是真实的。另外，反就业歧视制度对性骚扰的确认意味着其所保护的利益不仅限于机会平等和职业自由，还有人格尊严和精神层面的利益。因此，精神损害赔偿金可以作为反就业歧视案件中的救济方式。

在我国的实务中，根据《就业促进法》第 60 条和《劳动保障监察条例》第 11 条规定②，我国已经形成了由劳动监察部门受理就业歧视案件，责令违法单位限期改正并对其处以罚款的现状③。因此，在立法中，进一步确认行政罚款在我国是现实可行的做法。

结　语

从上文分析可知，英美两国在救济体系方面除共享一些规则外，也存在较大差异。在实施机构方面，英国侧重促进性职责，美国侧重保护性职责。在救济程序方面，英国实行形式调解前置程序，美国实行实质行政前置程序。在法律责任方面，英美两国均建立了以民事责任为主的责任体

---

① 《就业促进法》第 62 条：违反本法规定，实施就业歧视的，劳动者可以向人民法院提起诉讼。
② 实务部门对《劳动保障监察条例》第 11 条做了扩张解释，将禁止就业歧视视为劳动保障监察的事项之一。
③ 孙会：《劳动监察如何处理就业歧视案件》，《中国劳动》2010 年第 11 期。

系，但具体形式又有所不同。在分析其历史原因、利弊影响和我国的现实情况后，我国应设立保护性职责和促进性职责并重的实施机构，实行实质行政调解的救济程序，规定恢复原职、支付欠薪、惩罚性赔偿金等法律责任。

【责任编辑：李悦悦】

药物研发中的系统性性别偏见问题研究

徐宇晴*

摘要： 近年来，药物研发中的系统性性别偏见问题已引起医药界的关注。研究证明，生理上的性别差异将会从多方面影响药物的吸收与排泄等，而目前的医药研究仍以男性为标准，临床研究中的女性受试者比例严重不足，女性可能会因此面临过量用药及更严重的不良反应，这一问题的本质在于性别偏见、性别歧视对妇女人权的侵害。在妇女权利保护愈发受到重视的国际人权法背景下，国家应采取积极措施尊重并保护妇女权利，尤其是作为基本人权的健康权。对此，需要强调医疗卫生领域应遵循的关键人权标准；从观念上明确两性并非生物学上的等同体，女性无法被男性所代表；生物等效性试验需要有相当比例的女性受试者，医药研究报告中也必须按性别出示结果数据。

关键词： 性别偏见；药物研发；国际人权法；妇女权利保障；健康权

近几十年来，国际社会对性别平等的认同不断增强，各类针对性的宣言、公约和倡议等进一步促使平等与反歧视观念深入人心。于 1995 年在北京召开的第四届妇女大会聚焦于妇女人权，致力于消除阻碍妇女发展的障碍，会上通过的《北京宣言》《行动纲领》要求各国采取行动以实现妇女平等、不受歧视这一战略目标。联合国秘书长古特雷斯也在近年的妇女地位委员会全会上持续发声，指出"妇女权利是一种人权，性别平等是所有可持续发展目标的核心"；"几千年来，在一个男性主导的世界中，女性被系统地边缘化，被忽视和被沉默。在世界各地，妇女的权利受到了削

---

* 徐宇晴，中国政法大学人权研究院 2020 级在读硕士研究生，主要研究方向为国际人权法。

弱。她们所遭受的挫折是深刻的，无处不在的"；"我们仍然生活在一个男性主导的世界，拥有一种男性主导的文化，并且几千年来都如此。几个世纪的歧视、根深蒂固的父权制和厌女症在我们的经济、政治体系和企业中造成了巨大的性别权力差距"①。尽管妇女的人权状况得到了不断优化，平等与反歧视成为国际社会的共识，但针对妇女的各类偏见与歧视依然普遍存在，有些甚至以更为隐蔽的形式出现，消除传统陈旧的偏见、刻板印象和歧视性做法仍旧任重而道远。

在医疗卫生领域，越来越多的学者关注到性别差异对药物效用的影响。研究发现，性别上的生理差异并非局限于生殖区域，而是广泛存在于药物吸收、代谢等环节，但是这些生理差异并未受到足够的重视：在药物试验中，女性受试者的比例严重不足，药物研究报告也往往未按性别单独分析试验结果。这一做法毫无疑问地违背了性别平等的要求，进一步地，对平等权的侵害将导致一系列的妇女人权的损益，健康权便是其中最为直接的一环。因此，本文在分析这一"系统性性别偏见"的成因与危害时，将以妇女的健康权为聚焦点。

一　药物研发中系统性性别偏见的成因与危害

（一）性别差异对治疗用药的影响

1. 女性生理差异对药物作用的影响

随着现代医学的发展与生物学技术的进步，人们在近 30 年来逐渐意识到药物动力学与生物等效性试验的重要性。新兴的药物动力学（Pharmacokinetics）是药理学的一种，其主要研究药物在动物体内吸收、分布、排泄和代谢的规律，以客观地评价药物的设计、剂量、毒副作用等；生物

---

① 参见《联合国秘书长致辞妇女地位委员会：女性赋权是一场必须赢得的斗争》，《妇女地位委员会通过〈政治宣言〉　联合国秘书长强调"妇女权利是人权""性别平等是可持续发展目标之核心》，https://news.un.org/zh/story/2019/03/1030041；https://news.un.org/zh/story/2020/03/1052401，最后访问时间：2021 年 9 月 2 日。

等效性（bioequivalency，BE）是指在同一试验条件下，试验制剂和对照标准制剂在药物吸收程度和速度上的统计学差异，以便评价两个药物对某疾病患者的安全性和有效性是否相同或相近，许多国家和地区规定，若仿制药与注册药品间具有生物等效性，则可以缩短省略一定的申报程序和临床试验，在一定程度上避免了时间和金钱的浪费。目前，国内外最常用的生物等效性评价方法是药物动力学方法。

在生物等效性和药物动力学研究不断推进时，科学家们发现性别差异会明显影响药物的效用。但是在社会生活实践中，性别差异被局限于"比基尼"区域，大多数药物的药物动力学和生物等效性试验均以男性为标准，例如 20 世纪 90 年代之前开展的生物等效性试验就将健康男性受试者的数据外推至所有人群[1]，但这种做法显然忽视了女性的生理差异对吸收、排泄药物的影响。国外医药学界逐渐开始关注药物研究领域中的系统性性别偏见（systematic gender bias）现象及其危害后果，研究成果多见于医学和生物学期刊。目前国内对医药领域"系统性性别偏见"的相关研究则多从药物动力学、生物等效性角度对药物作用于个体的差异进行药理分析，呼吁重视性别差异在药物研发中的重要性，并在药物临床试验中纳入一定比例的女性受试者[2]。药物动力学中的性别差异主要可以从药物吸收与生物利用度、药物代谢与排泄方面分析。

（1）药物吸收与生物利用度

药物的吸收与利用度取决于药物结构、理化性质、给药途径和生理因素[3]。例如，女性的脱氧胆酸浓度较高，而男性胆酸浓度较高[4]，可能会影响很多药物的溶解性；女性的胃肠平均通过时间比男性长，且女性的胃

---

① 陈露露、王欣桐、陈思雨、李晓晖、余鹏、欧阳冬生：《生物等效性试验中纳入不同性别受试者的科学考虑与建议》，《中国临床药理学杂志》2020 年第 18 期。

② 陈菲菲、夏云龙：《2018 EHRA/HRS/APHRS 心律失常性别差异共识声明解读》，《中国循环杂志》2018 年第 S2 期。

③ 邓鸣、李敬来、张振清：《性别对药动学和药效学影响的研究进展》，《中国药学杂志》2013 年第 9 期。

④ Jean-Marie Nicolas, Pascal Espie, Mathieu Molimard, "Gender and Interindividual Variability in Pharmacokinetics", *Drug Metabolism Reviews*, Vol. 41, No. 3（Jan., 2009），pp. 408 - 421.

酸分泌较少，胃液酸性较之于男性略弱，较高的 pH 值使得女性对弱碱性药物的吸收增加，对弱酸性药物的吸收降低[1]。例如，大多抗抑郁药为弱碱性药物，在女性的胃肠中通过时间长、吸收高，因此，女性对抗抑郁药的剂量反应很可能比男性更大[2]；女性的更高的每分通气量、更低的潮气量可能会影响经呼吸道药物的吸收及呼吸系统的不良反应，皮下脂肪的含量也会影响药物的生物利用度。例如女性对喷雾剂利巴韦林和环孢霉素的吸收较低。[3]

另外，胃酶、肝酶、转运体、肠道菌群、胆酸分泌等因素均会影响人体对药物的吸收与利用，而这些因素均存在一定的性别差异，这导致一些药物对女性的疗效相比于男性较为有限；以男性的身体状况为标准制定的服药剂量很可能并不适用于女性。

（2）药物代谢与排泄

药物的代谢主要发生在肝脏，在这个过程中，CYP 酶、黄素氮氧化酶等各种酶至关重要，其中，CYP 酶的性别差异是引起药物动力学性别差异的主要因素。例如，女性对 CYP1A2 底物的清除率较低，CYP2C19 的活性相比于男性较低，这可能会导致女性服用同等剂量的抗抑郁药物后血药浓度高于男性，若女性正处于月经周期的黄体后期或正使用雌激素替代治疗，则会显著影响抗抑郁药的代谢。因此，女性用药时需要更精细地调整服药剂量，以便更好地发挥药物的作用，并减少不良反应[4]。

药物的排泄主要发生在肾脏，其过程可分为过滤、分泌和重吸收，而这三部分均存在一定的性别差异。男性的肾血流量、肾小球过滤量、肾小管分泌量和肾小管重吸收量均高于女性，其对药物的肾清除率也相应地高

---

[1] 牟永晓、曹云超、王艳春：《性别差异对药物作用影响的研究进展》，《吉林医药学院学报》2017 年第 1 期。

[2] Nikolaos Kokras, Christina Dalla, Zeta Papadopoulou-Daifot, "Sex Differences in Pharmacokinetics of Antidepressants", *Expert Opinion on Drug Metabolism & Toxicology*, Vol. 7, No. 2 (Feb., 2011), pp. 213 – 226.

[3] Nicolas, Espie, Molimard, "Gender and Interindividual Variability in Pharmacokinetics", *Drug Metabolism Reviews*, Vol. 41, No. 3 (Jan., 2009), pp. 408 – 421.

[4] 邓鸣、李敬来、张振清：《性别对药动学和药效学影响的研究进展》，《中国药学杂志》2013 年第 9 期。

于女性。例如，女性对一些抗高血压药物的清除率较低，发生不良反应的风险也更高[1]；因利尿剂托拉塞米发生的不良反应多见诸女性，实验证明，女性对托拉塞米的口服清除率比男性平均低三分之一[2]。因此，女性使用这些药物时需要减少剂量。

2. 性别差异造成的女性用药困境

（1）药物剂量的偏差与疗效的差异化

由于女性对一些药物的吸收相对于男性较低或较高，因此，以男性为标准制定的药物服用剂量很可能并不适用于女性。例如，欧洲心脏病学会药理学和药物治疗工作组发布的文件显示，在最佳的生存概率下，女性的心脏病用药要显著低于男性所需的剂量[3]；阿司匹林用于心血管疾病一级预防时，并不能降低女性心肌梗死的风险，而小剂量的阿司匹林则可降低卒中风险；被广泛应用于降脂的他汀类药物也是如此，女性对亲脂性他汀的代谢更强，对同剂量的他汀类药物比男性更容易发生不良反应；女性对预防和治疗血栓栓塞性疾病的华法林的剂量需求更低，临床治疗时需要相应地调整剂量[4]。

性别差异也会导致药物疗效的差异。研究表明，治疗高血压、心衰、肾病的血管紧张素转换酶抑制剂（ACEI）对女性的疗效较差，ACEI 可减少男性 37% 的病死率与再住院率，而女性的这一数字则为 22%[5]；女性对一些抗抑郁药、抗精神病药、止痛药的敏感性更强，但同时将承受更大的副

---

[1] Jean-Marie Nicolas, Pascal Espie, Mathieu Molimard, "Gender and Interindividual Variability in Pharmacokinetics", *Drug Metabolism Reviews*, Vol. 41, No. 3（Jan., 2009）, pp. 408 – 421.

[2] Ulrike Werner, Dierk Werner, Svetlana Heinbüchner, et al., "Gender is an Important Determinant of the Disposition of the Loop Diuretic Torasemide", *Journal of Clinical Pharmacology*, Vol. 50, No. 2（Nov., 2009）, pp. 160 – 168.

[3] 《男女有别：心血管药物的性别差异》，http://heart.dxy.cn/article/109129，最后访问时间：2021 年 1 月 25 日。

[4] 本刊：《5 种心血管常用药男女有别》，《中国循证心血管医学杂志》2016 年第 7 期。

[5] Paul G. Shekelle, Michael W. Rich, Sally C. Morton, et al., "Efficacy of Angiotensin-converting Enzyme Inhibitors and Beta-blockers in the Management of Left Ventricular Systolic Dysfunction According to Race, Gender, and Diabetic Status: A Meta-analysis of Major Clinical Trials", *Journal of the American College of Cardiology*, Vol. 41, No. 9（May, 2003）, pp. 1529 – 1538.

作用。因此，对于女性药效反应更为敏感的药物，应适当调整用药剂量，防止因用药过量而导致更严重的副作用，或者因用药不足量而延误病情。

（2）药物不良反应的性别偏向

伯克利大学的祖克·欧文（Zucker Irving）和普伦德加斯特·布莱恩（Prendergast Brian J.）在《性别差异生物学》中发表了一篇权威期刊文章，研究了在 ISI Web of Science 和 PubMed 数据库中检索得出的 5000 多篇文章发现，女性发生药物不良反应（ADR）的次数几乎是男性的两倍；对于大多数美国食品药品监督管理局批准的药物，女性表现出更高的血药浓度与更长的代谢时间。在美国最常见的 20 种治疗方案中的 668 种药物中，近一半的药品不良反应报告存在明显的性别差异。然而，性别作为药物不良反应产生的生物学因素鲜为人知[1]。

目前大多数正在使用的药物都是基于在男性身上进行的临床试验而获得批准的，给男女开同样剂量的处方的普遍做法忽略了药代动力学和体重等性别差异，女性服用"标准"的药物剂量，可能会带来过量用药的风险，并导致偏向于女性的药物不良反应[2]，如恶心、头痛、癫痫、躁郁症等[3]。

（二）药物研发时的系统性性别偏见的成因

1. 长期以男性为试验"标准范本"的医学实践

造成上述局面的，是在长久以来的药物实验、生物实验以及与此相关的生化实验中，男性和雄性的受试者都占到了绝对的多数，而女性、雌性的受试者严重不足。在 20 世纪的生物医学研究中，雌性哺乳动物长期被忽视。尽管美国国家卫生研究院于 1993 年授权妇女参与临床试验，但缺乏相应的措施以促进对雌性动物的研究，受试的雌性动物数量不足仍是普遍现象。有研究发现，2009 年发表的涉及动物的实验中，10 个学科中有 8

---

[1] Zucker Irving, Prendergast Brian J., "Sex Differences in Pharmacokinetics Predict Adverse Drug Reactions in Women", *Biology of Sex Differences*, Vol. 11, No. 1 (Jun., 2020), p. 32.
[2] 陈耀升、韩红玉、王娟、赵保红：《478 例药品不良反应报告分析》，《中国药物滥用防治杂志》2020 年第 5 期。
[3] Dustin Y. Yoon, et al., "Sex Bias Exists in Basic Science and Translational Surgical Research", *Surgery*, Vol. 156, No. 3 (Sep., 2014), pp. 508 – 516.

个存在雄性偏向，最明显的是神经科学，雄性与雌性的比例为 5.5∶1，药理学为 5∶1，生理学为 3.7∶1①。这在一定程度上阻碍了人们从生物学角度理解女性。

　　此外，在医学、生物研究中，许多研究报告并未按相关要求与国际建议对试验的性别结果作出讨论分析。例如有学者对新型抗抑郁药沃替西汀的临床试验进行了系统分析，23 项针对沃替西汀的研究中，只有 3 项研究按性别对主要变量进行了分析，没有研究按性别分别讨论试验结果②。两年来，发表在三种主要泌尿外科杂志的 171 项肾癌临床研究中，男性受试者仍占主导地位，男女比大于 1.5，只有 5 项研究中的女性受试者多于男性受试者。在 171 项临床研究中，只有 3% 的研究进行了性别特异性报告，37% 的研究将性别纳入了统计分析，其中 26% 的试验结果表明男性与女性受试者的测试数据存在显著差异③。131 篇研究膀胱癌的文章中，只有 3 篇按性别分别报告了试验结果，97% 的研究项目中，男性受试者多于女性受试者④。这样的现象存在于许多其他领域的科学研究中，尽管焦虑、抑郁、中风、甲状腺疾病、多发性硬化症、肥胖等疾病中，女性的发病率显著高于男性⑤，但是针对这些疾病的动物研究也多是由雄性动物进行；有学者对 PubMed 和 EMBASE 进行了系统检索，收集并分析了有关心力衰竭（HF）药物的现有研究，发现在 155 个符合条件的报告中，只有 11 个（7%）分别就男女遭受的药物不良反应进行了记录，且在过去几十年中，

---

① Annaliese K. Beery, Irving Zucker, "Sex Bias in Neuroscience and Biomedical Research", *Neuroscience & Biobehavioral Reviews*, Vol. 35, No. 3 (Jan., 2011), pp. 565 –572.

② María Santos-Casado, Ana Belén Guisado-Gil, Bernardo Santos-Ramos, "Systematic Review of Gender Bias in Vortioxetine Clinical Trials", *Progress in Neuropsychopharmacology & Biological Psychiatry*, Vol. 108, (Jun., 2021).

③ Adrian Fuentes-Bonachera, Armelle Meunier, Darragh Waters. et al., "Kidney Cancer Research: Sex-Inclusive but Sex-Unspecific", *Clinical Oncology and Research*, (Jun., 2020), pp. 1 –5.

④ Adrian Fuentes-Bonachera, Darragh Waters, A. Meunier, et al., "Gender Bias in Bladder Cancer Research: A Systematic Review", *European Urology Open Science*, Vol. 20, Issue Suppl. 1 (Sep., 2020), p. S6.

⑤ Irving Zucker, Annaliese K. Beery, "Males Still Dominate Animal Studies", *Nature: International Weekly Journal of Science*, Vol. 465, No. 7299 (Jun., 2010), p. 690.

分性别报道不良反应的研究报告并没有增加的趋势。在这 11 项研究中，有 6 项并未报告男女之间的性别差异，在余下的 5 项研究中，3 项报告称女性发生血管紧张素转换酶抑制剂（ACEIs）相关的不良反应的风险更高，1 项研究显示女性发生地高辛相关的死亡风险更高，1 项研究报告了男性发生盐皮质激素受体拮抗剂相关的不良反应的风险更高。鉴于按性别分别报告药物不良反应的数据之稀缺，调查人员呼吁改变科学实践的标准，将药物不良反应的数据按性别分别报告[1]；也有学者进一步指出，女性在药物试验中的参与比例不足，尽管目前的 HF 指南中建议男性和女性使用相同的药物剂量，但是有证据表明女性可以使用更低的剂量[2]。

2001 年，美国政府问责局（U. S. Government Accountability Office，GAO）发布的报告称，美国食品药品监督管理局记录的研究文件中，有三分之一的文件未按要求分性别列出试验结果，近 40% 的文件没有涵盖必需的人口统计信息[3]。对此，许多专家学者认为这样的研究做法构成了性别偏见（gender bias），并呼吁按性别单独分析试验结果，若受试者局限于一种性别，则应在文章标题中注明[4]。

[1] Sophie H. Bots, Floor Groepenhoff, Anouk L. M. Eikendal, et al., "Adverse Drug Reactions to Guideline-Recommended Heart Failure Drugs in Women: A Systematic Review of the Literature", *JACC: Heart Failure*, Vol. 7, No. 3 (Mar., 2019), pp. 258 – 266.

[2] Persoulla A Nicolaou, "Sex Differences in Heart Failure Medications Targeting the Renin-Angiotensin-Aldosterone System", *European Journal of Pharmacology*, Vol. 897 (Apr., 2021), p. 173961.

[3] "Women Sufficiently Represented in New Drug Testing, but FDA Oversight Needs Improvement", https://www.gao.gov/products/GAO – 01 – 754，最后访问时间：2020 年 1 月 26 日。

[4] Irving Zucker, Annaliese K. Beery, "Males Still Dominate Animal Studies", *Nature: International Weekly Journal of Science*, Vol. 465, No. 7299 (Jun., 2010), p. 690; María Santos-Casado, Ana Belén Guisado-Gil, Bernardo Santos-Ramos, "Systematic Review of Gender Bias in Vortioxetine Clinical Trials", *Progress in Neuropsychopharmacology & Biological Psychiatry*, Vol. 108 (Jun., 2021); Adrian Fuentes-Bonachera, Darragh Waters, A. Meunier, et al., "Gender Bias in Bladder Cancer Research, A Systematic Review", *European Urology Open Science*, Vol. 20, Issue Supl. 1 (Sep., 2020), p. S6; Charles-Olivier Betansedi MPH, Patricia Vaca Vasquez MPH, Emilie Counil PhD., "A Comprehensive Approach of the Gender Bias in Occupational Cancer Epidemiology: A Systematic Review of Lung Cancer Studies (2003 – 2014)", *American Journal of Industrial Medicine*, Vol. 61, No. 5 (Mar., 2018), pp. 372 – 382; Wendy A. Rogers, Angela J. Ballantyne, "Exclusion of Women from Clinical Research: Myth or Reality, *Mayo Clinic Proceedings*", Vol. 83, No. 5 (May, 2008), pp. 536 – 542.

2. 男女性别差异被局限于"生殖器官"范围内

由上文可见，尽管女性占世界上一半的人口，但往往面临着被男性"代表"的困境。许多生物医学研究仍将男性与女性视为生物学上的"等同体"，男性作为人类物种的代表，"典型的 70 公斤男性"被视为"标准"，与其不同的个体可能被视为"非典型"，从男性受试者身上得到的研究结果往往被类推适用于其他群体。女性被错误地视为缩小版的男性，除了乳房、卵巢等"比基尼区域"，其他疾病仿佛都可以直接应用从男性身上得到的研究结果，性别差异被限于生殖系统中，或者被模糊地归因于产生激素的"内分泌"系统。

在社会生活实践中，缺乏医学知识的群众也难以意识到性别导致的生理差异实际上远超人们的想象，生殖系统并非唯一的性别差异，类似于血浆量、平均器官血流量、体内总水分含量等都会以某种变量作用于药物的使用。

3. 药物临床试验中缺乏女性受试者的原因分析

药物临床试验中，有若干因素导致了女性受试者的比例不合理地偏低，甚至被完全排除在外。

从观念上看，性别差异对药物使用的影响未引起研究人员、药企足够的重视。如前所述，女性的生理特点并不局限于生殖器官，从男性受试者身上得出的研究结果未必适合女性，这种简单粗略的做法很可能侵犯女性的权益，而生物医学研究和医疗实践还未深刻意识到这一点。

许多研究人员认为女性可能会经历的月经周期、孕育以及激素的波动等均有可能为研究带来许多变量，而男性没有生殖周期、怀孕、哺乳的负担，在研究中会表现得更为稳定，不仅便于研究人员对受试者的状况进行监测，也有利于试验的稳步推行。从试验成本的角度分析，女性的这种"不稳定性"可能导致研究经费的增加，若女性受试者怀孕需要退出试验，也会增加试验的时间成本。

因此，研究机构出于节约成本的考量，往往倾向于选择男性、雄性受试单位而忽略女性、雌性受试单位的具体情况，若缺乏外部规章制度的强制性规定，这一现象便难以得到规制。

（三）药物研发时的系统性性别偏见对妇女权利的侵害

1. 药物研发阶段的性别偏见对妇女权利的侵害路径

在药物研发阶段，需要相当数量的受试者接受临床试验，以确定试验药物的疗效与安全性。在这一过程中，若女性受试者缺位，便难以准确及时地识别试验药物的剂量是否适用于女性、是否会发生严重的不良反应。在女性的生理差异和需求被漠视的情况下，那些以男性、雄性动物为导向的药物试验很可能无法及时有效地发现药物对女性的副作用，也无法针对性地准确制定适合女性的药物剂量。因此，这样缺乏检验的药物上市后，其对女性的副作用难以在短时间内被发现。只有在投入市场、被女性服用一段时间并造成一定范围的侵害结果之后，药物对女性的不良反应才能逐渐浮出水面。但是，药物的隐患被注意到时，往往已经造成无法挽回的后果。

2. 系统性性别偏见的学理分析

如前所述，在药物研发阶段，女性受试者在相当程度的比例上被排除在外，这一现象主要归因于对女性生理特性的漠视，以及节约试验成本的经济因素，国外学者将此称为"系统性性别偏见"，意指这是基于事先预判而不公正地对待女性。从认知的社会来源上看，人们倾向于节约精力，简化自己的认知过程，以应对日益复杂的社会状况。由于男性长期地在社会生活中占据主导地位，女性的生理特殊性仅被局限在了生殖区域，其余领域则被视作与男性并无不同。这一做法实际上直指性别歧视，即基于人的生理性别、社会性别而产生的歧视与偏见：将男性及其有关特点和事物视作规范的，女性及其有关特点和事物则被视为非常规的[①]。

《消除对妇女一切形式歧视公约》第一条界定："对妇女的歧视"指基于性别而作的任何区别、排斥或限制，其影响或其目的均足以妨碍或否认妇女不论已婚未婚在男女平等的基础上认识、享有或行使在政治、经济、社会、文化、公民或任何其他方面的人权和基本自由。一般认为，性

---

① 李傲：《性别歧视的界定》，《河北法学》2007年第1期。

别歧视应具备行为要件、结果要件、因果关系要件①：从行为要件来看，医药试验中有意排除女性受试者的行为在事实上构成了基于性别的排斥与限制——为追求稳定高效的药物试验，忽视女性的生理需求；从结果要件来看，女性因为该排斥与限制，不合理地承担了更为严重、频繁的药物不良反应。此外，根据反从属原则（anti-subordination principle），这样的区别对待也使得女性地位低于男性地位，就其后果而言，不合理地加重了女性的负担②；如前文所述，药物研发阶段中女性受试者的缺位势必造成无法及时有效地发现药物对女性的副作用，以及无法针对性地准确制定适合女性的药物剂量，从而损害女性对包括健康权在内的基本人权的享有。

尽管药物试验中对女性受试者的限制可在某种程度上被解释为"对育龄妇女的保护"，但这一以照顾为名的举措仍属于善意的歧视——以类似家长的角色将女性视为弱者，不仅不足以使女性受试者所受之限制合理化，也将女性排斥在了主流领域之外。事实上，药物试验可能对受试者造成的不利影响并不因性别而有所不同，男性受试者同样承担着试验药物带来的副作用等。此外，对男性受试者而言，某些药物试验也有影响其生育能力的风险，为了最大限度地回避这一风险，重要的是在药物试验阶段，不论男女都应做好避孕措施，防止意外怀孕以及对胎儿造成不利影响，并严格规范药物临床试验，切实保障受试者的生命健康安全，使药物试验在更为科学、严谨、安全的环境下展开。

3. 相关案例分析

（1）安眠药唑吡坦案

2013 年 1 月 10 日，美国食品药品监督管理局宣布降低含有唑吡坦（zolpidem）安眠药的推荐剂量，包括安必恩（ambien）、安必恩缓释片（Ambien CR）、酒石酸唑吡坦舌下片（Edluar）和唑吡坦口腔喷雾新制剂（Zolpimist）；女性的唑吡坦推荐服用剂量由 10 毫克降为 5 毫克，缓释产品的推荐剂量也由 12.5 毫克降至 6.25 毫克。美国食品药品监督管理局指

---

① 刘小楠主编《反歧视法讲义：文本与案例》，法律出版社，2016，第 15 页。
② 王鑫惠：《美国职场着装与就业性别歧视关系问题研究》，载刘小楠主编《反歧视评论》（第 5 辑），法律出版社，2018，第 242～255 页。

明，女性体内代谢消除唑吡坦的速度低于男性，因此药物在女性血液中的停留时间较男性更长①。医生给出的"标准"处方剂量可能会导致女性过量服药。在服药后的第二天早上，女性的血药水平仍维持在较高的水平，这会妨碍其进行一些需要警觉性的活动，例如驾驶等，也可能引发嗜睡或严重的认知障碍，从而影响其正常的学习、工作。

值得注意的是，在唑吡坦上市近 20 年后，美国食品药品监督管理局才向公众通报这一安全风险。在这 20 年来，经估算有 10% 至 15% 的女性在服药 8 小时后，可能因为血药水平过高而导致交通事故，而男性的这一比例则为 3%。美国食品药品监督管理局声称其收到了约 700 份关于唑吡坦的"驾驶能力减弱或道路交通事故"的报告，但是在大多数情况下，由于报告中缺乏给药时间和驾驶能力被削弱时间的信息，因此很难确定这些损害是否与唑吡坦有关。美国食品药品监督管理局在获得了临床试验与模拟驾驶的研究数据后，才更好地认知唑吡坦导致驾驶障碍的风险，并意识到女性面临的风险更大②。

在药物研发的过程中，药物剂量的确定至关重要。药物剂量的偏差会影响药物疗效，也可能导致严重的副作用。如果缺少女性受试者对研发的药物进行检验，则失去了在研发阶段就发现、解决问题的机会。在本案中，成千上万的女性便因此长期被置于过量服药、承受不良反应的危险中，而这一问题具有相当的隐蔽性，监督管理机构难以在短时间内发现问题，及时止损的难度与成本也相当高。

（2）沙利度胺致畸案

沙利度胺案件是药物警戒史上最为重大的药源性伤害案件之一，直接推动了药品上市审批与监管制度的建设，但其代价十分惨重。

---

① 《FDA 宣布降低安眠药剂量的新要求》，《上海医药》2013 年第 5 期。

② "Questions and Answers: Risk of Next-morning Impairment after Use of Insomnia Drugs; FDA requires lower recommended doses for certain drugs containing zolpidem (Ambien, Ambien CR, Edluar, and Zolpimist)", https://www.fda.gov/drugs/drug-safety-and-availability/questions-and-answers-risk-next-morning-impairment-after-use-insomnia-drugs-fda-requires-lower #: ~: text = A.%20FDA%20is%20requiring%20the%20manufacturers%20of%20certain, to%20impair%20activities%20that%20require%20alertness%2C%20including%20driving, 最后访问时间: 2021 年 1 月 27 日。

1957 年，由德国格兰泰制药（Chemie-Grunenthal）研发的沙利度胺片剂作为新型镇静催眠类非处方药在德国上市，其商品名为"反应停"（contergan），用于抑制恶心、呕吐等早孕反应，在无女性临床试验的情况下，其广告词就声称反应停药效十分安全，无毒副作用，孕妇与儿童皆可服用。截至 1960 年，"反应停"已销往日本、加拿大、英国等 46 个国家，被广泛应用于抑制孕妇的早孕反应[①]。

1961 年，一名澳大利亚产科医生发现近年来频繁出现海豹样肢体畸形儿，而这些患儿的母亲均曾于孕期服用过沙利度胺，这引起了他的警觉。这名医生将其研究报告发表于《柳叶刀》[②]，而这时，欧洲和加拿大已经发现了 8000 余名海豹肢症婴儿。毒理试验表明，沙利度胺对灵长类动物有很强的致畸性，其可通过胎盘直接作用于胚胎，小剂量的沙利度胺即可致畸，导致新生儿桡骨、手指发育不全，上肢、下肢犹如海豹的鳍，也有可能导致无耳、面瘫、小眼、眼肌瘫痪，还可能发生肾脏畸形、食管瘘、肛门闭锁、中线性血管瘤等。除了致畸的恶果，沙利度胺的不良反应还包括周围性神经炎，常表现为感觉异常、减退、过敏、迟钝，并可能伴有肌肉痛、针刺感、灼痛、手足发冷、腿部瘙痒等。此外，沙利度胺在已公开的临床试验中常见的不良反应还有嗜睡、头晕、头痛、口干、皮疹、深静脉血栓、低血压等[③]。

1961 年 11 月起，"反应停"陆续在世界各地被禁用并强制撤回，其上市短短五年内，据保守估计已造成一万名婴儿畸形，其造成的流产、早产、死胎等更是无法估计[④]。这场灾难给世界无数家庭带来了巨大的苦痛，但美国因 FDA 的审批监管而幸免于难。刚到 FDA 任职的评审员弗朗西斯（Frances Kelsey）负责沙利度胺在美国的上市审批，她认为沙利度胺虽然

---

① 朱兰：《沙利度胺的故事》，《中国食品药品监管》2019 年第 9 期。
② A. L. Speirs, "Thalidomide and Congenital Abnormalities", *The Lancet*, Vol. 279, No. 7224 (1962), pp. 303 – 305.
③ 陈公琰、王磊：《沙利度胺——绝境逢生的科学故事》，《肿瘤代谢与营养电子杂志》2014 年第 2 期。
④ James E. Ridings, "The Thalidomide Disaster, Lessons from the Past", *Methods in Molecular Biology*, Vol. 947 (Jan., 2013), pp. 575 – 586.

对人有很好的催眠作用，但对动物的催眠效果并不理想，且该药品的安全性评估几乎都来自动物试验。此外，她注意到有医学报告称该药会对孕妇有副作用并影响胎儿发育，而沙利度胺也缺乏临床试验的验证，显然安全性存疑。因此弗朗西斯顶住了来自药厂和各方面的压力，坚决阻止了沙利度胺在美国上市。与此相对应的是，沙利度胺被禁用数十年后，巴西、西班牙等国仍然出现因孕妇服用沙利度胺而生下畸形儿的事件①。在沙利度胺仓皇退市后，美国通过了《科夫沃－哈里斯修正案》（*Kefauver-Harris Amendment*），为了确保药品、食品等生产管理的安全性、有效性、可靠性，以法律形式要求所有新型药物的上市申请均须提交证据充分的报告，以证明其药物有效性，此外，还必须通过充分的临床试验验证。

可见，若药物未经科学的临床试验便投入市场，便是用每个服药者的生命健康来试错。药品的问题往往需要多年才能被发现并引起重视，此外，药物的禁用、撤回等不仅需要耗费大量的时间与人力、物力，也会导致受害者的生命健康遭遇难以弥补的伤害。这两个案例直接说明了女性用药面临的困境，证明了药物研发中系统性性别偏见可能造成的巨大危害后果，也为我国的药物监管体系敲响了警钟。

二 国内外医疗领域中保护妇女健康权的主要文件

（一）国际性人权文件

如前所述，医药研发领域中的性别偏见使妇女陷入用药困境，会直接或间接地影响妇女的诸多权利，如生命权、健康权、医疗保健权、工作权、财产权等。其中影响最直接、广泛的当数健康权。

健康作为人类生存和社会发展的基本条件，在很多国际文书中得到了承认。其中，妇女健康权是妇女的一项基本人权，是国际社会保护和关注

---

① Zhang Weiguang, Zhang Shilin, Guo Dong, et al., "Great Concern for Chiral Pharmaceuticals from the Thalidomide Tragedy", *University Chemistry*, Vol. 34, No. 9 (Jan., 2019), pp. 1 – 12.

的重要内容。

1946 年的《世界卫生组织组织法》首次提出了健康的定义，并明确了健康权的内涵为"享受最高而能获致之健康标准"，其序言写道，健康"不仅为疾病或羸弱之消除，而系体格、精神与社会之完全健康状态"；健康权则"享受最高而能获致之健康标准，为人人基本权利之一。不因种族、宗教、政治信仰、经济或社会情境各异，而分轩轾"。此外，世界卫生组织还指出，卫生领域中侵犯人权或不注重人权可能具有严重的健康后果；在提供卫生服务时明确或隐晦的歧视态度构成对基本人权的侵犯。当然，由于《世界卫生组织组织法》乃国际组织之内部章程，因此仅对该组织的内部活动发生拘束力，但是可将其作为权威参考。1948 年，《世界人权宣言》第 25 条为健康权的国际法律框架奠定了基础，其中规定人人有权享有为维持他本人和家属的健康和福利所需的生活水准，包括食物、衣着、住房、医疗和必要的社会服务。1966 年《经济、社会和文化权利国际公约》第 12 条明确提出："人人有权享受可能达到之最高标准之身体与精神健康"，经济、社会及文化权利委员会认为缔约国有确保最低限度的基本健康权的义务，包括基本的初级卫生保健，使人们不受歧视地拥有使用卫生设施、物品与服务的机会等，特别是边缘与弱势群体①。自此，许多国际性、区域性的人权条约均纳入了健康权。

从"健康权"的概念来看，《经济、社会和文化权利国际公约》并未全面采纳世界卫生组织对健康的定义，公约第 12 条第 1 款规定缔约国确认"人人有权享受可能达到之最高标准之身体与精神健康"，此处规定的健康权不仅是自由权，也是社会权；不仅指获得卫生保健的权利，也包括获得构成健康基础条件的权利。第 2 款列举了公约起草者认为非常重要的四项义务："设法减低死产率及婴儿死亡率，并促进儿童之健康发育；改良环境及工业卫生之所有方面；预防、治疗及扑灭各种传染病、风土病、职业病及其他疾病；创造环境，确保人人患病时均能享受医药服务与医药

---

① 参见经济、社会和文化权利委员会《第 14 号一般性意见：享有能达到的最高健康标准的权利》（第十二条）（2000 年），E/C. 12/2000/4，第 43 段。《第 14 号一般性意见》是关于健康权的综合性参考文件，为健康权的解释、缔约国义务的履行提供了较为综合的指导。

护理。"但是，此处规定的四项义务并非缔约国的全部义务，缔约国之义务的性质与范围应结合该公约第 2 条规定的一般义务条款加以判定。《经济、社会和文化权利国际公约》第 12 条被视为健康权的核心条款，这是健康权第一次出现在国际公约之中，不仅对各缔约国有法律约束力，也为其他公约拟定有关健康权的条款提供了借鉴与参考。"最高标准之身体与精神健康"也获得了其独立地位。需要说明的是，健康权并非保证健康的权利，其只保证可获得的最高标准的健康。鉴于资源的有限性，以及每个个体的体格与遗传因素等均有差别，国家无法保障每个公民均保持健康，而是保障每个人获得可达到的最高标准的健康，其内涵包括掌握身体和健康的自由，并获得实现健康的商品、服务、机会的信息与条件，此外，资源配置也应具备合理性。国家对健康权的实现负有尊重、保障、实现的义务，避免直接或间接地干涉健康权、采取措施防止第三方干涉健康权并履行一系列相应的义务。但是，尽管保护健康权的战略须有国家自上而下的推动，广泛的利益相关者的参与以及法律责任的强化同样重要。

联合国人权事务高级专员办事处与世界卫生组织联合发布的《概况介绍 31 号：健康权》（*Fact Sheet No. 31*）专门就"健康权"的概念和内涵等作了说明和定义，是最为权威、详细的材料。其中讲到，健康权是一项广泛的权利（inclusive rights）。人们经常把健康权与获得保健和设立医院联系起来，但是实际上，健康权远不止于此，它包括一系列可以帮助我们过上健康生活的因素。这些"健康的根本决定因素"包括安全的饮用水和适当的卫生设施、安全的食品、充足的营养和住房、健康的工作和环境条件、健康教育和信息、两性平等①。

随着近几十年来医疗卫生领域的发展进步与妇女运动的推动，妇女的健康问题日益受到国际社会的关注，其范围突破了生殖健康的范畴，并与其他广泛的人权问题、社会问题交织在一起。被称为"妇女人权宪章"的《消除对妇女一切形式歧视公约》第 12 条第 1 款指出缔约各国应采取一切

---

① See World Health Organization, "Office of the United Nations High Commissioner for Human Rights", *The Right to Health Factsheet No. 31*, World Health Organization（2008）, https://www.ohchr.org/Documents/Publications/Factsheet31.pdf.

适当措施以消除在保健方面对妇女的歧视，保证她们在男女平等的基础上取得各种保健服务，包括有关计划生育的保健服务；第 2 款在第 1 款的基础上，强调了缔约各国应保证为妇女提供有关怀孕、分娩和产后期间的适当服务，于必要时给予免费服务，并保证在怀孕和哺乳期间得到充分营养，该条规定在健康权的构建中加入了"女性视角"；1994 年国际人口与发展大会《行动纲领》再次重申："各国采取适当措施，保证在男女平等的基础上普遍获得保健服务。"在世界妇女大会上，妇女的健康权也是十二个重点关切领域之一；联合国的千年发展目标（MDGs）提出要促进两性平等并赋予女性权利、改善孕产妇保健、降低孕妇死亡率、使人人享有生殖健康服务；2030 可持续发展目标（SDGs）也提出，确保健康的生活方式，促进各年龄段人群的福祉等。其他的发展目标诸如消除贫困、优质教育等，也从其他方面影响着妇女健康权的保障与实现。

妇女的用药质量直接关系着妇女所获得的医疗服务的质量，若妇女因医药研发过程中的性别偏见而承受着用药剂量的偏差、更多不良反应的危险，则妇女的健康权无疑受到了直接的冲击。如前所述，若要改变妇女的用药困境，国家负有不可推卸的义务，医药研发人员更需意识到性别偏见的潜在危害，相关制度也应强化法律责任的构建，以求从根本上解决问题，并在遇到危机时启动快速有效的行动方案。

（二）域外对药物研发中系统性性别偏见现象的规制

具体到医学研究中保障女性受试者比例的文件规范中，美国较早地发现并重视女性的生理差异对其获得保健服务质量的影响。1985 年，美国发布了《关于女性健康问题的公共卫生服务报告》（*Report of the Public Health Service Task Force on Women's Health Issues*），认识到女性的健康不仅涉及生殖功能，而且特定的健康状况在女性和男性中的表现可能有所不同："对妇女健康问题的研究历来缺乏，这损害了妇女可获得的健康信息的质量以及她们获得的保健服务的质量。"这项报告促使美国国家卫生研究院（NIH）发布政策，建议将妇女纳入联邦资助的临床研究。

被誉为"美国人的健康守护神"的食品药品监督管理局（Food and

Drug Administration，FDA）是专门从事食品与药品管理的最高执法机关、政府卫生管制的监控机构，该部门由医生、生物学家、化学家、统计学家等专业人士组成，具备优秀的专业水准与信誉度，并在美国乃至全球均有巨大影响。1993 年，美国食品药品监督管理局发布指导原则，要求在拟用于两性的药物的临床研究中，应纳入同等数量的男性与女性受试者①；1997 年，其发布的《药物临床评价中性别差异的研究和评价指南》首次提出应将女性纳入生物等效性研究②。2003 年，其建议除拟用于单一性别人群的药物研究，其他生物等效性研究应纳入同等比例的男性与女性受试者③。值得一提的是，世界卫生组织也依照美国食品药品监督管理局的政策颁布了相应的指南④。

加拿大于 1997 年要求药物研发期间应将女性纳入临床试验⑤。负责加拿大药品审批、监督的加拿大卫生局（Healthy Canada，HC）也要求生物等效性试验应包含不同性别的受试者，研究在健康的志愿者身上进行，并确保女性受试者未怀孕并避免怀孕⑥。

欧洲的药品监督管理局（European Medicines Agency，EMA）则相对

---

① United States：Food and Drug Administration，Study and Evaluation of Gender Differences in the Clinical Evaluation of Drugs，1993 – 07 – 22，https：//www. fda. gov/regulatory-information/search-fda-guidance-documents/study-and-evaluation-gender-differences-clinical-evaluation-drugs.

② United States：Food and Drug Administration，In-Vivo Bioequivalence Studies Based on Population and Individual Bioequivalence Studies，1997 – 12 – 30，https：//www. fda. gov/drugs/guidances-drugs/withdrawn-guidances-drugs.

③ United States：Food and Drug Administration，Guidance for Industry-bioavailability and Bioequivalence Studies for Orally Administered Drug Products-general Considerations，2002 – 07 – 10，https：//www. fda. gov/media/76764/download.

④ World Health Organization，WHO Expert Committee on Specifications for Pharmaceutical Preparations，2015 – 05 – 01，https：//www. who. int/medicines/areas/quality_ safety/quality_ assurance/expert_ committee/trs_ 992/en/.

⑤ Health Canada，Policy Issue from the Drugs Directorate：Inclusion of Women in Clinical Trials During Drug Development，1997 – 05 – 27，https：//www. canada. ca/en/health-canada/services/drugs-health-products/drug-products/applications-submissions/policies/policy-issue-inclusion-women-clinical-trials-drug-development. html.

⑥ Health Canada，Guidance Document：Conduct and Analysis of Comparative Bioavailability Studies，2018 – 09 – 01，https：//www. canada. ca/content/dam/hc-sc/documents/services/drugs-health-products/drug-products/applications-submissions/guidance-documents/bioavailability-bioequivalence/conduct-analysis-compa-rative. pdf.

宽松，其发布的《生物等效性研究指南》（*Guideline on the Investigation of Bioequivalence*）规定受试者可以属于任何一种性别，但应考虑育龄女性面临的风险①。

尽管各国对于生物等效性研究中是否应纳入女性受试者及其数量、比例规定不一，在国际上也没有统一的标准；但是总体而言，女性受试者参与临床研究的重要性逐步显现。尽管生物等效性研究中不纳入女性是许多国家的通行做法，但美国食品药品监督管理局作为医药领域的标杆，其要求男性与女性受试者比例相同的政策有十分重要的参考意义。

（三）中国药物试验指导规范及其监管机制

1. 我国食药监局对受试者的比例要求

2016 年以前，我国的生物等效性研究几乎全部在男性受试者中完成，包括阿拉曲唑（适用于绝经后妇女的晚期乳腺癌的治疗）与来曲唑（用于乳腺癌的内分泌治疗）等仅用于女性的药物②。

2005 年，我国的《化学药物制剂人体生物利用度和生物等效性研究技术指导原则》规定，一般情况下，研究应选择健康的男性受试者。特殊作用的药品，则应根据具体情况选择适当受试者。选择健康女性受试者应避免怀孕的可能性；2015 年，《药物制剂人体生物利用度和生物等效性试验指导原则》规定，试验中一般情况选健康男性，特殊情况需说明原因，如妇科用药；直到 2016 年，我国食品药品监督管理总局颁布的《以药动学参数为终点评价指标的化学药物仿制药人体生物等效性研究技术指导原则》中才规定受试者应涵盖一般人群的特征，包括年龄、性别等，如果研究药物拟用于两种性别的人群，一般情况下，研究入选的受试者应有适当

---

① 陈露露、王欣桐、陈思雨、李晓晖、余鹏、欧阳冬生：《生物等效性试验中纳入不同性别受试者的科学考虑与建议》，《中国临床药理学杂志》2020 年第 18 期。

② 陈露露、王欣桐、陈思雨、李晓晖、余鹏、欧阳冬生：《生物等效性试验中纳入不同性别受试者的科学考虑与建议》，《中国临床药理学杂志》2020 年第 18 期。

的性别比例①。

可见，我国近年来才对药物试验中的女性比例作出一定要求，但并未规定男性与女性受试者的比例应相等，药物研究中仍然存在男性导向的问题。同时，相关指导原则也强调女性受试者应避免怀孕，以防止对胎儿造成风险并陷入伦理的困境。

2. 我国药物警戒制度及其面临的挑战

除了医药试验中的女性受试者比例，也需要重视药物警戒机制的健全，只有在监测、识别、评估和控制等环节做好建构，才能及时准确地将不适用于女性甚至可能对女性造成严重身体伤害的药物挡在入市门外，才能避免造成大规模的集体性安全事件并及时止损。

于 2019 年 12 月 1 日起施行的《中华人民共和国药品管理法》（以下简称《药品管理法》）第 12 条提出："国家建立药物警戒制度，对药品不良反应及其他与用药有关的有害反应进行监测、识别、评估和控制。"这是我国药品管理制度的重大变革，药物的监测评价工作面临新的发展机遇，也迎来了前所未有的挑战。《药品管理法》对医疗机构作出了较为全面的要求，以建立健全药物警戒制度。

《药品管理法》第 72 条规定："医疗机构应当坚持安全有效、经济合理的用药原则，遵循药品临床应用指导原则、临床诊疗指南和药品说明书等合理用药，对医师处方、用药医嘱的适宜性进行审核。"《药品管理法》将"合理用药"原则写入法律，目的在于使人民群众承受尽可能小的治疗风险与经济负担，并获得最大的治疗效果。除此之外，《药品管理法》的第 69 条和第 73 条规定了医疗机构应配备药师或药学技术人员，以负责本单位的药品管理、处方审核和调配、合理用药的指导等；药师不得调配有配伍禁忌或超剂量的处方。此处的立法原意在于使足够的药师参与临床用药与审批调配方案，以确保用药的合理性、安全性；对于药品不良反应的监测，《药品管理法》规定医疗机构应当经常考察

---

① 国家食品药品监督管理总局：《以药动学参数为终点评价指标的化学药物仿制药人体生物等效性研究技术指导原则》，http://www.cde.org.cn/zdyz.do? method = largePage&id = 227，最后访问时间：2015 年 11 月 27 日。

本单位生产、经营、使用的药品质量、疗效及不良反应，并及时向药品监督管理部门和卫生健康主管部门报告所有疑似的不良反应，范围不仅包括药品本身的风险，也包括认为用药不当的风险，例如滥用、误用等①；在法律责任方面，《药品管理法》加大了违法处罚的力度，强化了负责人与企业的责任，以严厉打击医药领域的腐败。

总体而言，药物警戒的范围从时间上覆盖了从药物临床试验至药物上市后的全生命周期，从内容上涵盖了药物不良反应以及疑似不良反应等其他有害反应，包括药品的安全性与有效性。这显然对医药行业带来了巨大的挑战。为了建立完备的药物警戒体系，需要直面实践中存在的各式问题，例如医疗机构发现和研判药品安全性及风险隐患的能力不足，存在上报报告质量差、信息可利用度不高、已知不良反应的重复发生率高等问题②；开展药物警戒工作的热情不高且工作人员数量不够③；管理制度体系监测评价能力还有待打磨与完善等④。要加快中国药物警戒制度的建立，需要多方位的共同推进。唯有对药物研发的系统性性别偏见进行有效规制、对药物上市前后的监管落到实处，才能真正改善女性的用药困境。

三　对我国保障医药研发中相关妇女权利的建议

（一）医疗卫生领域应遵循的关键人权标准

为了增强健康权的可评估性与操作性，联合国经社理事会发展出以卫生服务为中心的健康权保护的国际标准，即以可用性（availability）、可及性（accessibility）、可接受性（acceptability）与质量（quality of services）四个方面来评判卫生服务的全面性与综合性。

---

① 王涛、王丹、董铎：《构建中国药物警戒体系的思考》，《中国食品药品监管》2019 年第 1 期。

② 傅文、杜鹃、王继堃等：《试论我国医疗机构在药物警戒中的作用》，《中国药物警戒》2009 年第 4 期。

③ 何卉、朱民田：《我国药品不良反应监测工作进展》，《辽宁中药大学学报》2018 年第 6 期。

④ 田月洁、吴世福、史国生：《关于我国建立药物警戒制度的思考》，《中国食品药品监管》2020 年第 8 期。

关于可用性，主要有两个方面的问题：一是国家是否拥有合适与充分的资源，二是国家是否有能力和意愿适当并有效地利用这些资源。首先，缔约国境内必须有足够数量的、行之有效的公共卫生和卫生保健设施、物资和服务，以及卫生计划。这些设施、物资和服务的具体性质，这一点会因各种因素，例如缔约国的发展水平等而有所不同。但是，一些基本的卫生要素是必需的，例如安全和清洁的饮水，适当的卫生设施，医院、诊所和其他卫生方面的建筑、经过培训且工资收入在国内具有竞争力的医务和专业人员，以及世界卫生组织基本药品行动纲领规定的必需药品。

可及性指卫生设施、物资和服务必须无所歧视地面向缔约国管辖范围内的所有人。这一点主要包含四个彼此重叠的部分：从获得卫生服务的主体上看，必须满足普遍性与不歧视原则，卫生设施、物资与服务需不加歧视地面向所有人开放，每个人都有权根据其需求获得平等的、全面的医疗保健服务；从地理上看，健康服务设施需要在人们的可及距离之内。但许多国家的卫生支出过度向发达城区倾斜，忽视了边缘化社区的医疗保健状态，包括农村地区、少数民族地区等；从经济上看，卫生设施、物资以及与基本健康要素相关服务的收费需要在人们的经济可承受范围之内，且不宜负担过重；从获得信息的条件上看，应保障人们查找、接受、传播医疗保健相关的信息与意见的权利，不得侵犯公民对个人健康资料享有的隐私权。

可接受性强调平等与不歧视，其要求所有卫生设施、物资和服务，必须尊重医务职业道德，并在文化上是适当的，即尊重个人、少数者、民族和社群的文化，对性别和生活周期的需要敏感，其设计尊重保密性并改善有关个人和群体的健康状况。

从质量角度分析，卫生设施、物资与服务必须在科学和医学上是适当和高质量的，例如需要业务熟练的医务人员、经科学批准且未过期的药品、满足需求的医院设备、安全清洁的饮用水及适当的卫生条件等。

除了上述的四个要素，医疗机构还需要遵循问责制与透明度的要求。问责制要求医疗保健系统必须对服务对象负责，并在信息、决策与管理方面对公众公开。

（二）规制药物研发领域中的系统性性别偏见问题

1. 深刻认识并尊重女性的生理特殊性

要规制药物研发中的系统性性别偏见问题，首先应从观念角度深刻认识并尊重女性的生理特性及需求。具体而言，需要明确认识男女性别差异并非局限于生殖器官和性激素，胃酶、肝酶、转运体、肠道菌群、胆酸分泌等因素均存在性别差异，并作用于药物的吸收与排泄。若漠视性别差异的影响，认为只用研究"比基尼药学"便可全面覆盖女性的生理特殊之处，那么女性的用药困境便难以得到解决，女性也会始终面临不尽如人意的药物疗效与更严重的不良反应。

此外，还须反对生物医学研究和医疗实践中的男性标准导向，拒绝"标准身材"的男性代表所有群体，正视并充分考虑女性的生理特点，及时在药物研发阶段即发现新药物可能对女性造成的不良反应，避免药物上市后大范围地侵害女性健康权。

2. 在药物研发实践中贯彻性别平等原则

药物研发过程中的性别平等原则要求在药物临床试验中合理安排女性受试者的参与比例，以及药物研究报告需按性别出示结果数据。

由于性别差异客观存在，应制定具体明晰的指导原则。若新药物存在显著的性别差异，则需在临床试验中同时纳入相同比例的男性和女性受试者，以对药物的属性及反应有完整的把握；若新药物拟用于两性，也需纳入相同比例的男性与女性受试者。生物等效性试验中，也应纳入满足要求的女性受试者，并确保有合理的比例。

此外，药物研究报告也应按性别单独分析试验结果，这是贯彻平等原则极为重要的一环。目前的医药学临床研究做法仍旧存在明显的性别偏见，针对男性的研究结果往往被概括地类推至女性，只有少数的临床研究按性别分析了试验结果，且一些研究出于明显武断的原因将女性排除在试验之外[①]。

---

① Wendy A. Rogers, Angela J. Ballantyne, "Exclusion of Women from Clinical Research: Myth or Reality", *Mayo Clinic Proceedings*, Vol. 83, No. 5 (May, 2008), pp. 536 - 542.

要求药物研究报告出具单独的性别分析结果，有助于矫正性别偏见现象，促使医疗机构正视女性的特性与需求。

结　语

药物研发中的系统性性别偏见具有相当的隐蔽性，在我国也未引起广泛的关注与重视。综合国内外相关研究可得，性别差异将会广泛作用于许多种类的常见药品中，女性承受着药物剂量与疗效的偏差，面临着更多更严重的不良反应，这无疑是对妇女的基本权利，特别是平等权和健康权的侵害。因此，健康领域也需要具备性别视角、贯彻性别平等原则，以准确把握医学研究中隐蔽的性别偏见及其危害性。在国际人权法中，健康权很早就被确认为基本人权，妇女的健康权也是国际社会重点关注的对象，让妇女不受歧视地享有健康权已成为世界性的目标，但是国际公约目标的实现与世界性倡议的落实，有赖于国家的积极作为。在《中华人民共和国药品管理法》出台之际，我国更需要立足于实际，直面女性的用药困境，并为解决这一问题作出积极反应。这不仅是平等保护妇女权利的要求，也是回应国际社会对加大力度保护女性权利的共识。在医疗卫生领域，需要遵循可用性、可及性、可接受性与质量的多方面检验；在观念上，要充分认识到男女性别差异并非局限于生殖器官和性激素，仅从男性身上得出的试验结果未必适合女性；在药物研究的过程中，应保证女性受试者的比例与数量，并按性别出示结果数据。简而言之，纠正医疗卫生领域中的性别偏见，需要思想观念的转变以及多层面的制度建构与国家机关的协作，这是一项庞杂的系统性工程，需要多方的共同努力，才能切实改善女性的用药困境，从而更好地保障妇女权利。

【责任编辑：狄磊】

女性主义法学视角下的企业社会责任

——兼论《工商业与人权原则》的指导意义[*]

李卓伦[**]

摘要： 企业承担促进性别平等的责任不仅源于法律规范与社会期待，也是实现自身可持续发展的内在需求。道德规范是企业促进性别平等的社会责任的核心内容，这主要体现在《联合国工商业与人权指导原则》等软法文件中。女性主义法学研究可以弥补这些软法文件中缺失的性别视角，帮助企业认识到工商业环境中普遍存在的性别成见，通过"促进性别平等的评估－转变性别观念的措施－转变性别观念的补救－基于性别情境的监督"框架履行促进性别平等的社会责任。

关键词： 社会性别视角；性别平等；企业社会责任；工商业与人权指导原则

一　问题的提出

妇女是人类文明的开创者与社会进步的推动者，为全球经济发展贡献了巨大力量。自 1945 年《联合国宪章》正式将男女平等上升为国际法义务以来，几乎所有国际（包括全球性与区域性）人权文书都明确规定了性别平等与禁止对妇女的歧视的基本原则，[①] 源于国际人权法的平等/非歧视

---

[*]　本文获得中央高校基本科研业务费项目"'一带一路'建设法律政策相通研究"（课题编号：2021JBKYJD008）的支持。

[**]　李卓伦，兰州大学意大利研究中心研究人员、意大利乌尔比诺"卡尔洛·波"大学博士研究生，研究方向为国际法、工商业与人权。

[①]　参见徐显明主编《人权法原理》，中国政法大学出版社，2008，第 213 页。

原则也成为当代各国国内法律体系的重要原则。我国已经形成了以《宪法》为基础，《妇女权益保障法》为主体，包括国家各种单行法律法规、地方性法规和政府规章在内的保障妇女权益和促进性别平等的法律体系。[①]但反观现实，女性还面临着根深蒂固的社会歧视，无论是在生活与工作中普遍存在的性骚扰、基于性别的暴力、在市场营销中将女性商品化，还是在工商业环境中难以改变的性别成见，都使女性难以平等地享有基本权利与自由。[②] 为促进性别平等与实现包容发展，联合国《2030年可持续发展议程》已将性别平等和妇女赋权作为重要目标。政府与社会力量应携手合作，努力实现妇女事业和经济社会同步发展。[③] 工商企业作为传统公、私主体外的"第三主体"，在当前的多层次社会治理格局中扮演着重要角色，是实现经济发展与权利保护共进的潜在力量。[④] 如何引导工商企业积极履行社会责任以推动性别平等成为国际组织与国际学界的热点议题。[⑤]

近年来，国内一些学者也积极在法学研究中讨论性别平等与女性权利，这集中体现在女性主义法学相关研究中。女性主义法学既关注法治理论的诠释，也关注具体制度模式的设计。[⑥] 通过将"社会性别"视角纳入法学研究，审视法律规范性文件的适用给不同性别群体带来的影响，并结合两性面对的不同社会现实、生活期望以及经济环境，女性主义法学研究

---

① 参见国务院新闻办公室《中国性别平等与妇女发展》（白皮书），http://www.gov.cn/zhengce/2015-09/22/content_2936783.htm，最后访问时间：2021年3月28日。

② 参见联合国人权理事会《〈工商企业与人权指导原则〉之性别层面：人权与跨国公司和其他工商企业问题工作组的报告》，A/HRC/41/43，2019年，第11~21段。

③ 参见新华网《习近平在联合国大会纪念北京世界妇女大会25周年高级别会议上的讲话》，http://www.xinhuanet.com/politics/leaders/2020-10/01/c_1126568083.htm，最后访问时间：2021年2月28日。

④ See Mende, Janne, Business Authority in Global Governance: Beyond Public and Private, Wissenschaftszentrum Berlin fur Sozialforschung Discussion Paper, No. SP IV 2020 - 103 (2020), pp. 1 - 38.

⑤ See Kate Grosser, Jeremy Moon, "Gender Mainstreaming and Corporate Social Responsibility: Reporting Workplace Issues", *Journal of Business Ethics*, Vol. 62, No. 4 (2005), pp. 327 - 340; Droms Hatch Courtney, Stephen Sheryl Ann, "Gender Effects on Perceptions of Individual and Corporate Social Responsibility", *Journal of Applied Business and Economics*, Vol. 17, No. 3 (2015), pp. 63 - 71; Dawar Gaurav, Singh Seema, "Corporate Social Responsibility and Gender Diversity: A Literature Review", *Journal of IMS Group*, Vol. 13, No. 1 (2016), pp. 61 - 71.

⑥ 参见李军《对女性主义法学研究的思考》，《理论导刊》2005年第5期。

旨在揭示性别不平等的原因并提出修改建议。① 女性主义法学的社会性别研究方法可以从规范性分析的角度回答企业性别平等的社会责任的正当性与应然性问题。自 2005 年进入中国以来，② 女性主义法学研究方法主要应用于女性劳动权、婚姻家庭权、性骚扰与家庭暴力规制等研究中，③ 为完善我国妇女保障法律体系作出了诸多贡献，其本身具有的批判性和进步性也为我国法学研究提供了新的视角。④ 在我国劳动力市场与工商业环境中的性别不平等问题依旧突出的背景下，⑤ 一些学者将女性主义法学延伸到公司治理领域，⑥ 认为"公司法女性主义必然将为包容性的公司经济和具体的平等铺设道路"⑦。学者们皆认可性别平等是企业社会责任的应有内容，并主要就如何通过法律与政策进一步明确企业社会责任提出建议。⑧换言之，目前学界主要通过"与立法者对话"的方式探讨如何强化企业促进性别平等的法律责任。企业社会责任是法律义务与道德义务的统一体，⑨

---

① 参见但淑华《女性法学研究的新进展——基于 2006 – 2015 年硕博论文选题和内容的分析》，《妇女研究论丛》2018 年第 3 期。

② 我国学界普遍认为 2005 年联合国世界妇女大会在北京的召开使"社会性别"概念进入我国学界，"社会性别"概念与法学的结合便开启了我国女性主义法学研究。参见马姝《我国女性主义法学研究的回顾与展望》，《河北法学》2012 年第 11 期；夏吟兰、周应江《性别与法律研究的回顾与展望》，《光明日报》2013 年 6 月 4 日；但淑华《女性法学研究的新进展——基于 2006 – 2015 年硕博论文选题和内容的分析》，《妇女研究论丛》2018 年第 3 期。

③ 参见李勇《中国女性主义法学研究的兴起、发展及展望》，《山东女子学院学报》2020 年第 3 期。

④ 参见马姝《我国女性主义法学研究的回顾与展望》，《河北法学》2012 年第 11 期。

⑤ 参见王晶、张洪伟《性别视角下的企业社会责任及对策思考》，《社会科学战线》2016 年第 1 期；金一虹《中国妇女的经济发展与经济赋权的回顾与展望》，《山东女子学院学报》2020 年第 4 期。

⑥ 参见向东《社会性别视角下企业社会责任的法律化》，《河北联合大学学报》（社会科学版）2015 年第 2 期；王晶、张洪伟《性别视角下的企业社会责任及对策思考》，《社会科学战线》2016 年第 1 期；薛前强《公司、性别与法律：公司法的女性主义改革》，《经济法论坛》2019 年第 1 期；薛前强《女性主义视域下公司法之审思》，《中国社会科学院研究生院学报》2019 年第 3 期。

⑦ 薛前强：《公司、性别与法律：公司法的女性主义改革》，《经济法论坛》2019 年第 1 期。

⑧ 参见刘小楠《性骚扰的现状与法律规制——以港台地区性骚扰立法为鉴》，《妇女研究论丛》2014 年第 4 期；向东《社会性别视角下企业社会责任的法律化》，《河北联合大学学报》（社会科学版）2015 年第 2 期；王晶、张洪伟《性别视角下的企业社会责任及对策思考》，《社会科学战线》2016 年第 1 期。

⑨ 参见卢代富《国外企业社会责任界说评述》，《现代法学》2001 年第 3 期。

其内容主要体现在道德义务层面，鼓励企业通过自我约束的方式以高于法律的标准促进社会公益才是企业社会责任发挥作用的关键，[①] 也是实现实质性性别平等的重要动力。

此外，《法治社会建设实施纲要（2020－2025年）》提出要"推动社会成员自我约束、自我管理、自我规范"，"强化政策引领作用，为企业更好履行社会责任营造良好环境，推动企业与社会建立良好的互助互信关系"[②]。有鉴于此，本文不揣冒昧，以企业促进性别平等的社会责任为主要研究对象，在梳理已有研究的基础上，借鉴女性主义法学的社会性别分析方法论证促进性别平等作为企业社会责任重要内容的正当性与可行性，增强企业社会责任意识、帮助企业更全面地履行社会责任。具体而言，本文首先从方法论入手，讨论如何运用性别视角分析企业社会责任；其次，通过分析"硬法"与"软法"规范的有关内容、揭示社会经济发展的客观现实，证成促进性别平等是企业社会责任的应有之义；再次，运用社会性别分析方法研究《联合国工商业与人权指导原则》的性别平等要求与性别平等实施框架，在此基础上提出"四层次性别框架"，以期为我国企业履行促进性别平等的社会责任提供切实可行的指引，并推动这一问题的研究逐步走向深入。

二　以社会性别视角看待企业社会责任

（一）女性主义法学方法论回顾

"社会性别"是"与生物性别"相对的概念，是指以生物性别为基础、以文化和符号方式构建出来的性别社会身份和期待，是社会建构的产物。社会性别视角是我国女性主义法学研究的主要工具，也是女性主义法学批判性和进步性的集中体现，可以帮助法律研究者全面地、客观地看待

---

① 参见周林彬、何朝丹《试论"超越法律"的企业社会责任》，《现代法学》2008年第2期。
② 《中共中央印发〈法治社会建设实施纲要（2020－2025年）〉》，http://www.gov.cn/xin-wen/2020－12/07/content_5567791.htm，最后访问时间：2021年3月28日。

法的本体及其运行。国内绝大部分女性主义法学研究都"直接、明确地指出社会性别视角予其研究的启发，并将社会性别作为核心概念贯穿文字表述始终"①。"社会性别"概念的核心观点认为社会性别是组成以性别差异为基础的社会关系的成分，是区分权力关系的基本方式。② 社会性别视角揭示了自法律进入人类社会关系以来就一直存在、跨越所有意识形态差异与地理界限，但又未曾被发现的事实——法律的非中立性。亦即，法律的性别为男，法律通过参与对人的主体身份的建构进一步稳固和强化父权社会下两性之间不平等的权力格局。③ 通过社会性别视角研究法律关系与法律现象就是要在承认两性面对不同的社会现实、生活期望等客观环境的前提下，考察女性群体可能因为性别因素受到的不平等对待，"揭示妇女在法律中的依附地位即男女不平等的体制性特征"④，从而分析法律与政策在其中的作用，并为纠正法律与政策中的性别倾向提出建议。

此外，社会性别视角并不仅仅从整体上看待女性群体，也并非只从女性"自我"的角度进行思考。"性别"并不是唯一的分析要素，个别群体的述说也并非客观全面，融合交叉性分析与社会位置理论的社会性别视角才是完整意义上的女性主义法学分析工具。交叉性理论（intersectionality）⑤ 最早由金伯利·克伦肖（Kimberlé Crenshaw）提出，⑥ 经由不同学者的演绎，最终形成一种从种族、年龄、残疾、性别、阶级等多维度交叉

① 马姝：《中西方女性主义法学研究之比较》，《河北法学》2013 年第 4 期。
② 郭慧敏：《社会性别与妇女人权问题——兼论社会性别的法律分析方法》，《环球法律评论》2005 年第 1 期。
③ 参见马姝《中西方女性主义法学研究之比较》，《河北法学》2013 年第 4 期。
④ 夏吟兰、周应江：《性别与法律研究的回顾与展望》，《光明日报》2013 年 6 月 4 日。
⑤ 一些社会学研究将其译为"叠变"，但我国女性主义法学研究者通常将其译为"交叉性"。分别参见〔英〕安东尼·吉登斯、〔英〕菲利普·萨顿《社会学基本概念》（第 2 版），王修晓译，北京大学出版社，2019，第 137~141 页；郭慧敏《社会性别与妇女人权问题——兼论社会性别的法律分析方法》，《环球法律评论》2005 年第 1 期。
⑥ 金伯利·克伦肖并未直接使用"intersectionality"一词，而是在讨论美国的种族与性别交叉不平等时指出由于美国黑人女性遭受来自性别、种族等多维度的歧视，单一的性别视角不足以全面揭示美国黑人女性的社会现状，因此需要重构当前的分析框架。See Crenshaw Kimberlé, Demarginalizing the Intersection of Race and Sex: Black Feminist Critique of Antidiscrimination Doctrine, Feminist Theory and Antiracist Politics. University of Chicago Legal Forum (1989), pp. 139 – 168.

重叠状态理解社会不平等的方法论，无论是旨在促进平等的理论研究还是立法行动，如果未充分考虑交叉性因素则难以成功。① 除了从客观处境的角度看待个体遭遇，女性主义法学还善于从不同社会位置看待同一叙述，即社会位置论（positionality）的认识方法。社会位置论认为真理受到解释者所处时空的限制，获得知识增量的关键在于运用不同的方法持续扩展个人有限的视角，不断完善对真理的认知。② 社会位置论被认为是帮助女性主义者理解法律中"正义"的最佳工具。因此，社会性别分析方法就是要在正视客观存在的多维差异的基础上进行多角度对话与反思，通过"表达差异和聆听差异"的方式，"根据已经呈现的差异商谈公共性"。③

最后，社会性别视角以女性为中心，但并非只关注女性群体。"女性主义绝对不是只研究'女性'的主义，而是以女性为代表的各种弱势族群来主张权利的一种社会思潮。"④ 通过揭示与反思交叉性影响下的女性状况，女性主义法学研究旨在启发社会对有色人种、少数族裔等一切处在受歧视和压迫地位的弱势群体与边缘群体的关注，推动人类迈向多元包容、公平正义的无歧视社会。因此，女性主义法学的社会性别视角既从"整体与局部"把握女性面临的社会歧视与不公，也从"内部与外部"客观看待理论研究与现实叙事，是在承认客观差异的基础上推进实现更多元、包容与平等的世界的研究方法。将社会性别视角纳入法学研究不仅可以帮助研究者跳出思维定式，以更全面客观的角度审视法律规范及其对社会主体的影响，也可以增进全社会对弱势群体与边缘群体的关注，是实现以人民为中心的中国特色社会主义法治体系的理论工具。

（二）社会性别视角下的企业社会责任

性别平等是人类共同的目标和全社会的责任，落实男女平等基本国

---

① Ange Marie Hancock，" Intersectionality as a Normative and Empirical Paradigm"，*Politics & Gender*，Vol. 3，No. 2（2007），pp. 248 – 254.

② Katharine Bartlett，"Feminist Legal Methods"，*Harvard Law Review*，Vol. 103（1990），p. 880.

③ 参见林林《从比较视角看女性主义法学的出路》，《比较法研究》2016 年第 3 期。

④ 马姝：《我国女性主义法学研究的回顾与展望》，《河北法学》2012 年第 11 期。

策、维护妇女权利与自由亦是企业的一项重要社会责任。① 然而,长期以来,由于性别意识不足、性别视角缺失,企业和女性权利保护极少相交。女性主义价值观可以"使公司法在雇佣关系、企业社会责任及公司技术等方面获益"②,因此,本文认为应当进一步借助社会性别视角,增强我国企业家的性别意识并引导企业不断提升社会责任履行绩效。

"企业社会责任"是 20 世纪初诞生于西方国家的重要概念,虽然国内外学者未能统一界说其内涵,但通常认为企业社会责任是"企业在谋求股东利润最大化之外所负有的维护和增加社会公益的义务"③。企业社会责任并非单纯的法律义务或者道德义务,而是二者的统一体。法律层面的社会责任是一种强制性的责任,是企业应当严格履行的法律义务;道德层面的社会责任则是自愿性、非强制性的责任,其内容和限度常高于法律责任。④ 企业承担高于法律的道德义务的法理依据源于企业的社会性,即"公司法人在享受法律赋予的各项权利、追求利润最大化的同时,也必须承担相应的责任。通俗地说,就是在社会服务于公司的同时,公司也应当服务于社会"⑤。企业社会责任的内容涵盖了对雇员的责任、对消费者的责任、对债权人的责任、对环境和资源的受益人的责任、对所在社区的责任、支持社会福利和公益事业的责任。⑥ 其中,对企业员工的责任是企业社会责任的核心,以性别视角关注员工权益是企业社会责任的人本体现。⑦ 因此,除了法律规定的强制性义务外,关于性别平等的企业社会责任更多体现在道德义务中,企业的自我规范与约束是促进性别平等的社会责任的关键。

---

① 参见王晶、张洪伟《性别视角下的企业社会责任及对策思考》,《社会科学战线》2016 年第 1 期。
② 薛前强:《女性主义视域下公司法之审思》,《中国社会科学院研究生院学报》2019 年第 5 期。
③ 卢代富:《国外企业社会责任界说述评》,《现代法学》2001 年第 3 期。
④ 参见周林彬、何朝丹《试论"超越法律"的企业社会责任》,《现代法学》2008 年第 2 期。
⑤ 伏军:《公司社会责任的正当性基础及其实现路径选择》,载楼建波、甘培忠主编《企业社会责任专论》,北京大学出版社,2009,第 282 页。
⑥ 参见王玲《论企业社会责任的涵义、性质、特征和内容》,《法学家》2006 年第 1 期。
⑦ 向东:《社会性别视角下的企业社会责任的法律化》,《河北联合大学学报》(社会科学版)2015 年第 2 期,第 39 页。

从静态的角度看，企业社会责任实现的公司机制包括价值（例如宗旨、原则）、制度（例如政策、规范）、组织（例如机构、人员）和个人（雇员和雇主）四个层次；^① 从动态的角度看则包括评估（风险衡量与评价）、应对（制定并执行政策与行动计划）、跟踪（持续跟进政策实施效果）、监督（通过内外部监督持续改进政策内容）四个环节。^② 以社会性别视角看待企业社会责任就是要将社会性别研究方法与企业社会责任的公司机制结合，帮助企业决策者更好地履行社会责任。^③ 申言之，就是要坚持"承认与对话"的方式，承认在工商业环境中普遍存在的性别差异与成见，通过"表达差异和聆听差异"作出与具体情境相适切的行动决策，并通过持续开放内外部监督，切实有效地落实企业社会责任，促进性别平等。然而，作为"理性人"的企业始终面临资源稀缺性与权衡取舍的难题，只有当积极履行促进性别平等的社会责任能提升企业经营绩效时，企业才会付诸行动。因此，下文将进一步论证实现性别平等是企业社会责任的应有之义，明确法律、道德、社会对企业在性别平等议题中的要求与期待，帮助企业从降低风险成本与增加远期收益的角度认识履行企业社会责任带来的经济利益与社会效益。

三 作为企业社会责任的性别平等

性别平等作为全社会的共同责任，是国家、组织、个人应当追求的价值目标。企业承担促进与实现性别平等的社会责任具有充分的正当性基础，既源于我国法律规定、反映了对"负责任的企业"的基本社会期待，也源于企业力求可持续发展的内在需要。只有正确认识企业社会责任的内

---

① 参见程骞、徐亚文《人权视角下的公司环境责任——兼论"工商业与人权"框架的指导意义》，《中国地质大学学报》（社会科学版）2015 年第 5 期。
② 参见胡珀、李卓伦《企业人权责任的历史演进与未来展望》，《北华大学学报》（社会科学版）2020 年第 3 期。
③ 本文主要针对企业如何履行性别平等的企业社会责任展开，虽然本文提出的框架与方法可能适用于国家决策，但对国家的立法与政策建议不在本文讨论范围内。

容与性别平等责任的属性,① 企业决策者才能采取有效行动积极履责。

(一) 规范要求

目前,我国已经建立了以《宪法》为基础,以《妇女权益保障法》为主体,以各类国家单行法律法规、地方性法规和政府规章为补充的妇女权益法治保障体系。② 首先,我国《宪法》第 33 条规定 "中华人民共和国公民在法律面前一律平等","任何公民享有宪法和法律规定的权利,同时必须履行宪法和法律规定的义务",以此对我国公民施加了尊重他人平等权的义务;第 48 条进一步指出 "中华人民共和国妇女在政治的、经济的、文化的、社会的和家庭的生活等各方面享有同男子平等的权利",由此为妇女主张平等权与免受歧视的自由提供了宪法依据。其次,《妇女权益保障法》在民事基本法体系中具有优先适用的效力,因此在我国的妇女权益保障法律体系中有着 "担纲作用",其增加了 "消除对妇女一切形式的歧视" 原则,并在第 4 条规定全社会保障妇女合法权益的共同责任,国家机关、社会团体、企业事业单位、城乡基层群众性自治组织都应依法履责;第四章有关妇女劳动和社会保障权益的规定还明确了企业在选工用工时不得歧视与保障平等的法律责任。此外,根据我国《民法典》第 128 条规定,"法律对未成年人、老年人、残疾人、妇女、消费者等的民事权利保护有特别规定的,依照其规定"③。再次,我国《就业促进法》单设 "公平就业" 专章,明确各方在确保男女平等就业权利中的责任与义务;

---

① 《联合国宪章》与包括《消除对妇女一切形式歧视公约》在内的 "国际核心人权公约" 均规定了禁止歧视的原则和内容,这些规定通常成为国家制定反歧视法律与政策、国际组织推行相关国际倡议与软法文书、女性主义者主张企业社会责任的主要依据。虽然这些国际条约不能直接约束不具有国际法主体资格的工商企业,但经由国内法、国际软法、行业习惯等转化后依旧对企业产生不同程度的约束力。因此,下文在讨论 "规范要求" "道德选择" 时不再单独讨论上述国际条约。

② 我国的妇女权益法治保障体系正在逐步完善,由于本节的目的在于论证企业的性别平等社会责任源于法律规范的要求,并非详细论述我国妇女权益法治保障体系,因此仅列出利于本文论证的相关法律。关于我国妇女权益法治保障的系统性研究,参见李勇《论我国消除对妇女歧视法律制度的发展》,《人权》2020 年第 5 期;薛宁兰《妇女权益保障的国家意志:承诺与行动——从北京世妇会到 "十四五" 规划》,《妇女研究论丛》2020 年第 6 期。

③ 参见薛宁兰《妇女权益保障的国家意志:承诺与行动——从北京世妇会到 "十四五" 规划》,《妇女研究论丛》2020 年第 6 期。

《劳动合同法》就企业签订女职工权益保护专项集体合同作出明确规定，为增强女职工劳动权益保障提供法律依据。而我国《公司法》第 5 条关于企业社会责任的规定则要求"公司从事经营活动，必须遵守法律、行政法规，遵守社会公德、商业道德，诚实守信，接受政府和社会公众的监督，承担社会责任"，所以除了遵守关于性别平等的法律规定外，我国企业还应当遵守其他社会规范中关于性别平等与反歧视的要求，这些社会规范集中体现在一系列国际软法文件和行业性指导文件中。如果企业违反了我国法律规定而侵犯女性劳动者合法权益，可能面临仲裁或诉讼风险，并可能承担民事、刑事或者行政责任。反之，如果企业能充分纳入社会性别视角识别与应对由生产经营行为带来的现实或潜在法律风险，则可以通过降低风险成本实现企业经营绩效最大化，这虽然"无法直接帮助企业创造商业价值，却可以帮助企业避免重大经济损失"[1]。

（二）道德选择

企业社会责任是法律责任与道德责任的统一体，法律责任是企业社会责任的最低限度，而道德责任是高于法律要求且符合社会价值与期待的义务，是"超越法律"的企业社会责任。[2] 企业的违法行为将引致法律的制裁，而企业的"不道德"行为可能引起非法律的社会制裁，如消费者抵抗运动、雇员罢工抗议等，因此在一定程度上具有"软法"性质。[3] 这种"超越法律"的企业社会责任是伴随着工商业全球化发展的背景而逐步发展的。在国家对"华盛顿共识"的反思、全球消费者社会运动的勃兴、企业基于全球化商业运营可持续性的需求的共同推进下，"人权话语"成为企业道德义务的概括性表述，尊重人权成为全球社会对"负责任的企业"

---

[1] 陈瑞华：《企业合规制度的三个维度——比较法视野下的分析》，《比较法研究》2019 年第 3 期。

[2] 参见周林彬、何朝丹《试论"超越法律"的企业社会责任》，《现代法学》2008 年第 2 期。

[3] "软法"是与"硬法"相对的概念。后者即一般意义上的法律，是指那些需要依赖国家强制力保障实施的法律规范；前者则指无须依靠国家强制力保障实施但能产生社会实效的法律规范，其正当性源于参与主体的普遍认同。参见罗豪才、宋功德《认真对待软法——公域软法的一般理论及其中国实践》，《中国法学》2006 年第 2 期。

的基础性与普遍性期待。① 在市民社会与国际组织的推动下，性别平等作
为企业社会责任的道德要求被写入一些获得普遍认可与执行的国际性倡议
中。包括联合国"全球契约"、经合组织《跨国公司指南》、《2030 年可持
续发展议程》②、《联合国工商业与人权指导原则》在内的国际文件（有关
条文参见表 1）都要求企业积极履行促进性别平等的社会责任。由于这些
文书对企业施加的义务通常高于法律强制性规定的责任，所以企业有权根
据自身所处情境决定是否以及如何执行。如果企业未能采取积极行动并引
起或可能引起损害后果，则会面临质询、指责、市场排斥等非法律的社会
制裁。反之，企业履行道德责任能减少企业与利益攸关者间的冲突，提升
企业社会信誉与品牌价值，从而获得远期收益。

表 1　主要国际性倡议中有关性别平等的条文一览

文件	与性别平等有关的条文
联合国"全球契约"	原则 1　企业应支持并尊重国际公认的人权保护； 原则 2　确保不参与侵犯人权行为； 原则 3　企业应维护结社自由和有效承认集体谈判权； 原则 4　消除一切形式的强迫劳动； 原则 5　有效废除童工； 原则 6　消除关于就业的职业的歧视。
《2030 年可持续发展议程》	目标 5　实现性别平等，增强所有妇女和女童的权能。 5.1　在全球消除对妇女和儿童一切形式的歧视。 5.2　消除公共和私营部门针对妇女和儿童一切形式的暴力行为，包括贩卖、性剥削及其他形式的剥削。
经合组织《跨国公司指南》	二、一般性政策 A9　避免歧视或处分向管理部门或在适当情况下向公共主管部门如实报告违反法律、《准则》或企业政策行为的员工。 五、就业和劳资关系 1.e）在经营过程中始终奉行就业机会和待遇平等原则，不因种族、肤色、性别、宗教、政见、国家出身、社会出身或其他状况，在就业和待遇方面对雇员实施歧视，除非关于雇员特点的原则性待遇推动政府旨在促进就业平等的既定专项政策，或是关系到某一工作岗位的特定要求。

① 参见梁晓晖《工商业与人权：从法律规制到合作治理》，北京大学出版社，2019，第 104 ~
107 页。
② 《2030 年可持续发展议程》是一个有机系统，每个目标都相互关联、相互促进，因此性
别视角应当被纳入其他目标的行动中，工商企业在其中发挥着不容忽视的关键作用。参
见联合国大会《变革我们的世界：2030 年可持续发展议程》，A/RES/70/1，2015 年 10
月 21 日。

续表

文件	与性别平等有关的条文
《联合国工商业与人权指导原则》	一般原则 这些指导原则应以非歧视性方式加以执行，尤其应关注可能日趋弱势或边缘化的群体或人口中的个人的权利和需要，以及其面临的挑战，并适当顾及女人和男人面临的不同风险。 原则 3　（b）确保制约工商业创办和运作的其他法律政策，例如公司法，不会限制而是促使企业尊重人权。* 原则 12　工商业尊重人权的责任指的是国际公认的人权，在最低限度上，可理解为《国际人权宪章》以及关于国际劳工组织《工作中基本原则和权利宣言》中所载明各项基本权利的原则阐明的那些权利。 原则 18　为衡量人权风险，工商业应确认和评估通过其自身活动和作为其商业关系的结果可能参与造成的任何实际或潜在的负面人权影响。此过程应：（a）借助内部和/或独立的外部人权专门知识；（b）根据工商业的规模及其经营的性质和背景，酌情与可能受到影响的群体和其他利益攸关方进行切实磋商。 原则 20　为核实是否消除了负面影响，工商业应跟踪其对策的有效性。跟踪应：（a）基于适当的定量和定性指标；（b）借助内部和外部反馈，包括受影响利益攸关者的反馈。

注：*该原则指向的是国家，是对国家在执行监管和政策职能时应当履行的尊重义务，由于"男女平等"是我国的一项基本国策、法律面前人人平等是我国《宪法》确立的基本原则、性别平等与禁止歧视也在其他法律规范中体现，因此可以认为我国《公司法》第 5 条关于企业社会责任的规定已经涵盖了要求企业促进性别平等的社会责任，所以该原则虽指向国家但重申了对企业的要求。

（三）发展之需

从外部约束的角度看，企业在经营管理活动中促进性别平等与不得歧视的社会责任源于法律规范的要求、体现在对企业的共同社会期待中。从内部激励的角度看，基于性别平等原则开展商事经营与企业管理有利于改善内部治理结构、降低经营成本、提升市场形象，以负责任的管理实现可持续性经营。[1] 申言之，首先，女性参与企业管理对提升企业经营绩效具有的显著正向作用已被诸多实证研究证明，[2] 女性董事的参与能够提升董

---

[1]　Rita Vilkė，Agota Giedrė Raišienė，Žaneta Simanavičienė，"Gender and Corporate Social Responsibility：'Big wins' for Business and Society？"，*Procedia-Social and Behavioral Sciences*，Vol. 156（2014），pp. 198 - 202.

[2]　参见任颋、王峥《女性参与高管团队对企业绩效的影响：基于中国民营企业的实证研究》，《南开管理评论》2010 年第 5 期；张娜《女性董事对企业绩效影响的实证研究——来自中国 973 家上市公司的证据》，《妇女研究论丛》2013 年第 4 期；张琨、杨丹《董事会性别结构、市场环境与企业绩效》，《南京大学学报》（人文社会科学版）2013 年第 5 期。

事会向企业提供资源的综合能力、降低企业代理成本、平衡利益攸关方间的利益冲突、多元促进可持续发展。其次，企业适当增加女职工数量、[1] 促进工作场所中的性别平等、降低职业性别隔离程度、[2] 积极履行社会责任等与提高企业绩效间同样存在正相关关系。[3] 尽管"女性在企业管理中发挥着越来越重要的作用"[4]，2020 年世界五百强中只有 13 家企业有女性企业家，有色人种女性未进入任何一家企业的高级管理层;[5] 世界范围内女性平均拥有的合法权利只有男性的四分之三;[6] 新冠疫情对女性劳动者的影响大于男性，疫情可能使女性工资收入降低 8.1%，男性则为 5.4%;[7] 全球女性的平均薪酬比男性低 20%。虽然我国女性参与经济的程度不断提升，但"男女权利、机会、资源分配仍然不平等，社会对妇女潜能、才干、贡献的认识仍然不充分"[8]，企业用人中的性别歧视现象、女性管理者面临的"玻璃天花板效应"、女性职工安保措施不完善、性别隔离与两性收入分化明显等性别不平等问题依旧突出。[9] 世界银行曾指出，全球范围内女性的生产潜力只有一半得到利用，性别平等对于发展与企业

① 参见韦晓晴《性别均衡对企业绩效的影响研究——"男女搭配，干活不累"的检验与解释》，《技术经济与管理研究》2019 年第 7 期。
② 参见陈梅、周申《女性就业份额对制造业企业利润的影响及其机理》，《经济管理》2019 年第 5 期。
③ 参见张佳康《ESG 投资评估体系的启示》，《中国金融》2019 年第 4 期。
④ 《2019 年〈中国妇女发展纲要 (2011—2020 年)〉统计监测报告》，国家统计局网站，http://www.stats.gov.cn/tjsj/zxfb/202012/t20201218_1810126.html，最后访问时间：2021 年 3 月 28 日。
⑤ 《〈财富〉世界 500 强新低：榜单上没有一位有色人种的女企业家》，《财富》杂志网，http://www.fortunechina.com/lingdaoli/c/2020-08/14/content_374020.htm，最后访问时间：2021 年 3 月 28 日。
⑥ 《妇女，商业和法律 2020》，https://openknowledge.worldbank.org/bitstream/handle/10986/35094/9781464816529.pdf，最后访问时间：2021 年 3 月 28 日。
⑦ 《2020—2021 年全球工资报告》，国际劳工组织网站，https://www.ilo.org/wcmsp5/groups/public/---dgreports/---dcomm/---publ/documents/publication/wcms_762534.pdf，最后访问时间：2021 年 3 月 28 日。
⑧ 第三期中国妇女社会地位调查报告课题组：《第三期中国妇女社会地位调查主要数据报告》，《妇女研究论丛》2011 年第 6 期。
⑨ 参见王晶、张洪伟《性别视角下的企业社会责任及对策思考》，《社会科学战线》2016 年第 1 期；金一虹《中国妇女的经济发展与经济赋权的回顾与展望》，《山东女子学院学报》2020 年第 4 期。

的双赢潜在作用未被发挥。①

上述分析足以证明性别平等作为企业社会责任的重要内容既是法律与道德规范的要求，也是企业自身发展所需。企业在商业经营管理中应以性别平等为价值指引，认真落实关于男女平等的法律要求，主动承担促进性别平等的道德责任，采取符合企业情况的性别策略，将女性主义与公司治理相融合，"为包容性的公司经济和具体的平等铺设道路"②。

四 《联合国工商业与人权指导原则》的指导意义

《联合国工商业与人权指导原则》（以下简称《指导原则》）是 2011 年人权理事会以决议形式通过的有关企业经营行为治理的国际文书，③ 由于其梳理与解释现有的规范要求与具体实践，并将它们纳入统一的系统性框架之中，④ 为国家、国际组织、企业、市民社会提供了一个权威的全球性规范平台而成为获得最广泛认可的国际软法文书。⑤ 自颁布以来，《指导原则》的内容与框架已被纳入 2011 年经合组织《跨国企业指南》、2017 年修订的国际劳工组织《关于多国企业和社会政策的三方原则宣言》等国际主要的企业社会责任标准中。《指导原则》以弥合工商业发展与人权保障间的治理差距为目的，其核心内容是"保护、尊重和救济"三层次框架，即国家保护人权的义务、企业尊重人权的责任和适当有效的补救。其中不乏与性别平等、女性权益保障有关的指引，这些内容对于我国企业履行性别平等的社会责任具有重要指导意义。

---

① 参见耿兴敏《世行：需采取行动推进工作场所性别平等》，《中国妇女报》2014 年 2 月 26 日。

② 薛前强：《公司、性别与法律：公司法的女性主义改革——从规则到实践的"她者"》，《经济法论坛》2019 年第 1 期。

③ 参见联合国人权理事会《工商企业与人权：实施联合国"保护、尊重和补救"框架指导原则》，A/HRC/17/31，2011 年 3 月 21 日。

④ 参见隽薪《国际投资背景下的跨国公司与人权保护》，法律出版社，2019，第 109 页。

⑤ See Ramasastry Anita, "Corporate Social Responsibility Versus Business and Human Rights: Bridging the Gap Between Responsibility and Accountability", *Journal of Human Rights*, Vol. 14, No. 2 (2015), pp. 237–259.

（一）《指导原则》的性别平等要求

《指导原则》中与性别平等有关的指引（见表 1）可以归纳为原则性要求、补充性链接条款和具体行动标准三类。"一般原则"中非歧视性原则的规定是《指导原则》对性别平等要求的总纲领。依据该原则，国家、企业都应当以非歧视性的方式解读与落实各自义务或责任，并且要适当顾及女性和男性面临的不同风险与挑战；同时，不仅需要从整体上考虑女性群体的权利和需要，还要从具体情境出发考察个体的处境与需求，换言之，该原则要求国家与企业通过社会性别的视角理解与履行促进性别平等的义务。原则 12 是补充性的链接条款，该原则使《消除对妇女一切形式歧视公约》《北京宣言》《行动纲要》等一系列国际公认的人权规范成为指引与评价企业履行性别平等责任的额外标准。此外，在武装冲突局势下，企业还应当遵守国际人道法对妇女保护的有关规定。① 原则 18 和原则 20 则是关于企业如何行动的标准与要求。结合非歧视性原则的要求，原则 18 强调企业在进行人权影响评估时应特别关注高危脆弱或边缘群体或者个人遭受的特殊影响、注意两性面临的不同风险，同时还应注意现实情境的动态性、变化性，通过直接磋商或与其他民间团体沟通的方式尽可能客观、全面地评估企业活动对权利享有带来的影响。② 原则 20 要求企业基于定量与定性指标和借助内外部监督跟踪对策的有效性时，应作出特别努力，跟踪对属于高危脆弱性或者边缘群体或者个人产生的影响所采取对策的有效性，在必要时使用基于性别分类的数据。③ 可见，《指导原则》十分关注性别平等，要求企业采取与女性主义法学社会性别视角类似的"整体与局部""内部与外部"多层次方法认识和履行尊重女性权利的责任。

然而，在法律和政策中规定性别平等不会直接转变为社会现实中的性

---

① 参见联合国人权理事会《工商企业与人权：实施联合国"保护、尊重和补救"框架指导原则》，A/HRC/17/31，2011 年 3 月 21 日，原则 12 评论。

② 参见联合国人权理事会《工商企业与人权：实施联合国"保护、尊重和补救"框架指导原则》，A/HRC/17/31，2011 年 3 月 21 日，原则 18 评论。

③ 参见联合国人权理事会《工商企业与人权：实施联合国"保护、尊重和补救"框架指导原则》，A/HRC/17/31，2011 年 3 月 21 日，原则 20 评论。

别平等。《指导原则》颁布的约十年间，"无论国家还是工商企业，在根据《指导原则》履行各自义务和责任时，均未充分重视性别平等"，性别形式主义（gender tokenism）仍是主流。[①] 为了落实《指导原则》对性别平等的要求，联合国人权理事会下设的人权与跨国公司和其他工商企业问题工作组（以下简称"跨国企业工作组"）[②] 于 2017 年启动了"《联合国工商业与人权指导原则》的性别视角"项目。该项目旨在增强国家、企业和其他利益攸关者的性别意识，并为他们在落实《指导原则》的行动中纳入性别视角提供必要指引。下文将结合女性主义法学的社会性别分析方法介绍和讨论文件提出的实施框架，以为企业如何落实促进性别平等的社会责任提供明确参照。

（二）《指导原则》的性别平等实施框架

2019 年，跨国企业工作组在梳理既存国际标准、总结最佳实践做法、充分咨询不同层级与区域的利益攸关者后正式向联合国人权理事会提交了《〈工商企业与人权指导原则〉之性别层面》的报告。[③] 该报告认为《指导原则》中社会性别理念不足、不同类型的边缘群体尤其是妇女在工商业活动中遭受更严重的负面影响、多层次利益相关者采取性别视角致力实现性别平等具有现实紧要性，进而以国家和企业为主要对象，针对如何实施《指导原则》提出了一个"三步骤性别平等框架"（以下简称"实施框架"），以将性别意识更充分地纳入工商业与人权领域。"实施框架"采用了社会性别的分析方法，但"考虑到妇女历来因父权规范和权力结构而遭

[①] 参见联合国人权理事会《〈工商企业与人权指导原则〉之性别层面：人权与跨国公司和其他工商企业问题工作组的报告》，A/HRC41/43，2019 年 5 月 23 日。

[②] 为了促进《联合国工商业与人权指导原则》切实有效地在国际、国内和企业中实施，联合国人权理事会于 2011 年 7 月 6 日通过决议设立了以上述内容为主要使命的"人权与跨国公司和其他工商企业问题工作组"，其中"在执行任务中始终纳入性别观点，特别关注处于弱势境况的人员"也是该工作组的职责之一。该工作组的职责分别在 2014 年、2017 年和 2020 年有所更新。相应内容请分别参见联合国人权理事会第 A/HRC/RES/17/4、A/HRC/RES/26/22、A/HRC/RES/35/7、A/HRC/RES/44/15 号决议。

[③] 参见联合国人权理事会《〈工商企业与人权指导原则〉之性别层面：人权与跨国公司和其他工商企业问题工作组的报告》，A/HRC41/43，2019 年 5 月 23 日，第 7、8 段。

受的歧视，报告中的'指导'仅关注妇女"，同时，"本报告所提供的性别问题指导具有通用性"，不仅适用于所有类型的国家与所有类型的工商企业，也适用于包括儿童、老年人、残疾人、非二元性别人等受到工商业活动特别歧视与影响的边缘群体。① "实施框架"的核心内容包括：促进性别平等的评估（gender-responsive assessment）、转变性别观念的措施（gender-transformative measures）和转变性别观念的补救（gender-transformative remedies）。促进性别平等的评估是国家和企业依据《指导原则》作出决策的事实依据，要求决策前的评估程序能够有效识别女性权利所遭受的不成比例的差异化、交叉重叠的不利影响，并对带有歧视性质的规范与父权结构具有消解作用。转变性别观念的措施要求国家在履行"保护人权的义务"、企业在承担"尊重人权的责任"时应当采取基于促进性别平等的评估而作出循证决策（evidence-based decisions）。转变性别观念的补救是在负面人权影响发生后国家和企业应当及时有效采取的缓解和救济措施，旨在消除这些行为对性别平等造成的所有后果，并重建该行为未实施前的性别平等状态。

与《指导原则》中的性别平等要求不同，"实施框架"更侧重措施的有效性，以结果导向对国家与企业提出了更高的要求，"因此而采取的措施和补救应该能够改变作为歧视、基于性别的暴力和性别成见基础的父权准则和不平等权利关系，从而应产生转变性别观念的作用"②。"实施框架"以权利持有人为中心，为每一环节应采取的行动提供了参考列表（见图 1），并针对《指导原则》的每一项原则提出了详尽的性别问题指导。通过研读"实施框架"可以发现，它的确为从"性别形式主义"到"实质性性别平等"的转变提出建议，与此同时并未给国家与企业增加新的义务与负担。企业尤其是中小企业，可以结合自身情况将"实施框架"转化为内部程序，依据框架内容履行国际认可的企业社会责任。

对妇女的关注与实质性性别平等的追求是"实施框架"的核心，但结

---

① 参见联合国人权理事会《〈工商企业与人权指导原则〉之性别层面：人权与跨国公司和其他工商企业问题工作组的报告》，A/HRC41/43，2019 年 5 月 23 日，第 9 段。

② 联合国人权理事会：《〈工商企业与人权指导原则〉之性别层面：人权与跨国公司和其他工商企业问题工作组的报告》，A/HRC41/43，2019 年 5 月 23 日，第 39 段。

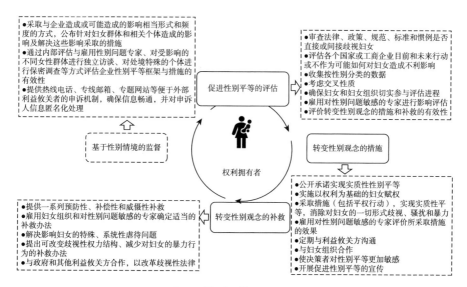

图 1　性别平等实施框架

说明：图中实线内容系作者依据《联合国工商业与人权指导原则》的性别平等框架
重新排版而成，虚线内容依据本文分析结论制作。参见联合国人权理事会《〈工商企业
与人权指导原则〉之性别层面：人权与跨国公司和其他工商企业问题工作组的报告》，
A/HRC41/43，第 10 页。

合上文提出的社会性别分析方法，我们认为该框架过于重视结果而在一定
程度上忽视了过程中的必要细节，这主要体现在对女性群体内部"差异
性"关注不足与遗漏了外部监督应有内容两方面。前者是当前社会性别分
析方法的重要内容，后者是《指导原则》框架的核心构成，因此，这种
"忽视"可能减损"实施框架"的实践效果与增强意识的初衷。

　　首先，无论是宏观指引还是具体内容，"实施框架"主要是从外部视
角出发，将所有女性视为统一整体来考察她们遭受的负面权利影响，仅在
寥寥几处提及"交叉性质"。这种"提及"明显不符合当下女性主义社会性
别分析方法所强调的对女性内部差异的关注，难以改变以笼统的女性权利概
念模糊"人"因性别、种族和阶层而存在的复杂的差异性，进而在女性群
体内部再次产生"女性边缘群体"。其次，"评估—应对—跟踪—监督"是
《指导原则》框架体系的重要环节，① 也是一些国家相关立法规定的法定

---

① 　参见胡珀、李卓伦《企业人权责任的历史演进与未来展望》，《北华大学学报》（社会科
　　学版）2020 年第 3 期。

程序,① 由此形成的行动闭环能够最大限度地确保框架在应对复杂多变的企业人权负面影响时发挥应有作用。"实施框架"仅在"促进性别平等的评估"的操作指引中提及"评价转变性别观念的措施和补救的有效性",将《指导原则》行动框架中的关键一环降至操作指引的某一步骤,无论是从实践指导还是观念提升的角度看,这种做法都稍显不足。

(三)"四层次"性别平等实施框架

为了弥补上述不足之处,本文认为可以在"实施框架"的基础上补充第四个环节,即基于性别情境的监督(gender-situated monitoring)。该环节既可提升对女性内部差异性和个体特殊情境的关注,也可以帮助决策者提升决策效能、降低风险成本。后现代女性主义学者唐纳·哈拉维(Donna Haraway)提出的"情境化知识"(situated knowledge)理论是"基于性别情境的监督"的理论基础与方法论指南。情境化知识的主要观点是,当我们在创造知识(形成理性认识)的过程中,我们必须意识到这是基于我们自身处境作出的解释,因此为了确保知识的客观性,我们有必要考虑自己的观点如何影响认识和解释知识的方式。② 换言之,哈拉维主张知识是"充满变化的、情境性的和地方性的",③ 应当通过不同的视角看待和解释同一事实,以便获得全面客观的认知。当然,情境化知识的主张并非强调"一个人一个真理",而是认为"人们对真理的发现受到自己所处位置的限制。真理的位置来自参与具体活动和具体关系。增加知识的关键在于努力拓展个人有限的视角"④。因此,基于性别情境的监督既要求决策者应当关注处于不同情境的女性个体对决策效果的反馈,从不同的

---

① 如法国 2017 年颁布的《警戒义务法》(*La loi sur le devoir de vigilance*)就要求符合一定条件的企业采取必要的注意(警戒)措施开展合规管理,这些措施就包括"一项跟进合规计划执行情况与效率的监督方案"。Loi no. 2017 – 399 du 27 Mars 2017 relative au devoir de vigilance des sociétés mères et des entreprises donneuses D'ordre, paras 4 – 9.

② Barbara Biglia, Jordi Boneti Marti, "DIY: Towards feminist methodological practices in social research", *Annual Review of Critical Psychology*, Vol. 13 (2017), pp. 1 – 16.

③ 章梅芳:《唐纳·哈拉维的科学客观性思想评析》,《科学技术哲学研究》2014 年第 4 期。

④ 郭慧敏:《社会性别与妇女人权问题——兼论社会性别的法律分析方法》,《环球法律评论》2005 年第 1 期。

角度获取尽可能全面的执行效果评价；也要求决策者在监督性别政策实施效果时尽可能多地与女性主义团体、当地社区、妇女代表等交流合作，[①] 以不断优化当前决策，更有效地回应女性对企业在工商业领域的"社会期待"。

基于性别情境的监督的行动列表包括但不限于：（1）采取与企业造成或可能造成的影响相当形式和频度的方式，公布针对妇女群体和相关个体造成的影响及解决这些影响采取的措施；（2）通过内部评估与雇用性别问题专家、对受影响的不同女性群体进行独立访谈、对处境特殊的个体进行保密调查等方式评估企业性别平等框架与措施的有效性；（3）提供热线电话、专线邮箱、专题网站等便于外部利益攸关者的申诉机制，确保信息畅通，并对申诉人信息匿名化处理。纳入基于性别情境的监督的"四层次框架"既能从集体的角度出发回应女性的普遍需求，也有基于情境化差异关照特殊个体的合理期待，通过形成"评估—应对—跟踪—监督"完整的性别平等行动循环，帮助决策者在落实《指导原则》的义务/责任时通过有效纳入性别视角而逐渐实现实质性性别平等（见图1）。对于企业而言就是要在人权尽职责任（Human Rights Due Diligence，以下简称人权尽责）中纳入"四层次框架"。人权尽责是《指导原则》规定的企业履行尊重人权的责任的核心内容，是指所有工商企业都应当履行的确定、防范和缓解负面人权影响的持续性程序，包括了影响评估（原则18）、政策整合（原则19）、对策跟踪（原则20）、事实通报（原则21）等环节。当前，全球范围内正在兴起一股"人权尽责法定化/责任化"的浪潮，[②] 一些国家纷纷通过了要求企业开展人权尽责的相关立法，我国也提出了"引导社会资

---

① 多层次利益相关者的充分参与本来就是《联合国工商业与人权指导原则》的基本要求，参见联合国人权理事会《工商企业与人权：实施联合国"保护、尊重和补救"框架指导原则》，A/HRC/17/31，2011年3月21日，原则3评论、原则10评论、原则16评论、原则18及评论、原则20、原则2、原则23评论、原则28评论、原则29评论、原则30和原则31及评论等。

② 如美国2010年《加利福尼亚州供应链透明度法》、英国2015年《现代奴隶制法》、法国2017年通过的《公司警戒义务法》（La loi sur le devoir de vigiliance）、荷兰2019年通过的《荷兰童工尽职调查法》等均要求满足特定条件的企业开展人权尽责管理。

源向积极履行社会责任的社会组织倾斜"的法治社会建设计划,^① 我国企业有必要引起重视,借助"四层次框架"开展人权尽责、降低风险成本、获得社会资源。

结　语

当代女性主义法学并非只关注"女性",而是以"女性为代表的各种弱势族群来主张权利的一种社会思潮"^②,在公平公正的全球经济框架下建立多元包容、无等级身份与群体的理想社会是其共同目标。^③ 而该目标的达成,"不是单纯的法律问题或仅仅是少数女权主义法学家的任务"^④,"实际上是一个多方面和联合行动的项目"^⑤,需要公共权力、市民社会、市场力量等多方参与。作为全球与区域治理的中坚力量,当代企业在实现性别平等与社会公正中具有无法替代的积极作用。企业将性别视角纳入经营管理,主动承担促进实质性性别平等的社会责任不仅是规范层面的要求、道德义务的内涵,也是对自身发展需求的回应。《指导原则》为企业履行尊重人权的责任提供了国际认可的权威指南,企业应在开展人权尽责的过程中适当参照"促进性别平等的评估—转变性别观念的措施—转变性别观念的补救—基于性别情境的监督"的"四层次框架",以此充分发挥《指导原则》的工具价值、履行促进性别平等的社会责任、积极应对"人权尽责法定化/责任化"带来的风险,最终与国家、社会一同"建立一个人们不会因为性别、民族、种族或性取向等个体特征而受到排挤和压迫的理想社会"^⑥,实现人类命运共同体的可持续发展。

此外,性别不平等具有超越意识形态、跨越国界的特点,而"争取男

---

① 《中共中央印发〈法治社会建设实施纲要（2020 – 2025 年）〉》,http://www.gov.cn/xin-wen/2020 – 12/07/content_5567791.htm,最后访问时间:2021 年 3 月 28 日。

② 马姝:《我国女性主义法学研究的回顾与展望》,《河北法学》2012 年第 11 期。

③ 参见林林《从比较视角看女性主义法学的出路》,《比较法研究》2016 年第 3 期。

④ 沈宗灵:《女权主义法学评述》,《中国法学》1995 年第 3 期。

⑤ 林林:《从比较视角看女性主义法学的出路》,《比较法研究》2016 年第 3 期。

⑥ 马姝:《我国女性主义法学研究的回顾与展望》,《河北法学》2012 年第 11 期。

女平等权利的发展要受各国历史、社会、经济、政治和文化等条件的制约"①，本文虽论证性别平等是企业社会责任的重要内容并借鉴国际"软法"进一步阐释履行问题，但仅能在总体上提供框架性建议。我国企业应当在立足国情与考虑企业自身发展现实的前提下辩证看待、合理吸收，以"人权保障绩效最大化"为评价标准。② 除了强调企业应当履行促进性别平等的社会责任外，我们也要意识到我国企业对促进性别平等、实现女性赋权作出的巨大贡献。在西方国家不断以人权话语在国际社会诟病我国政治、经济、社会、文化等方方面面的发展成就时，学者应当勇挑重担，通过充分调研，总结我国政府和企业在促进与保障人权与妇女权益中的经典案例与做法，借由国际通行且具有中国特色的人权话语向国际社会展现中国方案与智慧，用事实说话，证明中国性别平等事业的发展不仅体现了中国的文明进步，也对全球平等、发展与和平作出了巨大的历史贡献。③

【责任编辑：阮莎】

---

① 沈宗灵：《女权主义法学评述》，《中国法学》1995 年第 3 期。
② "人权保障绩效最大化"是罗豪才教授提出的"平衡的人权法"理论中用于衡量国家人权保障绩效的结果性标准，意味着人权保障法律的效果在特定时空下得到最大限度的实现，强调实现国家提供的人权保障措施与公民合理的人权保障诉求二者间的"供求平衡"。本文借用该概念旨在强调妇女权利的保障与实现没有统一的标准，也没有可量化的最终目标，社会不应对企业施加过分的期待（负担），企业应平衡自身诉求与社会期待间的张力，以特定时空背景下最大化权益保障绩效为目标。参见罗豪才、宋功德《人权法的失衡与平衡》，《中国社会科学》2011 年第 3 期。
③ 《中国性别平等与妇女发展》（白皮书），国务院新闻办公室网站，http://www.gov.cn/zhengce/2015 –09/22/content_2936783.htm，最后访问时间：2021 年 3 月 28 日。

积分入学制度的宪法分析[*]

杨安怡^{**}

摘要：积分入学制度是一些城市在义务教育公办学位不足的情况下，针对流动人口随迁子女采取的招生办法。受教育权是一项社会权，受政府给付能力的影响，但应受到平等原则的约束。积分入学将适龄儿童少年的户籍及其父母的社会经济地位纳入考量，有违平等原则；国家应提供充足的公办学位或足额的民办学位补贴，保障适龄儿童少年的平等受教育权。积分入学实质上是行政许可，其设定与规定皆有违《行政许可法》的规定。

关键词：积分入学；平等受教育权；行政许可；合宪性

引　言

改革开放以来，流动人口数量激增，由于教育资源有限，流动人口随迁子女义务教育问题成为城市发展必须回应的挑战，积分入学制度应运而生。积分入学制度是根据流动人口^①参加积分管理累计的分值和当年度公办学校起始年级（小学一年级与初中一年级）的可供学位数，分学校或区域按

---

* 本文获得国家社会科学基金一般项目"财产准征收与补偿研究"（项目编号：17BFX039）以及中央高校基本科研业务费专项资金项目"财产准征收研究"（项目编号：20720171086）的资助。

** 杨安怡，厦门大学法学院硕士研究生，研究方向为宪法学与行政法学。

① 绝大多数地区的积分入学制度均只适用于流动人口随迁子女，但也有例外，如深圳市的积分入学制度涵盖全市所有适龄儿童少年，本文讨论的范围限于针对流动人口随迁子女的积分入学制度。

积分由高到低的顺序安排适龄儿童少年进入义务教育公办学校就读的招生办法。①

积分入学来源于流动人口积分制，后者涉及入户、入学、纳入医保等内容，2009 年，广东省中山市率先实行流动人口积分管理制度，并于次年开始推行积分入学，积分入学制度随后被推广至外来流动人口较为集中的地区。② 目前已有广东、福建、浙江、江苏等省份的多个城市采用此方法作为分配学位的依据。③

在积分入学的规范依据方面，义务教育招生首先应符合《中华人民共和国义务教育法》（以下简称《义务教育法》）的规定自不待言，但《义务教育法》对在非户籍所在地接受义务教育的适龄儿童少年的入学仅作概括性规定："当地人民政府应当为其提供平等接受义务教育的条件。具体办法由省、自治区、直辖市规定。"实践中各省份通常根据《义务教育法》制定更为具体的地方性法规或政府规章，其中对于流动人口子女的入学问题，一般指定由县级教育行政部门负责统筹解决。④

积分入学制度的核心是积分标准，即积分如何构成，积分实际上是根据适龄儿童父母的情况计算得出。积分入学的标准均由各城市甚至其下辖的区自行制定，因此存在较大差异。不过总体而言，积分均会参考居住与缴纳社保的基本情况，这两项通常占据主体部分：居住时间与缴纳社保时间越长，分数越高；若所居住房屋为申请人所有的商品房，申请人将得分

---

① 王毅杰、卢楠：《随迁子女积分入学政策研究——基于珠三角、长三角地区 11 个城市的分析》，《江苏社会科学》2019 年第 1 期。

② 王毅杰、卢楠：《随迁子女积分入学政策研究——基于珠三角、长三角地区 11 个城市的分析》，《江苏社会科学》2019 年第 1 期。

③ 参见杭州教育局《关于做好 2020 年义务教育阶段学校招生入学工作的通知》、广州市天河区教育局《2020 年广州市天河区义务教育阶段学校招生工作细则》、上海市奉贤区教育局《2020 年奉贤区义务教育阶段学校来沪人员随迁子女招生入学积分管理办法》等文件。

④ 例如：《福建省义务教育条例》第 9 条，"……县级以上地方人民政府教育行政部门和学校维护进城务工人员随迁子女在校的合法权益，保证其在编班、学籍管理、奖惩和升学等方面与所在学校其他学生享受同等待遇"。《江苏省实施〈中华人民共和国义务教育法〉办法》第 11 条，"流动人口的适龄子女在居住地接受义务教育的，由其父母或者其他监护人按照居住地县级教育行政部门的规定申请就读，居住地县级教育行政部门应当统筹解决……"。

更高，更具优势。除此之外，有些城市将流动人口积分管理制度中的积分与入学积分直接挂钩，因此需要评价的项目涵盖了个人禀赋与能力、年龄、文化程度、技术能力、奖项荣誉、社会服务、投资纳税、科技创新、违法犯罪等项目，加分项与扣分项结合，形成一套复杂的评价体系。以广州、杭州、厦门、上海几个城市的积分入学制度为例，其积分入学具体的积分项目与分值比重可参考表 1。

积分入学是一种在学位缺口较大的情形下分配学位的手段，未达到规定积分的儿童仅能入读民办学校或回到户籍所在地就读，民办学校或教学质量堪忧或收费高昂，回到原籍地就读又导致留守儿童脱离监护。积分入学制度目前仍在探索与完善之中，各地制定的标准差异较大。积分入学制度引发了不少社会问题，因积分入学导致的信访、诉讼时有发生。① 积分入学关涉何种基本权利，应受到怎样的约束？积分入学制度是不是一项行政许可？这些问题都需要在法律的框架内回应。

一 作为社会权的受教育权

受教育权作为一项基本权利，规定于《宪法》第 46 条："中华人民共和国公民有受教育的权利和义务。"在传统分类上，受教育权属于社会权。社会权有别于传统的自由权，侧重于保护弱者、维护社会公平，是要求国家积极作为的经济、社会及文化权利的总称。② 作为社会主义宪法，我国宪法的社会权规定为其特色之一，体现的社会权理念可概括为"政府通过实施宪法，保障人民基本生存，促进人民充分发展"③。

虽然随着此种权利分类的相对化，人们也逐渐认识到受教育权的自由权属性，即消极面向，不过这种自由的实现仍以其积极面向为前提。学习的自由只对那些有经济条件完成学业的人有意义，选择就学地点的自由也

---

① 截至 2020 年 5 月 23 日，在"中国裁判文书网"检索"积分入学"，通过筛选，相关的行政诉讼裁判文书共计 49 份。
② 上官丕亮：《论宪法上的社会权》，《江苏社会科学》2010 年第 2 期。
③ 徐爽：《宪法上社会权的发展：传统、改革与未来》，《政法论坛》2019 年第 4 期。

表 1 广州、杭州、厦门、上海的积分标准比较①

城市	基本情况								个人禀赋加分					其他	扣分
	居住证	房产状况	连续居住	稳定工作	社保时长	计划生育状况	年龄	文化程度	职业资格	奖励荣誉	社会服务	投资纳税	科技创新		违法犯罪
广州天河	19.2%	27.4%	/	19.2%	16.4%	2.7%	/	5.5%	/	/	/	/	/	9.5%*	/
杭州	/	8.7%	/	9.9%	9.9%	/	3.5%	10.5%	11.6%	27.9%	12.8%	2.3%	12.7%	/	√
厦门	/	47.5%	/	48.3%	25%	4.2%	/	/	/	/	/	/	/	/	/
上海奉贤	/	25%	/	/	25%	/	/	10%	/	10%	/	20%	/	10%**	√

注：* 包括"随迁子女接受义务教育情况"与"进城务工"两项内容。

** 包括"工学一致"与"父母一方本市户籍"两项内容。

① 本表格数据为各地 2020 年秋季的招生入学积分标准。由于广州与上海均不止有一套积分标准，因而此处均只列出其中一个区的状况。比重以每一项可累加的最高分占满分的比重。部分分值项目按时长计分但未设置最高分，均按照 10 年时间可累计同可累计分数计算。

需要有相应的学校可供选择，这些"自由"若要成为有实际内容的自由，就不能仅期待国家的不干预与不侵犯，而需要国家为其实现提供条件。[①]

在义务教育阶段公办学校的入学问题上，受教育权的社会权属性更为显著，与之相对应的是国家的积极义务，国家的消极义务在此时退居二线。国家的积极义务包括国家的保护义务与给付义务，保护义务不与公民的请求权直接对应，更多地体现为国家制定法律并建立各种制度，适当地保障人民的自由与权利。[②] 义务教育制度的建立便是国家履行保护义务之体现，它的具体内涵集中体现在《义务教育法》之中。[③]

给付义务对应公民的请求权，国家需要向公民提供某种利益。个人虽不能直接请求国家建立相关制度保障其权利之实现，但我国已建立义务教育制度，因此个人可以向国家直接请求相关的给付。从给付义务是提供物质性利益的角度来看，国家对于受教育权的给付义务可以包括免费教育的义务、提供与受教育相关的物质条件的义务。[④] 免费教育规定在《义务教育法》第 2 条中："实施义务教育，不收学费、杂费。"其他物质条件方面，同法规定，各级政府应当及时足额拨付义务教育经费，确保学校的正常运转和校舍安全以及教职工工资的发放；对于家庭经济困难的适龄儿童少年，还应当免费提供教科书并补助寄宿生生活费。若从受教育者的权利的角度来看，在《中华人民共和国教育法》（以下简称《教育法》）规定的受教育者享有的权利中，与义务教育相关的有"参加教育教学计划安排的各种活动，使用教育教学设施、设备、图书资料"，表明国家应提供与受教育相关的物质条件。此外，与城市积分入学问题相关的就近入学亦属于免费义务教育的应有之义，《义务教育法》第 12 条规定，地方政府应当保障适龄儿童少年在户籍所在地就近入学，对于流动人口随迁子女，流入地政府也应当为其提供平等接受义务教育的条件。

这些给付义务的实现依赖于国家财政，而国家财政与资源的有限性构

① 〔德〕康拉德·黑塞：《联邦德国宪法纲要》，李辉译，商务印书馆，2007，第 169 页。

② 〔德〕彼得·巴杜拉：《国家保障人权之义务与法治国家宪法之发展》，转引自陈新民《宪法基本权利之基本理论》（上册），元照出版有限公司，2002，第 3～4 页。

③ 莫纪宏：《受教育权宪法保护的内涵》，《法学家》2003 年第 3 期。

④ 张翔：《基本权利的规范建构》（增订版），法律出版社，2017，第 207 页。

成了给付请求权的必然界限。① 资源是否充足成为国家能否履行给付义务的关键因素之一，但资源稀缺不能成为国家逃避义务的借口，一国政府应尽可能最大效率地利用国内、国际资源来实现公民的社会权利。② 目前，随着中国经济的发展和社会政治制度的完善，已经具备建立普惠式社会福利制度的物质条件与政策基础，应建立覆盖全民以及多方面需要的、高水平的福利制度。③ 自《义务教育法》1986 年颁布以来就明确规定的免收学费与就近入学，也理应得到更高程度的实现。

二 平等原则的约束

虽受到给付能力的影响，但国家提供给付以实现受教育权的行为亦应受平等原则的约束。平等是受教育权的题中之义，《宪法》第 33 条规定"公民在法律面前一律平等"，此条与第 46 条的规定结合形成了公民的平等受教育权。④ 九年义务教育更是强调平等，《义务教育法》第 4 条规定："凡具有中华人民共和国国籍的适龄儿童、少年，不分性别、民族、种族、家庭财产状况、宗教信仰等，依法享有平等接受义务教育的权利，并履行接受义务教育的义务。

平等原则禁止不公平地课予负担，也同样禁止不公平地授益，提供义务教育是国家的给付行为，但若在提供给付时厚此薄彼，则可能对未得到相同给付的群体构成"相对性侵害"⑤。对于此处探讨的免费就近入学以及使用相关物质资源，若国家已向部分群体提供给付，此时未得到给付的人亦可根据平等原则向国家主张共享给付。⑥ 作为地方政府分配义务教育

① 袁文峰：《受教育权的宪法条款援引、内涵及救济路径——基于齐玉苓案与罗彩霞案的分析》，《政治与法律》2015 年第 4 期。
② 王新生：《略论社会权的国家义务及其发展趋势》，《法学评论》2012 年第 6 期。
③ 戴建兵、曹艳春：《论我国适度普惠型社会福利制度的构建与发展》，《华东师范大学学报》（哲学社会科学版）2012 年第 1 期。
④ 张千帆：《大学招生考试多元化的宪法底线——兼论高考分省自主命题与大学自主招生制度的违宪性》，《法商研究》2010 年第 5 期。
⑤ 李惠宗：《教育行政法要义》，元照出版有限公司，2004，第 63～64 页。
⑥ 许育典：《人权、民主与法治：当人民遇到宪法》，元照出版有限公司，2009，第 53～54 页。

公办学位的一种方式，积分入学应受到平等原则的约束，因而此处需要检视其是否符合平等原则。

（一）不当联结禁止

平等要求对相同的事情为相同对待，不同的事情为不同对待，若将与事物本质不相关因素纳入考虑作为差别对待的标准，则同时违反平等原则所要求的不当联结禁止。① 不当联结禁止指行政机关行使公权力时不得考量与所追求之目的无关的因素，其所采取的手段与目的之间应当存有合理的联结关系。②

积分入学制度为流动人口随迁子女接受义务教育划设门槛，以户籍、社会经济地位等因素将人群分类，实施差别对待，将部分人群排除在公办学校之外。此处存在两个层次的差别对待，首先，优先保障本地户籍儿童的入学需求，对流动人口随迁子女则采取积分入学制度，是将拥有本地户籍与非本地户籍的人群分为两类，③ 前者可以直接就近入读公办学校，享受免费的教育资源；但后者则需要通过激烈"竞争"才能入读公办学校，或选择就读民办学校，或选择离开父母回到户籍所在地就读，对二者受教育权的实现存在明显差别。第二个层次的差别对待则是在非本地户籍的人群中再分类，根据儿童父母的社会经济地位等因素对其进行分类、评分，得分高者才能享受公办学校的教育资源。

实行此种差别对待的目的在各地的积分入学规则中均有体现，一般而言主要包括保障适龄儿童少年接受义务教育的权利，促进教育公平。④ 这

---

① 李惠宗：《教育行政法要义》，元照出版有限公司，2004，第 75 页。
② 李建良：《行政法上不当联结禁止原则》，《月旦法学杂志》2002 年第 3 期。
③ 有些地区还会将政策性照顾人员的子女单列出来，优先为其安排入学。
④ 例如：《杭州市区流动人口随迁子女积分入学实施办法》（杭教基〔2019〕5 号）提到，"为切实保障流动人口随迁子女在杭州市区接受义务教育的权利，科学公平安排入学……"。《广州市天河区来穗人员随迁子女积分制入学工作实施办法》（穗天府办规〔2017〕2 号）提到，"为进一步做好来穗人员随迁子女在我区接受义务教育工作……"。《厦门市 2020 年秋季小学招生工作意见》（厦教发〔2020〕23 号）提到，"为认真贯彻落实《义务教育法》，保障适龄儿童受教育权益，维护教育公平，进一步促进义务教育均衡发展，规范学校招生行为……"。

一目的本身符合《义务教育法》的规定与立法精神，也符合公共利益，因而具有正当性。积分入学中，两个层次的差别对待基于不同的标准作出，分别为适龄儿童少年的户籍与其父母的社会经济地位。儿童户籍依据其父母户籍而定，因而此处应当考虑儿童少年父母的户籍、社会经济地位与儿童少年接受义务教育的学校之间是否有逻辑上正当合理的关联。

如前所述，流动人口随迁子女在流入地接受义务教育是其受到宪法与法律保障的基本权利；国务院也先后出台过"两为主"与"两纳入"政策，即流动人口接受义务教育应"以流入地区政府管理为主，以全日制公办中小学为主"①，并"将农民工随迁子女义务教育纳入各级政府教育发展规划和财政保障范畴"②。这些法律与政策均表明，在义务教育方面，原则上只能以居住地为标准决定学生就读的学校。③ 正因如此，教育行政部门合理、科学的学区划分就有其正当性，能够保障适龄儿童少年享有义务教育资源的机会平等。④ 此外，公共教育设施的入学许可，仅能够以是否适合该学生的人格自由之发展作为其限制条件，⑤ 例如对于盲童而言，让其在为正常儿童设计的学校中就学，就无法对其成长与学习起到正面促进作用，此时对其义务教育的保障就应当体现为让其在特殊学校中接受教育。

在积分入学的标准中，不论是父母的户籍抑或社会经济地位均与居住地或儿童少年自身条件（如是否有不适合入读普通学校的身体障碍）无关。接受义务教育的主体为适龄儿童少年，而决定其能够在何处、何种学校接受义务教育的却完全是其父母的状况，无怪乎"拼爹"现象在社会上愈演愈烈。有的地区将儿童父母在城市的居住状况与工作状况亦纳入积分体系之中，确实是考察儿童是否在该地居住的手段之一，然而在积分体系

---

① 《国务院关于基础教育改革与发展的决定》（国发〔2001〕21 号）。
② 中共中央、国务院印发的《国家新型城镇化规划（2014—2020 年）》。
③ 周永坤：《教育平等权问题及解决之道》，《华东政法学院学报》2006 年第 2 期。
④ 程雁雷、隋世锋：《论学区划分的法律属性及其法律规制》，《行政法学研究》2019 年第 5 期。
⑤ 许育典：《基本人权与儿少保护》，元照出版有限公司，2014，第 321 ~ 367 页。

中，拥有房产与否成为居住状况中最重要的部分——但在城市中居住与拥有房产并不具有必然关联，居民应当有租住或购买房屋的选择自由。

综上，目前的积分入学普遍采行的标准均与适龄儿童少年接受义务教育的权利不存在正当合理的关联，不应当纳入考量之中，积分入学已违反不当联结禁止原则与平等原则，因而有违宪之虞。

（二）合理手段之选择

判断某一手段是否符合平等原则的最后一步应当是符合比例原则之要求，积分入学未通过前述不当禁止联结原则的验证，本身不必再进入这一阶段。① 但为更全面地认识流动人口随迁子女的受教育权问题，此处仍作进一步分析，探讨有哪些正当合理的手段可供选择。

目前各大城市均或多或少地面临公办学位不足的压力，可采取的手段包括提供更为充足的公办学位、对未能入读公办学校的儿童少年提供足额的民办学校学杂费补贴，甚至是抽签（摇号）入学，等等。这些手段均在一定程度上能达到保障入学与促进教育公平的功能，但何者能够满足比例原则中必要性原则之要求？必要性原则要求国家在能够相同有效地实现目的的诸多手段中，选择对个人权利最小侵害的措施。② 在这些手段里面，提供充足的公办学位是能够完全实现立法目的的手段，但是需要耗费更大的公益成本，从这一角度而言，亦无法称为是与积分入学"相同有效"的手段，③ 对未入读公办学校的儿童提供足额的民办学校学费亦是同理，只有抽签（摇号）入学可能不需要耗费更多的公益成本。欲实现流动人口随迁子女的平等受教育权，有赖于政府履行给付义务，政府在这一领域投入越多的资源，则越能够完整地保护公民的平等受教育权。因此，"相同有效"的手段之间的比较或许只是奢望，而仅有"更有效的手段——更多的成本"与"相较而言不够有效的手段——较少的成本"的比较。此时或

---

① 李惠宗：《论国军老旧眷村改建条例的多重不平等——从体系正义观点评大法官议决释字第四八五号解释》，《台湾本土法学杂志》1999 年第 4 期。
② 郑春燕：《必要性原则内涵之重构》，《政法论坛》2004 年第 6 期。
③ 许宗力：《法与国家权力（二）》，元照出版有限公司，2007，第 127～133 页。

许应当先行思考"手段的最低可接受收益"为何,① 即国家最低应当在怎样的程度上实现公民的平等受教育权。只有将"最低目标"明确,才能够寻绎出合理的手段,并在财政等方面为其提供更多的支持。

在积分入学制度的评价体系下,最终被排除在公办学位之外的是家庭社会经济地位较低、处在社会底层的随迁子女。不在同一起跑线上的赛跑难谓公平,国家的教育制度不应因父母的社会经济地位而对未成年人加以歧视。

经济贫困的深层原因实际上是社会权利的贫困,若个体的受教育权无法得到保障,经济贫困的状况就很难发生改变。② 合理的差别对待应当弥补社会弱势群体由于自然因素而产生的、在获得平等受教育机会方面的不足。③ 国家对弱势或处境不利的群体应有倾向性的保护,以达到"实质平等"的状态,这是维持社会公正的关键环节,亦是公平的义务教育制度的应有之义。④ 因此对于适龄儿童少年,不论其户籍与父母社会经济地位,均应保障其在居住地免费、就近入学的权利,为实现这一目的,可选择的合理手段应当是扩大公办学位的供给,或为必须入读民办学校的儿童少年提供足额的学杂费补助。

三　作为行政许可的积分入学

(一) 积分入学已构成行政许可

积分入学实质上构成了行政许可。《中华人民共和国行政许可法》(以下简称《行政许可法》) 并未就行政许可的本质进行定义,仅描述了许可事实形成的基本过程,⑤ 但根据其规定与立法精神,凡是需要经过行

---

① 刘权:《论必要性原则的客观化》,《中国法学》2016 年第 5 期。
② 洪朝辉:《论中国城市社会权利的贫困》,《江苏社会科学》2020 年第 3 期。
③ 张卫国:《从受教育平等权角度看中高考加分规定——以"深圳金融高管子女中考加分规定"为例》,《国家教育行政学院学报》2008 年第 8 期。
④ 余雅风:《论公民受教育权平等保护的合理差别对待标准》,《北京师范大学学报》(社会科学版) 2008 年第 4 期。
⑤ 陈端洪:《行政许可与个人自由》,《法学研究》2004 年第 5 期。

政机关审查同意才可以合法进行的相关活动，无论其名称为何，都属于行政许可，要接受《行政许可法》的规范。①

对于某一行政行为是否构成行政许可，可以从形式特征与本质特征两个方面加以识别和判断：在形式方面，行政许可是一种外部的、依申请的、要式的具体行政行为，并且应是行政机关的职权行为；在本质方面，它以法律对相对人的特定活动有限制或禁止为前提，需要经过行政机关的依法审查，是行政机关准予相对人从事特定活动的行为，其实施以有行政法甚至刑法的制裁为保障。②

积分入学在形式上有着行政许可的外观。首先，它是一种分配学位的招生办法，区教育局的招生录取行为直接面向每一个适龄少年儿童，也将直接决定申请入学的儿童少年能否进入公办学校接受义务教育，对其受教育权产生直接影响。其次，它需由适龄儿童少年的父母预先提出申请。再者，招生录取行为是一种要式行为，即最终录取与否，均会以书面形式公布并通知每位申请人。最后，它属于区教育局的职权行为，依据《义务教育法》第 7 条第 2 款的规定，③ 区教育局有具体负责义务教育实施工作的法定职权。

从本质特征来看，积分入学产生了行政许可的法律效果。行政许可在法律关系生成与演变方面表现为"自由—禁止（公权力作用）—许可（公权力作用）—自由的恢复"④ 的过程，此处有国家基于公益而设定的一般禁止作为前提，行政机关针对相对人是否满足法定的解禁资格和条件进行审查，并作出是否解禁的决定。⑤ 首先，设置积分入学侵入了公民原本拥有一定自由的场域：尽管受到教育资源有限性、学区划分等因素的限制，但适龄儿童少年本可以选择在其居住地就近入学，实施积分入学则意

---

① 李洪雷：《〈行政许可法〉的实施：困境与出路》，《法学杂志》2014 年第 5 期。
② 王克稳：《我国行政审批与行政许可关系的重新梳理与规范》，《中国法学》2007 年第 4 期。
③ 《义务教育法》第 7 条第 2 款："县级以上人民政府教育行政部门具体负责义务教育实施工作；县级以上人民政府其他有关部门在各自的职责范围内负责义务教育实施工作。"
④ 朱新力：《行政许可概念的逻辑结构——分析法学视角的解读》，载刘恒主编《行政许可与政府管制》，北京大学出版社，2007，第 1~8 页。
⑤ 张步峰：《基于实定法解释的"行政审批"概念分析》，《法学杂志》2013 年第 11 期。

味着公权力对这一领域的限制和干预——适龄儿童少年不再能够直接入读公办学校，而需要满足一定的条件方可享受公办学校的义务教育资源。其次，在积分入学中，区教育局亦需要依法审查申请人提交的材料，入读公办学校的条件为根据申请人的房产、工作等情况计算出的分数达到一定分数线，此时教育局将解除限制，恢复相应儿童少年入学之自由，准予其进入公办学校就读。应注意到，区别于赋予权利的特许，积分入学应属于一般许可，亦为"有许可保留的禁止"，此时虽然从形式上看它是一种授益行政行为，但就实体而言，此处的"准予许可"并不扩大公民的权利范围，① 而毋宁是公民平等受教育权之恢复。最后，各地也对积分入学的实施规定了相应的保障机制，例如广州市天河区就在其积分入学办法中规定，若申请人有弄虚作假的行为，将立即取消其申请资格和申请的公办学位，并依法追究其法律责任。②

（二）积分入学作为行政许可的合法性

结合行政许可的形式与本质特征对积分入学进行分析可知，积分入学已构成行政许可：它限制了流动人口随迁子女的平等受教育权，需要由其父母提出申请并经过教育行政部门的审查，分数达到一定标准的适龄儿童少年才能进入公办学校接受义务教育。因此，积分入学也必须符合《行政许可法》的规定。

查阅各省级行政区与义务教育相关的法规或规章，上海、浙江、福建均以地方性法规形式对《义务教育法》在本地的实施作进一步规定。涉及流动人员随迁子女入学的部分，均规定由其父母向居住地所在县教育行政

---

① 〔德〕哈特穆特·毛雷尔：《行政法学总论》，高家伟译，法律出版社，2000，第 209～212 页。
② 《广州市天河区人民政府办公室关于印发广州市天河区来穗人员随迁子女积分制入学工作实施办法的通知》（穗天府办规〔2017〕2号）第8条："来穗人员为其随迁子女申请入读公办学校，必须保证其所提供的相关证明材料及证件、证书真实有效，必须保证其随迁子女未曾就读任何公民办中小学校，一经发现并查实有弄虚作假行为，立即取消申请人的申请资格和申请的公办学位，并依法追究其法律责任。"

部门提出申请，由县教育行政部门予以统筹解决。① 而明确将积分入学作为本地区招生办法的最高位阶规范为省级教育行政部门或市级人民政府的规范性文件。②

《行政许可法》第 14、15 条规定了不同情形下法律、行政法规、地方性法规及地方政府规章的行政许可设定权，但若由省级以下人民政府及其教育行政部门发布的规范性文件设定积分入学，则明显违反《行政许可法》的规定。而前述地方性法规的规定也不能视为已然创制了积分入学这项行政许可，其规定的"申请就读"有着广泛的解释空间，可能指向登记制而非许可制。

但即便是地方性法规，其能否设定此种许可也不无疑问。对于地方立法行政许可的设定权，应采取体系视角，即应首先考虑《宪法》和《中华人民共和国立法》（以下简称《立法法》）对地方立法权限的规定，再结合《行政许可法》的规定加以解释，才能够判断系争事项是否在地方立法可设定行政许可的范围之内。③ 依据《立法法》第 72 条的规定，地方性法规的制定应以不同上位法抵触为前提。关于流动人口随迁子女在流入地接受义务教育，《义务教育法》第 12 条第 2 款规定"当地人民政府应当为其提供平等接受义务教育的条件"，至于具体办法则"由省、自治区、

---

① 《上海市实施〈中华人民共和国义务教育法〉办法》第 14 条：父母或者其他法定监护人在本市工作或者居住期间，其同住的非本市户籍适龄儿童、少年需要在本市接受义务教育的，由其父母或者其他法定监护人持本人身份证明与就业证明或者本人身份证明与居住证明，以及适龄儿童、少年的身份证明等材料，到居住地所在区、县教育行政部门申请就读，区、县教育行政部门应当统筹解决。浙江省有关规定见《浙江省义务教育条例》第 12 条，福建省有关规定见《福建省义务教育条例》第 9 条。

② 省级教育行政部门的规范性文件如《浙江省教育厅办公室关于做好 2020 年义务教育阶段学校招生入学工作的通知》（浙教办基〔2020〕6 号），其中规定："各地要加快落实以居住证为主要依据的流动人口随迁子女义务教育入学同城化待遇。已实行或即将实行随迁子女积分量化入学的地方，要按权利义务对等、梯度服务原则，合理设置、不断完善积分量化入学条件，确保持有居住证的随迁子女应入尽入。"市级人民政府的规范性文件如《广州市来穗人员积分制服务管理规定（试行）》（穗府规〔2018〕9 号），第 10 条规定："申请人除享受本市规定的基本公共服务外，积分达到相应分值后，可享受以下权益和公共服务：……（二）按规定为随迁子女申请公办学校或政府补贴的民办学校小学一年级和初中一年级学位；……"

③ 金自宁：《地方立法行政许可设定权之法律解释：基于鲁潍案的分析》，《中国法学》2017 年第 1 期。

直辖市规定"，即法律将这一事项授权给省级人大或政府作出具体规定，属于广义上的授权立法。

如何理解《义务教育法》第 12 条即成为关键：若作文义解释，对本地户籍少年儿童，地方政府"应当保障"其就近入学，对本行政区域内的军人子女的入学也"予以保障"，唯独对流动人口随迁子女，法律规定为"应当为其提供平等接受义务教育的条件"，似乎地方政府对这三类人群的义务有所不同，对流动人口随迁子女不负有"保障"其入学的义务，并授权地方作具体规定。但对此条的理解仍需要观察它与其他规范的关联，在其与相关规范共同构成的特定法领域中阐明其含义。① 《教育法》第 19 条对义务教育制度作了整体规定，前两款规定为"国家实行九年制义务教育制度。各级人民政府采取各种措施保障适龄儿童、少年就学"。本条表明各地政府保障的对象为所有适龄儿童少年，若将第 12 条的规定解释为地方政府将非本地户籍、家庭财产状况较差的儿童少年排除在公办学位之外，即与《教育法》的规定不符。同时，考虑到《义务教育法》第 1 条便明示其立法目的之一为"保障适龄儿童、少年接受义务教育的权利"，也不能判定第 12 条使地方政府脱离了"保障"的义务，反而应将"提供平等接受义务教育的条件"理解为对保障义务的强调，因为所有的解释都应受到规范目的的支配，不能与该目的相违背。② 此处结合其他法律规范以及立法目的对第 12 条所作的解释与前述义务教育的平等原则相符，应采取此种解释。因此，地方性法规若设定许可，限制流动人口随迁子女平等接受义务教育的权利，则可能抵触《义务教育法》的规定。

除了设定，《行政许可法》对行政许可的具体规定也有相应要求，"设定权和规定权都属于广义的立法权"③，法律也仅将规定权赋予法规与规章。根据《行政许可法》第 16 条的规定，法规、规章对行政许可作出的具体规定，不得增设行政许可以及违反上位法的其他许可条件。另外，

① 〔德〕英格博格·普珀：《法学思维小学堂：法律人的 6 堂思维训练课》，蔡圣伟译，北京大学出版社，2011，第 56 页。
② 杨仁寿：《法学方法论》，中国政法大学出版社，1999，第 127 页。
③ 中国人大网：《中华人民共和国行政许可法释义》，http://www.npc.gov.cn/npc/c2188/200410/399aa5664c684ae794ce7371af1b64d2.shtml，最后访问时间：2020 年 11 月 25 日。

《行政许可法》第 18 条规定: "设定行政许可, 应当规定行政许可的实施机关、条件、程序、期限。" 这一要求是为了确保行政许可的实施更加规范, 避免行政专断与执法腐败; 而结合法律对设定许可的限制, 意味着至少应由省级地方政府规章将统一标准确定, 这也能够防止在一个省级行政区内各地有不同许可规定的乱象发生。规范性文件没有行政许可的规定权, 各地实施积分入学, 却均由市甚至区教育行政部门发布的规范性文件规定具体标准与流程, 已经违反《行政许可法》的规定。

结　语

受教育权是公民为了自己的成长, 成为立足于社会、国家的个人, 为了形成健全的人格和完成自我成就的实现, 追求人生幸福而必备的、与生俱来的权利。[①] 受教育权是一项社会权, 对应国家的给付义务, 因而受政府给付能力的影响, 但国家应当依据当前社会经济发展水平, 尽可能提供给付。国家提供给付受到平等原则的约束, 积分入学以户籍、父母的社会经济地位作为差别对待的标准, 也有违不当联结禁止原则与平等原则。若要实现教育公平的目标, 则应当尽可能提供更多的公办学位, 或为就读民办学校者提供足额的学杂费补助。积分入学限制了适龄儿童少年的平等受教育权, 实际上已构成行政许可, 但积分入学的设定与规定均不符合《行政许可法》的规定。在大城市流动人口数量仍不断增长的当下, 城市治理者应当更好地满足流动人口随迁子女的义务教育需求, 以保障适龄儿童少年的受教育权, 促进城市的和谐发展。

【责任编辑: 邓松】

---

① 许志雄:《宪法入门》, 月旦出版社, 1996, 第 154 页。

案例研读

追问"性别"的法律真意

——博斯托克诉佐治亚州克莱顿郡[*]

李　明　饶志静[**]

摘要：1964 年的《民权法案》第七章保护雇员不受基于"性别"的歧视。对于禁止性别歧视的范围是否延伸到同性恋或跨性别者，第七章并没有给出明确的答案。2020 年 6 月 15 日，美国最高法院在博斯托克诉佐治亚州克莱顿郡案中作出历史性裁决，主张雇主不得在就业环境中歧视同性恋或跨性别者。最高法院多数意见结合法律条文内涵和先例，认为雇主基于雇员的同性恋或跨性别身份而解雇，就是故意因为性别而差别对待员工，构成直接的性别歧视。对于这一群体而言，该案无疑是其实现在职场上真正平等的重要一案。

关键词：性别；同性恋；跨性别者；就业歧视

美国联邦最高法院

博斯托克诉佐治亚州克莱顿郡

案号：第 17 - 1618 号 590 U. S.（2020）

2019 年 10 月 8 日辩论，2020 年 6 月 15 日判决

连同第 17 - 1623 号以及第 18 - 107 号一并判决

---

　*　本文系 2017 年国家社科基金项目"我国社会组织立法的困境及出路研究"（项目编号：17BFX212）的部分成果。本文对裁判要旨和大法官尼尔·戈尔苏奇撰写的多数意见书全文翻译，对另外两位大法官的不同意见书限于篇幅没有翻译。本判例每一部分的标题、内容摘要、关键词系译者所加。

　**　李明，上海松江区人民法院民庭庭长，主审劳动案件；饶志静，华东政法大学经济法学院副教授、法学博士，主要研究方向为反歧视法和劳动法。

第 17 - 1618 号案件，杰拉尔德·博斯托克诉佐治亚州克莱顿郡，根据美国第十一巡回上诉法院的调卷令。

第 17 - 1623 号案件，纽约高空极速跳伞公司诉梅丽莎·扎尔达和威廉·艾伦·摩尔（唐纳德·扎尔达遗产的共同独立执行人），根据美国第二巡回上诉法院的调卷令。

第 18 - 107 号案件，哈里斯殡仪馆诉平等就业机会委员会，根据美国第六巡回上诉法院的调卷令。

一 裁判要旨

在这些案件中，雇主都基于同性恋或跨性别（homosexual or transgender）身份解雇长期工作的雇员。佐治亚州克莱顿郡解雇杰拉尔德·博斯托克（Gerald Bostock），原因是他参加同性恋休闲垒球联盟的（Gay Recreational Softball League）行为"不符合"郡雇员身份。唐纳德·扎尔达（Donald Zarda）被纽约高空极速跳伞公司（Altitude Express）解雇，只因他提及自己的同性恋身份。而哈里斯殡仪馆（Harris Funeral Homes）解雇艾米·斯蒂芬斯（Aimee Stephens），因为她在被录用时以男性身份出现，但几年后她告诉雇主打算"以女性身份全职生活和工作"。雇员根据 1964 年《民权法案》第七章（Title VII of the *Civil Rights Act of 1964*）提起诉讼，主张雇主存在性别歧视。第十一巡回上诉法院认为，第七章并不禁止雇主解雇同性恋雇员，因此博斯托克的诉讼被依法驳回。不过，第二上诉巡回法院和第六上诉巡回法院则分别允许扎尔达和斯蒂芬斯的诉讼继续进行。

本院认为：雇主仅因一个人是同性恋或跨性别者就解雇他，违反了《民权法案》第七章。

1. 第七章规定"这是非法……雇主不雇用或拒绝雇用或解雇任何个人，或以其他方式歧视任何个人……因为这个人的种族、肤色、宗教、性别或国籍"①。第七章条款运用到具体案件时，应按照颁布时的一般公共

---

① 42 U. S. C. § 2000e - 2（a）（1）.

含义（ordinary public meaning）进行解释。

（1）当事各方承认，1964 年的"性别"（sex）一词指的是男性和女性之间的生物学之别。而"因为"（because of）一般含义是"由于"（by reason of）或"基于"（on account of）。① 该术语包含了"要不是因为的因果关系"（but-for causation），② 这意味着在第七章规范下被告不能逃避责任，仅依靠引用其他促成其作出被质疑的雇佣行动的因素。"歧视"（discriminate）一词的意思是"（某人与他人相比）区别对待或偏爱"③。在所谓的"差别对待"（disparate treatment）案件中，法院认为，基于性别的差别对待必须是故意为之。④ 法规中反复使用"个人"（individual）一词，意味着其聚焦的是"有别于群体（class）的特定个体"⑤。

（2）上述这些条款产生以下规则：雇主故意以性别为由解雇个别雇员，雇主就违反第七章的规定。而除了雇员的性别之外，还有其他因素促成了这一决定，或雇主将女性作为一个群体与男性群体作相同对待，则都无关紧要。如果雇主解雇雇员时，故意在一定程度上依赖雇员性别，那就违反法律。基于同性恋或跨性别身份的歧视是故意区别对待个人的性别，是故雇主故意惩罚同性恋或跨性别者显然违反第七章。意图（intent）所起的作用是无法逃避的，雇主歧视同性恋或跨性别雇员时，性别必然是产生因果关系的一环。雇主基于这些理由进行歧视，不可避免地试图将性别作为其决策依据。

2. 三个指标性的先例证实了该法律简明条款所隐含的内容。在菲利普斯诉马丁·玛丽埃塔公司案中，⑥ 公司拒绝雇用有年幼子女的妇女违反第七章，尽管事实上这种歧视也取决于作为年幼子女的父母身份，而且该公司更喜欢雇用女性而不是男性。在洛杉矶水电局诉曼哈特案中，⑦ 雇主

---

① University of Tex. Southwestern Medical Center v. Nassar, 570 U. S. 338, 350.
② id. , at 346, 360.
③ Webster's New International Dictionary 745.
④ See e. g. , Watson v. Fort Worth Bank & Trust, 487 U. S. 977, 986.
⑤ Webster's New International Dictionary, at 1267.
⑥ Phillips v. Martin Marietta Corp. , 400 U. S. 542.
⑦ Los Angeles Dept. of Water and Power v. Manhart, 435 U. S. 702.

基于女性更为长寿，要求比男性多交养老保险费的政策违反第七章，尽管这个政策在男性群体和女性群体之间更公平。昂卡勒诉森道讷境外服务公司案，[①] 一名男性原告声称，同性同事对其进行性骚扰，可以按照第七章处理。

这些案例提供了建设性的指导。首先，雇主如何描述自己的歧视行为，其他人如何给它贴上标签（label），或其他什么因素可能会激发这种行为，这些都无关紧要。在曼哈特案中，雇主的政策是基于预期寿命的适当调整，而在菲利普斯案中，雇主将其政策定性为基于母职身份（motherhood）的调整。但是，这些标签和额外的意图或动机并没有造成什么不同，它们根本不起作用。当雇主基于同性恋或跨性别身份而解雇雇员时，就必是基于性别而故意歧视。其次，原告的性别没有必要是雇主采取不当行为的唯一或主要原因（sole or primary cause）。在菲利普斯、曼哈特和昂卡勒等案中，雇主可以很容易地指出雇员其他一些未受保护的特质，并坚称这些是自己作出不利雇佣决定中更重要的因素。在当前案件中，某些额外的因素，如原告被同性所吸引，或本身表现与出生时性别不同，可能也在起作用，甚至在雇主决定中起着更重要的作用，但这都毫无意义。最后，雇主不能通过证明将男性群体和女性群体同等对待来逃避责任。曼哈特案在这里很有启发意义。雇主故意解雇同性恋或跨性别雇员的，只要部分是出于性别的原因就是违法，即使雇主乐意让所有男女同性恋或跨性别雇员都遵守同样规定。

3. 雇主不否认解雇雇员是因为他们是同性恋或跨性别者。相反，雇主认为，即便是基于雇员的同性恋或跨性别身份而有意歧视，也不应构成承担第七章责任的依据。但雇主基于法律文本的论据已经被本法院先例驳回。雇主认为法律是什么，或者应该如何做，这些争辩都不允许无视法律的本来面目。

（1）雇主们声称，在日常交流中，原告会回应说，被解雇是因自己是同性恋或跨性别者，而不是因为性别，这显然是将同性恋与性别区别开

---

① Oncale v. Sundowner Offshore Services, Inc., 523 U. S. 75.

来。但是交流的习惯并不能影响对第七章的法律分析，它只是简单地询问性别是否是原因之一。坚持认为基于同性恋或变性身份歧视不是基于性别故意歧视的辩解，是站不住脚的。歧视同性恋或跨性别雇员的雇主必然会故意地实施基于性别的措施。雇主在不知道同性恋或跨性别者的性别的情况下拒绝聘用他们，也没有什么分别。雇主故意制定了一条规定，即求助性别来进行招聘，就违反法律，无论他是否知道求职者的情况。雇主们还强调，"同性恋" 和 "跨性别" 本质上是与 "性别" 不同的概念，如果国会想在第七章中解决这些问题，应特别提及它们。但是，当国会选择不将任何例外纳入广义规则时，最高法院就适用广义规则（broad rule）。最后，雇主们建议，由于相关政策对男性和女性都有同样的不利后果，应采用更严格的因果关系准则。这一论点不可避免地归结为一种建议，即性别必须是第七章规定的不利雇佣行为的唯一或主要原因，这一建议与法律不符。

（2）雇主们声称，在1964年，几乎没有人会料想到第七章会适用于禁止对同性恋和跨性别者的歧视。但立法历史与此无关，因第七章的条款如何适用于事实并不存在歧义。① 虽法定术语在当下可能和制定时含义并不相同，或者在不同的文本脉络中存在不同理解。但雇主并不试图使用历史材料来论证第七章任一条款的含义已发生改变，或该法规的术语明显带有一些遗漏的信息。相反，他们似乎认为，当一项新的适用出乎意料又重要时，即使它是被现行法律明确规范的，最高法院也应仅指出问题所在，将问题提交给国会，同时拒绝执行法律的明确条款。本法庭长期以来一直拒绝这种推理。雇主的新框架可能只会增加新的问题，让法院有更多的先例要推翻。最后，雇主们求助于赤裸裸的政策诉求，建议法院在没有法律指导的情况下，去做他们认为对的事情。任何法院都不应接受这种诱惑。

第十一巡回上诉法院第17－1618号判决被推翻，并将该案发回重审以符合该意见。第二巡回上诉法院第17－1623号和第六巡回上诉法院18－107号的判决予以确认。

---

① See Milner v. Department of Navy, 562 U. S. 562, 574.

大法官尼尔·戈尔苏奇（Neil M. Gorsuch）代表多数意见撰写本案判决。首席大法官约翰·罗伯茨（John G. Roberts Jr.）和大法官露丝·金斯堡（Ruth Bader Ginsburg）、斯蒂芬·布雷耶（Stephen G. Breyer）、索尼亚·索托马约尔（Sonia Sotomayor）、埃琳娜·卡根（Elena Kagan）5 人加入多数意见。本案持少数意见的大法官塞缪尔·艾里托（Samuel Alito）提出不同意见书，大法官克莱伦斯·汤玛斯（Clarence Thomas）加入其意见书。另大法官布莱特·卡瓦诺（Brett Kavanaugh）也单独提出不同意见书。

二　判决正文

有时候，一些不经意的行为会带来意想不到的结果。重大举措切实保障了这些目标。在当代，很少有联邦立法能与 1964 年《民权法案》相提并论。该法第七章中，国会宣告工作场所基于种族、肤色、宗教、性别或国籍的歧视为非法。今天，我们必须决定雇主是否可以仅因某人是同性恋或跨性别者而开除之。答案很明确。雇主因同性恋或跨性别而解雇某人，其所依据的解雇特质或行为，在另一性别中却不成问题。这显然，性别在解雇决定中，担当了必不可少及无法掩饰的（necessary and undisguisable）角色，而这正是第七章所禁止的。

那些通过《民权法案》的人可能预计不到今日的判决，同样，他们也想不到该法案多年来发挥的功效愈发显现，包括禁止基于"母职身份"的歧视或禁止对男性雇员性骚扰，但起草人想象的局限不是忽略法律要求的原因。当成文法明文提供给我们一个答案，而文字外的考虑又提供另一个答案时，那就别无选择。只有纸面上的文字才是法律，所有人都有权享有它的利益。

（一）案件事实

在理解我们所面临的法律问题之前，一些案件事实必须加以厘清。三个案例大致都是这样开始的：长期工作的员工透露自己是同性恋（homosexual）或跨性别者（transgender）后不久就被雇主解雇，而且据称，除了该员工的同性恋或跨性别身份之外，没有别的原因。

杰拉尔德·博斯托克在佐治亚州克莱顿郡（Clayton County）工作，负责儿童福利宣导。在他的领导下，克莱顿郡的少年福利倡导工作曾获得国家奖赏。在该郡工作了十年之后，博斯托克开始参加同性恋休闲垒球联盟。此后不久，据称该社区有影响力的成员对博斯托克的性取向和参加联盟的情况发表了轻蔑言论。他很快就被解雇了，因行为与郡雇员身份 "不相符"。

唐纳德·扎尔达曾在纽约高空极速跳伞公司担任跳伞教练。在工作了几季后，他偶然间在其工作场所提到自己是同性恋者，不料数日后即被解雇。

艾米·斯蒂芬斯原在密歇根州加登市的哈里斯殡仪馆工作。她刚工作时以男性身份示人，但在公司工作两年后，因患有绝望及孤寂感的病症开始接受治疗。最终，临床医生诊断她患有性别焦虑症（gender dysphoria），并建议她以女性身份开始生活。在公司工作的第六年，艾米·斯蒂芬斯给雇主写了封信，解释说她计划在休假回来后 "以女性身份生活和全时间工作"。但就在度假前，公司告知其计划是不可能实现的事，并将她解雇。

这些案件以相同方式开始，但以不同方式结束。每位雇员都根据《民权法案》第七章的规定提起诉讼，声称存在非法的性别歧视。[①] 在博斯托克案中，第十一巡回上诉法院认为法律并没有禁止雇主解雇同性恋（gay）雇员，因此他的诉讼被驳回。[②] 与此同时，在扎尔达案中，第二巡回上诉法院得出结论，性取向（sexual orientation）歧视确实违反第七章，并允许他的案件继续进行。[③] 斯蒂芬斯案有更为复杂的程序过程，但第六巡回上诉法院最终作出了与第二巡回上诉法院相同的裁决，即第七章禁止雇主因跨性别身份而解雇雇员。[④] 在旷日持久的纠纷诉讼过程中，扎尔达和斯蒂

① 78 Stat. 255，42 U. S. C. §2000e－2（a）（1）.

② 723 Fed. Appx. 964（2018）.

③ 883 F. 3d 100（2018）.

④ 884 F. 3d 560（2018）.

芬斯都去世了。但是，他们的继承人为了各自遗产上的利益，继续向联邦最高法院提起上诉。我们批准了调卷令（certiorari），以期最终解决上诉法院关于同性恋和跨性别者是否属于第七章保护范围的分歧。①

（二）《民权法案》第七章中性别歧视的关键要素

法院通常按照颁布法例当时的普通公共含义（ordinary public meaning）来解释法例条文。毕竟，只有经国会通过、总统批准、写在纸上的文字才构成法律。法官们仅凭文本外的材料和自身的想象，对国会过去已通过施行的法律条文进行增补、重塑、更新或贬抑，我们可能要冒着在法定立法程序（国会代表独享的权利）之外去修改法律的风险。我们也将剥夺人民依靠他们所信赖的法律原始含义（original meaning）来履行权利义务的权利。②

基于此点，我们的任务变得明确。我们必须确定《民权法案》第七章的普通公共含义。"这是非法（unlawful）……雇主不雇用或拒绝雇用或解雇任何个人，或在报酬、条款、条件或雇佣权益方面歧视任何个人，因为这个人的种族、肤色、宗教、性别或国籍。"③ 为了理解这一点，我们先将时间追溯到《民权法案》通过的1964年，并依次审查条款关键术语，评估其对当前案件的影响，再根据法院的判决先例来明确案件争议。

1. 一般的构成要件

在今天案件中，唯一受法律保护的特质是"性别"——这亦是《民权法案》第七章中的主要术语，双方对其含义存在争议。借助于同时代的字典，雇主们说，1964年的"性别"通常指的是"由生殖生物学（reproductive biology）决定的男性（male）或女性（female）的身份"。员工们则反驳说，即使在1964年，这个词承载的范围也更宽泛，不只是解剖学上的，至少性别认同（gender identity）和性取向在规范范围之中。但我们处理案件并不取决于当事方的辩论结果，而且雇员出于辩论的考虑亦承认

① 587 U.S.（2019）.
② New Prime Inc. v. Oliveira, 586 U.S.（2019）.
③ §2000e-2（a）（1）.

这一点，因此我们继续假定，"性别" 如雇主所言，只涉及男性和女性之间的生理区别。

不过，这只是思考的起点。问题不仅是 "性别" 为何意，而是第七章对此问题的看法。最值得注意的是，该法禁止雇主 "因为"（because of）性别而采取某些行为。而且，正如本法院先前解释的那样，"因为" 通常的含义是 "由于"（by reason of）或 "基于"（on account of）。[①] 从法律语言来讲，这意味着第七章 "因为" 测试标准包含简单和传统的 "要不是因为的因果关系"（but-for causation）。[②] 这一类因果关系代表了 "一种特定的结果若不是由于特定的原因，则不会发生"[③]。换句话说，"若不是因为" 标准告诉我们一次改变一件事，看结果是否会改变。如果改变发生，我们便能发现其中的改变与结果间存在一种因果关系。

"若不是因为" 标准可以说是一个很宽泛的（sweeping）标准。通常情况下，事件有多重的 "若不是原因"（multiple but-for causes）。例如一场车祸发生了，既因被告闯红灯，又因原告在十字路口没有打转弯灯，我们便可说对于此车祸事件，原被告的行为与结果之间都有因果关系。当适用《民权法案》第七章，采用传统的 "要不是因为的因果关系" 判定理论时，意味着只要受雇人个人的性别因素与该雇主雇佣决定间具有因果关系，即足以断定雇主行为抵触法律。雇主不得再援引性别以外，其他也可导致作出雇佣决定的因素，试图免除相应法律责任。[④]

毫无疑问，国会本可以采取更为清晰的方式。正如在其他法规中所做的那样，它本可加上 "唯一"（solely）来表示由于 "多种因素汇合而产生的后果不违法"。[⑤] 或者它可以写 "主要因为"（primarily because of）来表明禁止的因素必须是雇主作出受质疑雇佣决定的主要原因。[⑥] 但这些修

---

① University of Tex. Southwestern Medical Center v. Nassar, 570 U. S. 338, 350（2013）（citing Gross v. FBL Financial Services, Inc. , 557 U. S. 167, 176（2009）; quotation altered）.

② Nassar, 570 U. S. , at 346, 360.

③ See Gross, 557 U. S. , at 176.

④ See ibid. ; Nassar, 570 U. S. , at 350.

⑤ Cf. 11 U. S. C. §525; 16U. S. C. §511.

⑥ Cf. 22 U. S. C. §2688.

饰词并未出现在我们的法律中。如果有什么不同的话，反而是国会朝反方向前行，在 1991 年第七章的补充文件里，允许原告仅通过证明诸如性别这类受保护的特质是被告作出雇佣行为的"驱动因素"（motivating factor），则原告就可以占据优势。① 在这个相对宽松的标准下，即使"性别"不是雇主作出受质疑雇佣决定的主要原因，也可能承担责任。然而，由于我们的分析中并不依赖"驱动因素"标准，所以我们将重点放在更为传统的因果关系标准上，该标准继续提供了一条可行的（即便不再是唯一的）途径，以实现第七章的救济。

尽管因果关系标准如此宽泛，但第七章并不关心"因为"性别而发生的每件事。法令规定雇主基于性别采取"不雇用或拒绝雇用"、"解雇"或"其他方式"的歧视性行为才负有责任。雇主承认在今天的案件中他们解雇了原告，但坚称法条中的动词前存在一项明确的限定条件："其他方式（otherwise）……歧视。"雇主认为，根据"其他方式"一语，第七章不涉及所有解雇，而只涉及歧视性解雇。

如果接受这一点，那么接下来讨论的问题就变成："歧视"（discriminate）在 1964 年意味着什么？事实证明，当时意思大致和今日意思一样："（某人与他人相比）区别对待或偏爱"②。那么，歧视指代"和其他人比起来，对待处于同等境况下的某人更差"③。在所谓"差别对待"（disparate treatment）案件中，最高法院还认为，基于性别的差别对待必须是故意为之。④ 综上所述，雇主基于性别，故意地对待某人更差，例如雇主因为这个人的行为或特性而解雇，但出现在另外一个性别之上就会容忍，那么雇主就是在歧视这个人，这违反了第七章的规定。

乍一看，另一种解释似乎是可能的。歧视有时指向的是包括"系统性的惯行、实践、做法"，而不是个别性地（individually）歧视。⑤ 基于此种

① Civil Rights Act of 1991, §107, 105 Stat. 1075, codified at 42 U. S. C. §2000e－2 (m).
② Webster's New International Dictionary 745 (2d ed. 1954).
③ See Burlington N. & S. F. R. Co. v. White, 548 U. S. 53, 59 (2006).
④ See e. g., Watson v. Fort Worth Bank & Trust, 487 U. S. 977, 986 (1988).
⑤ Webster's New Collegiate Dictionary 326 (1975); see also post, at 27－28, n. 22 (ALITO, J., dissenting).

理解，将要求我们考察雇主对群体而不是个人的待遇，观察一项政策如何对一个性别整体和另一个性别整体产生影响。这种想法在直觉上很具吸引力。也许法律只确保雇主对女性的待遇不会比男性差。那么，在第七章中，我们如何分辨"歧视"是指个体（individual）还是群体（group）呢？

法律直接回答了这个问题。它三次告诉我们——包括在"歧视"一词之后——我们的重点应该放在个人，而不是群体上："雇主不雇用或拒绝雇用或解雇任何个人，或在报酬、条款、条件或雇佣权益方面歧视任何个人，因为这个人……性别……""个人"一词在1964年和今天一样是没有争议的，指的是"一个区分阶级、种族或者群体的特定个体"①。对此问题，国会本可以用不同方式来表述。它可这样说："在雇佣、解雇或雇佣条件上，偏向（prefer）于某一性别而非另一性别是非法的雇佣行为。"它也可说，不应存在"性别歧视"（sex discrimination），这就意味着关注两性作为群体的差别待遇。更进一步说，它本可只禁止针对女性群体的"性别歧视政策"（sexist policies）。但是，这不是我们的法律。

法律关注的是"个人"而非学术上所关注的"群体"。假设雇主基于性别偏好（sexual advances）而解雇一位女性。雇主指出，他对待个别女性不如对一位男性，不过对女性员工（female employees）总体上给予了优待，但这种理由并不能成为雇主有效辩护的依据。当雇主部分基于性别而对这名女性采取差别对待时，就要承担法律责任。雇主说基于性别的歧视性政策一视同仁地适用于男性和女性，同样亦不是有效的辩护。这项法令旨在平等地保护两性中的个人不受到歧视。因此，如果雇主因为汉娜这位女性不够女性化（feminine）而解雇她，又因为鲍勃这位男性不够男性化（masculine）而解雇他，这两种情况下，雇主在对待男性和女性群体时看起来是同样的。但在这两种情况下，雇主解雇员工部分都是因为性别。该雇主并没有规避第七章的规定，反而是将错误增加了一倍。

2. 无须考量的因素

根据法律通过时的法规普通公共含义，一条直截了当的规则是：故意

---

① Webster's New International Dictionary，at 1267.

以性别为由解雇个别雇员，雇主就违反了第七章规定。是否存在受雇人个人性别之外也可导致雇主作出解雇决定的原因，就本案来说，其实并不重要。雇主是否将女性作为一个群体与男性群体进行比较也无关紧要。如果雇主解雇雇员时故意依赖雇员的性别——"如果改变雇员的性别就会令雇主作出不同的选择"——在这种情况下，可确认这已构成违法行为。第七章传递的信息"简单但重要"：雇员的性别"与雇员的筛选、评估或补偿无关"①。

该法令对本案传达的信息同样简单而重要：一个人的同性恋或跨性别者身份与就业决定无关。这是因为，歧视一个同性恋者或跨性别者，而没有同时基于性别歧视那个人，是不可能的。我们考虑以下这个例子：假设一个雇主有两名雇员，两人都是被男性吸引的（他们的性取向都是男）。在雇主看来，除了一个是男人，另一个是女人之外，这两个人在各方面都是实质相同的（materially identical）。如果雇主因为男雇员的性取向是男性而解雇了他，而对他的女性同事身上相同的特质（性取向也是男性）采取容忍态度，雇主就是在歧视这名男雇员。换言之，雇主故意部分基于雇员的性别而将其开除，雇员的性别则是其遭解雇的直接原因。或再假设雇主开除了一位生理性别为男性，但是现在自我认同为女性的跨性别者，却雇用了一名在其他方面都相同的，但是生理性别为女性，现在自我认同依旧为女性的员工，那么雇主的行为就是在惩罚一个出生时生理性别是男性的人，但容忍出生时生理性别是女性的人。很显然，个别雇员性别在解雇决策中再次扮演了毋庸置疑又不为法所容忍的角色。

这就把这类案件与无数第七章并不处理的案件区分开来。举个例子，雇主解雇一名女雇员，基于她迟到、不胜任或仅是她支持了特定的体育团队。假设雇主不会容忍一个男人具有同样的特质，第七章就保持缄默（silent）。但与这些其他特征或行为不同，同性恋和跨性别特质与性别有着密不可分的联系。不是因为同性恋或跨性别身份在内涵上与性别存在某种模糊性，亦不是因基于这些特质的歧视对某一性别或另一性别有不同影响，

---

① Price Waterhouse v. Hopkins，490 U. S. 228，239（1989）（plurality opinion）.

而是因基于这些特质的歧视是雇主根据性别故意地区别对待个别雇员。

雇主基于个人的性别原因而对某名雇员差别对待，其他因素或许也会起到一定作用，但这一点并不重要。试想，如果雇主发现任何女性是纽约扬基队（Yankees）球迷，就会解雇她们。如果雇主容忍一名男性员工对纽约扬基队抱有同样的忠诚，那么仅因一名员工是女性且还是纽约扬基队球迷就执行这一规定，就是"因为性别"而被解雇。同样地，当雇主因同性恋或跨性别而解雇雇员时，可能因素有两个：当事人的性别和其他因素（当事人被特定性别所吸引或自我认同的性别）。但第七章并不关注这一点。如果雇主是因雇员性别而解雇雇员，就符合法律明定的因果关系标准，并承担责任。

在今天的案例中，额外原因或额外意图并不能使雇主免除责任。故意烧毁邻居房子就是纵火，即使行凶者最终意图（或动机）只是为改善视野。同样，基于性别的故意歧视违反第七章，即便它只是雇主为实现歧视同性恋或跨性别雇员这一最终目标的一种手段。意图在这里扮演的角色是无须讳言的：当雇主歧视同性恋或跨性别雇员时，性别是必不可少的原因，雇主不可避免地试图将"性别"作为其决策依据。假设一下，一位雇主有项政策，即解雇任何已知是同性恋的雇员。雇主举办一个办公室节日派对，邀请员工带着他们的配偶一起来。一个模范雇员来了，把经理介绍给他的妻子苏珊。这个雇员会被解雇吗？如果政策如雇主所愿发挥效应，答案就完全取决于模范雇员是男是女。可以肯定的是，雇主最终目标可能是在性取向上进行歧视。但为了达到这一目的，雇主必须在一定程度上基于雇员的个人性别故意差别待遇。

雇主最好的辩护，就是反驳说，他们平等地解雇同性恋或跨性别的男性或女性雇员。但雇主承担第七章规定的责任不是考察整体雇佣行动是否将男性群体和女性群体区别对待。相反，法律规定，雇主每一次因个人性别而歧视雇员的行为都是独立违反第七章的行为。因此，雇主因雇员（汉娜或鲍勃）未能履行传统的性别刻板印象而解雇，不是规避了《民权法案》第七章规定的责任，而是双重违反性别歧视。同样雇主因雇员（汉娜或鲍勃）是同性恋或跨性别者而解雇他们，亦是一样的道理。

归根结底，这些案件只涉及简单明了的法律术语如何适用。如果雇主歧视雇员是同性恋或跨性别者，那么雇主必然在一定程度上故意歧视个别男性和个别女性。这一直是第七条明文所禁止的——而且"应该是分析的终点"①。

3. 先例提供的指引

如果我们的结论需要更多的支持，没有必要回溯太远。所有的法律已明确规范，法院案件亦已证实。让我们考虑三个主要先例。

在菲利普斯诉马丁·玛丽埃塔公司案中，② 公司拒绝雇用有年幼子女的女性，但雇用了有相同年龄孩子的男性。由于公司的歧视不仅取决于员工的女性性别，还取决于另一项因素的存在——是否为年幼子女的父母——公司辩称，公司没有"因为"性别进行歧视。该公司还坚称自己没有违反法律，因为从整体上看，公司倾向于聘用女性而非男性。不出所料，到目前为止，这些意见并没有影响法院。雇主故意歧视一个人，只要存在部分基于性别考虑（sex supplies）的原因，就不能成为规避第七章的理由。即便雇主碰巧存在偏爱女性群体这一情况也于事无补。

在洛杉矶水电局诉曼哈特案中，③ 雇主要求女性比男性缴纳更多养老保险费。雇主试图正当化这种差别对待，主张女性往往比男性寿命更长，随着时间推移，女性可能获得更多养老保险金。每个人都承认，雇主对妇女没有仇恨之心，也不存在"纯粹和惯性地认为妇女不能胜任某些工作"的思维。相反，它依赖的是一份在统计学上似乎准确的"预期寿命"（life expectancy）精算报告。④ 尽管如此，法院承认，在群体层面看来公正的规则在个人层面可能被证明是歧视性的。的确，作为一个群体，女性可能比男性活得更久。但是，"法规关注个人是明确的"，个别女性都可能缴纳更多养老保险费，但早于个别男性去世。⑤ 同样，对于雇主辩护说是希望实现两性更为广泛平等的这一主张，法院亦加以驳回，认为这一点无关紧

① 883F. 3d, at 135（Cabranes, J., concurring in judgment）.
② Phillips v. Martin Marietta Corp., 400 U. S. 542（1971）.
③ Los Angeles Dept. of Water and Power v. Manhart, 435 U. S. 702（1978）.
④ Id., at 707 - 708.
⑤ Id., at 708.

要。当雇主出于更广泛的意图（或动机），即使是像试图依赖精算报告这样平淡无奇的事情，也不允许雇主故意对性别进行歧视。[1] 雇主违反了《民权法案》第七章，因为当雇主的政策完全按照计划执行时，它无法"通过一个简单的测试"，这个测试是关于一个女性雇员是否会得到同样待遇，不管其性别为何。[2]

昂卡勒诉森道讷境外服务公司案中，一名男性原告声称被他的男性同事进行了针对性的性骚扰。法院认为，性骚扰的被害人是否是加害人同性别的成员，与是否构成歧视无关。法院亦不关心男性作为一个群体是否受歧视，或是否有其他因素（如原告的行为或特质）导致歧视。"很显然，这个案件并不是国会在颁布第七章时所要明确处理的主要有害（principal evil）情形。"[3] 但是，最高法院一致解释说，法院"我们是受国会通过的法律所规范，而不是被立法当时，立法者关切的事项所规范"[4]。因为原告声称，如果不是因为他的性别，性骚扰就不会发生——也就是说，如果他是女性，原告就不会受到类似的待遇——这正是主张第七章的试金石。

这些案例给我们的指示现在已经很清楚了。

首先，雇主会如何描述自己的歧视行为，其他人会怎么给它贴上标签，或者是什么额外的因素促发这种行为，这些都无关紧要。在曼哈特案，雇主称其要求女性向养老基金投入更多费用是为了实现性别平等，按照"预期寿命"作的适度调整。在菲利普斯案中，雇主大声宣称其政策是基于母职身份的考虑。同样地，今天雇主可能会把自己的行为描述为受到雇员的同性恋或跨性别身份驱使。但就像标签和额外意图或动机在曼哈特案和菲利普斯案没有作用一样，它们在本案件中也没有作用。当雇主因雇员是同性恋或跨性别者而解雇他时，就必然会故意地在一定程度上基于性别而歧视此人。这也正是雇主违反《民权法案》第七章规定，应负性别歧视责任时，法律所要求的明确构成要件。

---

① Ibid.
② Id. , at 711.
③ Id. , at 79.
④ Ibid.

其次，原告的性别不一定要是雇主采取不利行为的唯一或主要原因。在上述三个案件中，被告可轻易地同时指出，原告其他一些不受法律保护的特质，并坚持认为这是造成作出不利雇佣结果更重要的因素。因此，即使其他因素（例如原告被某人吸引或呈现的性别特质）也可能起作用，甚至在雇主决定中扮演更重要的角色，在这里却并没有意义。

最后，雇主不能通过证明将男性群体和女性群体同等对待，来逃避责任。正如曼哈特案所宣示的那样，雇主不能要求某一女雇员比男雇员向养老基金缴纳更多费用，即使该计划促进了群体层面平等。同样地，如果雇主故意解雇同性恋或跨性别雇员，部分是基于个人的性别，就违反法律，即使雇主愿意让所有男性和女性的同性恋或跨性别雇员都适用同样规定。

（三）雇主的辩解缺乏说服力

雇主应如何回应？就目前而言，他们不否认解雇了同性恋或跨性别的原告。找出不利雇佣决定的真正原因往往是一件困难的事情，但在这里都不是问题。故雇主们认为，即使是基于同性恋或跨性别身份而故意歧视雇员，也不能成为根据第七章使其承担责任的依据。

雇主的争辩分为两个阶段进行。首先为了在法律文本中寻求立足点，他们提出许多理由，说明为什么基于同性恋或跨性别身份的歧视并不涉及性别歧视。但每一个论点都只是重新包装了我们已经看到的错误，本法院先例已经驳回。最终，雇主们只能退到法律文本之外。他们指责我们忽视立法机关颁布第七章时的立法目的（legislature's purposes）或对法律实施的立法期望（expectations）。他们还警告判决可能给雇员带来的影响。但是，雇主认为法律是什么或法律应该做什么的辩解，都不能使我们无视法律的本来面目。

1. 不符合法定文本和先例

雇主们声称，在日常对话中，最直观的感受是基于同性恋和跨性别身份的歧视并不被称为性别歧视。如果被朋友（而不是法官）问及他们为什么被解雇，即使是今天的原告也很可能会回答说，是因他们是同性恋或跨性别者，而不是因为性别。根据雇主们的说法，这个对话式的回答，即便不是严格的法律条款，也可以引发我们的省思，并足以驳斥任何关于当前雇员是由于性别被解雇的说法。①

但这一规避第七章的理由显然建立在错误的理解之上。在交谈中，讲话者很可能会把注意力集中在对听者来说最相关或最有价值的内容上。因此，一个刚被解雇的雇员可能会找出主要的或最直接的原因，而不是逐字逐句地列出每一个原因。否则，这会变得很琐碎。但是这些对话惯例并不能主导第七章的法律分析，第七章只在乎 "性别" 是否是 "要不是因为的原因"。例如在菲利普斯案中，按雇主政策未被雇用的妇女可能已告诉朋友，她的申请被拒绝是因她是母亲，或是因她有年幼的孩子。考虑到雇主的政策是可雇用很多女性，她不太可能说没被雇用是因为自己是女性。但法院毫不犹豫地判定，菲利普斯的雇主因性别而歧视她。性别不是唯一的因素，甚至不是主要的因素，但它是 "要不是因为" 标准中的一个原因——这就足够了。你可以说法律上的 "要不是因为的原因" 标准宽泛或制式化，反对者甚至认为它是生硬的或字面上的。但这就是法律。

被告从另一个角度认为，雇主基于同性恋或跨性别身份进行歧视，不属于 "故意" 对性别进行歧视，并不构成差别对待的索赔基础。② 但是，正如我们所看到的，一个歧视同性恋或跨性别雇员的雇主必然有意地采用基于性别的规则（sex-based rules）。例如，一个雇主宣布不会雇用任何同性恋者，其意在惩罚被男性吸引的男性雇员和被女性吸引的女性雇员。

那么，雇主坚持基于同性恋或跨性别身份的故意歧视不是基于性别的故意歧视时，他们意在何为呢？也许雇主的意思是他们无意伤害一个性别群体或另一个性别群体。但现在很清楚的是，该法规侧重于歧视个人，而不是群体。或者雇主可能会表示，他们没有基于性别歧视的动机。但在第七章中，并没有提及雇主的自我认知，也没提及雇主除了性别歧视之外，行为需要任何额外的意图（或动机）。在曼哈特案中，雇主故意要求妇女

① Cf. post, at 3 （ALITO, J., dissenting）; post, at 8–13 （KAVANAUGH, J., dissenting）.

② See post, at 9–12 （ALITO, J., dissenting）; post, at 12–13 （KAVANAUGH, J., dissenting）.

缴纳更多养老保险费，只是为实现使男女群体之间更加平等的目标。在菲利普斯案中，雇主可能认为歧视行为是基于母职身份，而不是性别，因为招聘政策从整体上来说更倾向于女性。但在这两起案件中，法院都将这一切视为无关紧要。雇主政策只要涉及故意的性别歧视，第七章的责任便随之而来。

雇主们问，其在不知道应聘者性别的情况下拒绝雇用同性恋或跨性别者，情况是否会不同。例如雇主要求同性恋或跨性别申请人在申请表上的一个方格上打钩。然后雇主让其他人修改一切可用来辨别性别的信息。由此产生的申请信息将揭示哪些人是同性恋或跨性别者，但不披露他们是男性还是女性。这种情况下是否表明雇主对同性恋者或跨性别者的歧视不属于性别歧视？

不，它没有不同。即使在上述例子中，求职者个人性别仍是雇主作出决定的重要因素。只要稍微改变一下假设，它的缺陷就会显现出来。假设雇主的申请表中只设置一个方框让申请人勾选是黑人或天主教徒。如果雇主拒绝雇用符合上述条件的人，在雇主有意避免了解任何申请人种族或宗教信仰的情况下，我们是否就能认为雇主遵守了第七章的规定？当然不是，雇主故意设定规则，将招聘与种族或宗教因素联系起来，不管他是否了解求职者情况，都违反法律。

这里也一样。如果不考虑性别，申请人就无法选择同性恋或跨性别选项。要知道原因何在，想象一下，一位应聘者不知道同性恋或跨性别是什么意思。当应聘者应在方框打钩时，不使用"男性"、"女性"或"性别"（或一些同义词），这是不可能的。同样地，雇主歧视那些勾选同性恋或跨性别标签的人，亦是部分基于应聘者性别而加以歧视。通过歧视同性恋，雇主故意惩罚被男性吸引的男性和被女性吸引的女性。通过歧视跨性别者，雇主不可避免地歧视出生时确定的一种性别和今天确定的另一种性别。无论如何，雇主故意拒绝雇用应聘者部分是基于个人的性别，即使他从来没有了解过应聘者的性别。

接下来，雇主们将目光转向第七章所列的受保护特质——种族、肤色、宗教、性别和国籍。因同性恋和跨性别身份不能在列表上找到，而且它们在概念上不同于性别，雇主有理由相信它们被默示地排除在第七章规范的范围之外。换言之，如果国会想要在第七章中处理这些问题，就会专门提及。①

但事实并非如此。我们同意 "同性恋" 和 "跨性别身份" 是不同于 "性别" 的概念。但是，正如我们所见，基于同性恋或跨性别身份的歧视必伴随基于性别的歧视。前者的发生不可能没有后者的存在。也没有所谓的 "甜甜圈漏洞准则"（canon of donut holes），即国会未直接将特定案例适用于更一般的法定规则时，就造成了一个默认的例外。恰好相反，当国会选择不将任何例外纳入广义规则（broad rule）时，法院就适用广义规则。这正是本法院一贯处理第七章的方式。在概念上，"性骚扰" 与 "性别歧视" 是不同的，但它可以归入第七章的范围。② "母职歧视" 也是如此。③ 雇主们会因为他们认为国会本应更详细地讨论这些问题，而让我们推翻这些案件吗？当然不是。根据规定，第七章禁止一切形式的基于性别的歧视，无论雇主如何具体阐述或任何可能附加在其上的标签。

雇主们试图用另一种方式来表达同样的观点。他们观察到，自 1964 年以来，国会已经考虑了几项提案，将性取向添加到第七章受保护的列表，但这些修正案最终没有成为法律。与此同时，国会还针对性取向的若干议题颁布了其他相关法律。他们敦促说，第七章颁布后的立法历史明确说明了某些问题。④

但是又如何呢？没有权威证据解释为什么国会后来通过了其他涉及性取向的法律，而没有直接修改本案争执的法律。或许在后来的立法机构中，一些人认知到第七章宽泛的语言已经足够处理类似我们当前审理的案件，没有必要进行修改。或许其他人知道它可能带来的影响，但希望没人关注它。也许还有其他人，被另外的事情捆绑，根本没有考虑过这个问

---

① Cf. post, at 7 – 8（ALITO, J., dissenting）; post, at 13 – 15（KAVANAUGH, J., dissenting）.

② Oncale, 523 U. S., at 79 – 80.

③ Phillips, 400 U. S., at 544.

④ Cf. post, at 2, 42 – 43（ALITO, J., dissenting）; post, at 4, 15 – 16（KAVANAUGH, J., dissenting）.

题。我们只能确定，对后来国会为何拒绝通过新立法的猜测，为国会早前通过的现行法律的解释提供了一个"极为危险"的基础。①

这使得雇主们不得不寻求另一种形式的例外。也许传统的、简单的"要不是因为的因果关系"标准应该适用于第七章所有案件，但不适用于涉及同性恋和跨性别雇员的案件。这个标准太僵化了，无法分辨其中的细微差别。雇主举例说明他们的担忧。当我们对博斯托克先生（是爱慕男性的男性）做一个简单的测试——问如果他是女性，他是否会被解雇——我们不仅仅是改变他的性别。在这个过程中，我们也改变了他的性取向（从同性恋到异性恋）。雇主们强调，如果目的在于分辨原告是否因性别导致解雇，我们必须保持性取向不变——这意味着我们需要改变他的性别和他被吸引的性别。所以对博斯托克先生来说，问题应该是如果他是一个喜欢女人的女人，他会不会被解雇。而由于他的雇主会像对男同性恋一样迅速解雇女同性恋，因此雇主得出结论，没有发生违反第七章的行为。

虽然解释是新颖的，但错误是类似的。如果第七章只为确保男女群体之间平等待遇，或者该法规仅适用于性别是雇主采取不利雇佣行为的唯一或主要原因的情况，则雇主可能会面临不同问题。但这两个前提都是错误的。第七章的简洁措辞和法院先例说明雇主是否将男性群体和女性群体同等对待，这点不重要；同时解雇男女同性恋者的雇主不会减少责任，反而会增加责任。让我们回顾一下曼哈特案，雇主试图根据预期寿命来公平分配养老金，但辩解无效。法律也不关心除了性别之外是否还有其他因素影响雇主的解雇决定。博斯托克先生的雇主之所以决定解雇他，可能是两个因素的共同作用，即他的性别和吸引他的性别。同样的情况在菲利普斯案也曾发生，但母职身份也只是额外增加的变量。

不过，雇主们坚持认为，当前处理的问题有些不同。法院过去只处理伤害女性或男性的某些雇佣政策，而摆在我们面前的案件，雇主政策对男

---

① Pension Benefit Guaranty Corporation v. LTV Corp. , 496 U. S. 633, 650 (1990)；see also United States v. Wells, 519 U. S. 482, 496 (1997)；Sullivan v. Finkelstein, 496 U. S. 617, 632 (1990)（斯卡利亚法官协同同意）（基于后来的立法历史的论点……不应该被认真对待，甚至在脚注中也不应该）。

性和女性有同样的不利后果。如果异性的成员可能因同一政策面临相同结果，性别怎么可能在这样一个结果中会是必要的？

雇主眼中的所谓独特之处并不罕见。通常，在生活和法律中，两个因素结合在一起产生的结果，通过其他方式也可能实现这一结果。想象一下，外面天气很好，你的房子太暖和，所以你决定打开窗户。外面的凉爽和里面的炎热都是你选择打开窗户的原因。同样地，如果是外面很热，里面很冷，你也依然会打开窗户。在这两种情况下，没有人会否认窗户开着，"是因为" 外面的温度。我们的案件是类似的。举个例子，当涉及同性恋雇员时，男性的性别和被男性所吸引相结合起来可能会导致其被解雇，同样女性的性别和被女性所吸引结合起来也可以导致其被解雇，这些事实表明，不同因素结合也可以达到同样结果。无论哪种情况，性别都扮演着一个必不可少的角色。

从根本上说，雇主的抗辩，无可避免地落入一种推论，亦即要雇主承担第七章规定的基于性别歧视的法律责任，雇主对受雇人作出解雇决定，性别就必须是唯一或是主要的原因。但正如我们所看到的，这个推论与我们所理解的法律完全不符。考虑一个渴望复兴 20 世纪 50 年代工作场所性别角色（gender roles）的雇主。他执行一项政策，只雇用男性担任机械师，仅雇用女性担任秘书。当一名合格女性申请机械师职位被拒绝时，"简单测试"（simple test）后立即就发现性别歧视：一名合格的男性才会得到这份工作，所以性别是雇主拒绝雇用的原因。但就像今天我们面前的雇主一样，这个雇主可能会说，请不要这么轻率（fast）地下结论。通过比较申请成为机械师的女人和申请成为机械师的男人，我们快速地辨识了两件事：申请人的性别和特质不符合 20 世纪 50 年代的性别角色。因此，这个 "简单测试" 忽略了一个事实，那就是应聘者真正在做的是对 20 世纪 50 年代性别角色的反抗，而不是她的性别。因此，我们需要保持第二个特征不变：与其将失落的女性求职者与申请同一职位的男性求职者进行比较，雇主会说，我们应该将她与申请秘书的男性求职者进行比较。因为这个男性求职者也会被拒绝，所以这不应是性别歧视。

没有人会这么想，因此雇主必须急于证明，在涉及基于性取向或跨性别身份歧视的情况下，必须采用更严格的因果关系测试（stricter causation test）。客气一点地说，采取这样的规则会导致判例不连贯。基于性别刻板印象雇用员工？可以适用"简单测试"标准；雇主根据性别设定养老保险费？可以适用"简单测试"标准；雇主解雇那些在办公室里表现得不够男性化的人？也可以适用"简单测试"标准。但当同一个雇主歧视那些被女性吸引的女性，或那些出生时被认为是女性但后来自我认知是男性的人时，我们突然推出了一个新的更严格标准。为什么都涉及性别的原因，处理方式却大相径庭呢？第七章的文字无法提供答案。

2. 陷入假设和政策考量

最终，雇主完全放弃法定文本和先例，转而求助于假设和政策考量。他们最尖锐的批评就是，在 1964 年，几乎没有人预料到第七章会适用于同性恋和跨性别者。他们说，无论文本和先例表明了什么，这个事实难道不足让雇主免于承担责任吗？

人们可能会立即拒绝这种观点。本法院多年来多次解释说，当法律条款的含义明确时，我们的工作就结束了。人民有权依赖成文的法律，而不必担心法院会因为一些额外的考虑而无视法律的明文规定。[①] 当然，本法院的一些成员在解释含糊不清的法律语言时，参考了立法历史。[②] 但这和本案没有关系。考虑立法历史，是为了澄清歧义，而不是制造歧义。[③] 正如我们所见，第七章的条款如何涵摄于当前的案件事实，这一点并不含糊。可以肯定的是，该法规在若干案件中的适用范围"超出了立法者可能想要解决或期望解决的主要问题"[④]。事实上，（这个法律）被运用于国会没有明确预料到的情况，并不能证明法律有疑义；相反，它只是展示了立法命令的"广度"（breadth）。[⑤] 我们服膺的是成文法律的规范，而不是受

---

① See e. g. , Carcieri v. Salazar, 555 U. S. 379, 387（2009）；Connecticut Nat. Bank v. Germain, 503 U. S. 249, 253 – 254（1992）；Rubin v. United States, 449 U. S. 424, 430（1981）.

② Cf. post, at 40（ALITO, J. , dissenting）.

③ Milner v. Department of Navy, 562 U. S. 562, 574（2011）.

④ Oncale, 523 U. S. , at 79.

⑤ Sedima, S. P. R. L. v. Imrex Co. , 473 U. S. 479, 499（1985）.

立法者在立法当时所关注的事项的规范。①

不过，尽管立法历史永远无法击败明确的法律文本，但立法的历史数据对于明确某种目的可能是有用的。法律在颁布时通常是以当时普通含义（ordinary meaning）的意义公布，因此某些法律用语（statutory term）可能在法律颁布时与今日相比，代表不同意涵。为消除字面含义（literal）与普通含义（ordinary）之间的细微差别，有时会参考法律起草者在立法当时的理解，作为某些证据并非总是结论性的。例如，在《国家机动车盗窃法》（*National Motor Vehicle Theft Act*）中，本法院承认，1931 年 "车辆" 一词的字面意思是 "在陆地、水上或空中工作的运输工具"②。但鉴于1919 年该法案通过时的上下文线索和 "日常用语"（everyday speech），本法院得出结论，该法案中的 "车辆" 只包括 "在陆地上移动的" 东西，不包括飞机。同样，在新素数公司（New Prime）案中，我们认为，尽管今天的 "雇佣合同" 这一词组似乎仅涵盖与雇员的合同，但在法规通过时，该词组最初也一般理解为包括与独立承包商签订的合同。③

然而，雇主们不提倡这样的做法。他们并未使用立法的历史数据来说明 1964 年以来第七章法律规定的任何法律用语的含义发生了变化。也没有试图从单独或作为一个整体的角度，论述法律条款都承载了一些我们遗漏的信息。相反，正如我们所看到的，雇主同意我们对法律语言的所有理解——"歧视任何个人……因为这个人的……性别"。持不同意见的人也没有就这些术语的含义（无论是单独观察还是总体观察）提供替代性说明。雇主和持不同意见的人并未指出法律用语具有其他含义，只是认为在1964 年很少有人会预料到今天的结果，我们必须承认它不可避免地与法定文本不符。当一项既出乎意料又重要的新申请出现时，他们似乎只会让我们在指出问题后，把问题丢给国会解决，同时拒绝执行法律的明确

---

① Oncale, 523 U. S., at 79; see also A. Scalia & B. Garner, Reading Law: The Interpretation of Legal Texts 101 (2012)（他指出，宽泛语言的意外应用只反映了国会 "提出一般保护范围的假定性观点——不给法院留出承认特别例外情况的空间"）。

② McBoyle v. United States, 283 U. S. 25, 26 (1931).

③ 586 U. S., at (slip op., at 6 - 9). Cf. post, at 7 - 8 (KAVANAUGH, J., dissenting)（提供更多的例子）。

条款。

这正是本法院长期以来反对的那种推理。诚然，雇主煞费苦心地表达他们的观点，试图尊重法规的"期待适用"（expected applications），而不是维护"立法意图"。但这两个概念是密切相关的。人们可以很容易地主张立法者仅试图实现法律期待的适用，或者一个法律的目的仅限于实现在颁布时所期待的适用。但无论如何，雇主试图用超越法律的东西取代法律的简单意义，这是不会被允许的。

如果有的话，雇主的新框架可能只会增加新问题。雇主们断言，在1964 年或之后的一段时间里，"没有人"能预料到今天的结果。但这是真的吗？该法案通过后不久，同性恋和跨性别雇员就开始提出第七章之诉，因此至少有人预见到了这种潜在的适用。① 在第七修正案通过后不到 10 年的时间里，在关于《平等权利修正案》（*Equal Rights Amendment*）的辩论中，有人说，该法的用词与第七修正案惊人地相似，也可保护同性恋者免受歧视。②

这还不足以证明今天的结果并非完全出乎意料吗？需要有多少人预见到它的适用才能符合"期待"？我们是否只驻足在法律颁布的那一刻，或是否应为新法含义的落实留出一些时间？我们应该理会那些没有理由考虑某个特定适用的人的期望，还是只有那些有理由考虑这个问题的人的期望？我们如何考虑那些随着时间的推移，在了解到新事实或听到新论点后改变主意的人的期望呢？我们应该如何具体地或一般地定义所讨论的"适用程序"？这些问题都没有明确答案，雇主亦不会提出任何答案。

人们可以合理地担心，并且不期待适用法律的人难以保持中立。通常，在这些反对意见的背后隐藏着一股愤世嫉俗的情绪，认为国会不能有意保护一个不受欢迎的群体。以法院处理涉及《美国残疾人法》（*Americans with Disabilities Act*）的案件为例。该法规定，任何公共实体（public

---

① See e. g. , Smith v. Liberty Mut. Ins. Co. , 395 F. Supp. 1098, 1099（ND Ga. 1975）（addressing claim from 1969）；Holloway v. Arthur Andersen & Co. , 566 F. 2d 659, 661（CA9 1977）（addressing claim from 1974）.

② See e. g. , Note, The Legality of Homosexual Marriage, 82 Yale L. J. 573, 583 – 584（1973）.

entity) 都不能歧视任何 "适格的残疾人"①。当然，国会并没有列出该法规适用的所有公共实体，没有人注意到它同样适用于邮局。但奇怪的是，当该法适用于监狱时，一些人要求对其进行更严格的审查。宾夕法尼亚州辩称，"国会没有设想《美国残疾人法》适用于州囚犯"②。最高法院断然否定了这一观点，并解释说，在法律文本明确的背景下，国会预期会有哪些具体的适用是不相关的。③ 正如亚士基（Yeskey）案和今天案例所证明的那样，将保护性法律适用于法律通过之时在政治上不受欢迎的群体，无论是 20 世纪 90 年代的囚犯还是 20 世纪 60 年代的同性恋和跨性别者雇员，通常都被认为是出乎意料的。但仅因法律通过时当事方并不受欢迎而拒绝执行，这不仅会要求我们放弃作为法律解释者的角色，它还将使正义的天平偏向强者或受欢迎的人，而忽视所有人都有权享受法律条款带来的利益承诺。

雇主的立场也证明了很多问题。如果我们只将第七章的明文规定适用于 1964 年一些群体的期待，那么将有更多的判决先例需要我们推翻。从昂卡勒案开始，在 1964 年，有多少人会预料到法律会站出来保护男性雇员？更不用说保护他们不受其他男性雇员的骚扰了。正如我们当时所承认的那样，"工作场所男性间的性骚扰肯定不是国会在制定第七章时所关心的主要问题"④。然而，法院毫不犹像地承认第七章的条款明确禁止这样做。倘若按照雇主的逻辑，这似乎是个错误。

这只是我们拆解法律的开始。正如一位平等就业机会委员会（EEOC）委员在该法案通过后不久观察到的，"第七章的性别条款是很难……把握"⑤。"困难" 可能要部分归于第七章中性别歧视规则的最初支持者——众议员霍华德·史密斯。在某些方面，这位国会议员可能希望（或至少对这种可能性不在乎）宽泛的语言带来广泛的影响。这不一定因为他对消除

---

① Pennsylvania Dept. of Corrections v. Yeskey, 524 U. S. 206, 208 (1998).

② Id., at 211 - 212.

③ Id., at 212.

④ 523 U. S., at 79.

⑤ Franklin, Inventing the Traditional Concept of Sex Discrimination, 125 Harv. L. Rev. 1307, 1338 (2012).

广泛的性别歧视感兴趣，而是因为他可能想倾覆整个《民权法案》，并认为增加涵盖性别歧视的语句将是一颗毒丸。① 当然，在这一条款贫瘠的立法历史中，没有任何证据表明它应当被狭义地解读。

无论霍华德·史密斯议员的初衷是什么，还是多亏他引进了宽泛的语言。许多情况下，第七章性别条款的适用是在法律制定时"没有预料到的"。事实上，许多现在显而易见的适用在最初遭到了激烈的反对，甚至包括负责执行法律的机构。在第七章通过后的几年里，平等就业机会委员会就认为，在职位中单独列出男性和女性职位是有帮助的，而不是歧视性的。② 一些法院认为，第七章并未禁止雇主因性别偏好而解雇雇员。③ 法院认为，拒绝雇用有孩子的母亲而非有孩子的父亲之政策不属于性别歧视。④

然而，随着时间推移，法律语言的广度还是难以否认。到20世纪60年代末，平等就业机会委员会改变了在招聘广告上实行性别隔离的立场。⑤ 1971年，法院裁定，区别对待有孩子的妇女和有孩子的男性违反了第七章。⑥ 到了20世纪70年代末，法院开始认识到性骚扰可以等同于性别歧视。⑦ 以当代的眼光来看，这些例子中的每一个都"明显地构成了生物性别的歧视"⑧，但在第七章颁布后的数年里，所有这些案件中都存在激烈的争论。就像我们今天所考虑的歧视一样，许多联邦法官长期以来都接受在第七章中排除这些情况的适用。⑨ 雇主会让我们撤销所有这些意想不到的适用吗？

雇主们关于期待适用的争论亦揭示了为什么他们不能躲在"老鼠洞里

---

① See C. Whalen & B. Whalen, The Longest Debate: A Legislative History of the 1964 Civil Rights Act 115 – 118 (1985).

② Franklin, 125 Harv. L. Rev., at 1340 [citing Press Release, EEOC (Sept. 22, 1965)].

③ See, e. g., Barnes v. Train, 1974 WL 10628, *1 (D DC, Aug. 9, 1974).

④ See Phillips v. Martin Marietta Corp., 411 F. 2d 1 (CA5 1969).

⑤ See Franklin, 125 Harv. L. Rev., at 1345.

⑥ Phillips, 400 U. S., at 544.

⑦ See, e. g., Barnes v. Costle, 561 F. 2d 983, 990 (CADC 1977).

⑧ post, at 38 (ALITO, J., dissenting).

⑨ Cf. post, at 21 – 22 (KAVANAUGH, J., dissenting)(强调某些下级法院已经驳回了同性恋和变性者以第七章为依据的索赔)。

没有大象"（no-elephants-in-mouseholes canon）的法律规则背后。规则认为国会"不会以模糊的措辞或附属条款改变法律拟规范的基本细节"。但这与此无关。我们不能否认，今天的主张——雇主被禁止基于同性恋或跨性别身份解雇雇员——是一头大象。但是老鼠洞在哪里？第七章禁止就业中的性别歧视是联邦民权立法的一项重要内容。它是用极其宽泛的术语书写的。至少从接收方的角度来看，它反复地产生意外的适用。国会起草时选择关注的是对个人的歧视，而不仅是群体之间的歧视。追究雇主的责任，只需要性别是导致雇员受到差别对待的原因之一。随着时间推移，可以确信的是意外适用会时常出现。这头大象从不躲在洞穴里，它一直站在我们面前。

这样一来，雇主就放弃对期待适用的诉求，转而求助于所有未能通过法律解释论辩的最后一道防线：赤裸裸的政策诉求。他们抱怨说，如果我们使用法律的明确语言，将会产生许多不良的政策后果。[1] 这里没有任何法律解释的手段，只是要求法院在没有法律指导的情况下继续审判。但任何法庭都不应该接受这样的诱惑。制定新法或解决旧法带来的不利后果的场所应当在国会。当涉及法律解释时，法官的作用仅限于在案件中尽可能忠实地应用法律。作为法官，我们没有特殊的专业知识或权力来向自治的人民宣布什么才是公正或明智的。司法上的自治要求我们不要增加法规的要求，亦要求避免减损法律应有的内涵。

这些后果到底是什么呢？雇主担心我们的决定会超越第七章，冲击到其他禁止性别歧视的联邦或州法律。而且他们说，根据第七章，按性别区分的浴室、更衣室和着装规范在今天的决定后将变得不可持续。但是我们面前没有任何其他的法律，也不必须对法律用语的含义进行负面效果检验，今天我们也不会预先判断任何此类问题。在第七章中，也没有提及浴室、更衣室或其他类似的东西。唯一摆在我们面前的问题是，雇主仅因某人是同性恋或跨性别者就解雇他，是否属于"因为性别"歧视。如第七章

---

[1] Cf. post, at 44–54（ALITO, J., dissenting）.

所述，"歧视"一词指的是对易受伤害的受保护个人进行差别对待。① 如何保护那些具有特定特质的雇员免于解雇才是最关键的问题。其他政策和做法是否可能会被视为非法的歧视，或许会根据第七章的其他规定找到正当理由，但这是未来案件需要面对的问题，而不是当下需要考虑的。

另外，雇主担心认定第七章同时保护同性恋和跨性别者，可能导致雇主违反他们的宗教信仰。我们维护宪法关于宗教自由的承诺，这是我们多元社会的核心保障。但是，对于第七章与宗教自由交织冲突的担忧并不新鲜，他们甚至先于法令通过。国会审议通过该法律后，明确规定宗教组织可以豁免。② 本法院还承认，第一修正案（First Amendment）可以禁止就业歧视法适用于"有关宗教机构及其牧师之间的雇佣关系的索赔"③。国会在《1993 年宗教自由恢复法案》（RFRA）中更进一步，④ 该法令禁止联邦政府对个人的宗教活动施加实质性的负担，除非它能证明这样做能促进令人信服的政府利益，同时也是对当事人限制性最小的手段。⑤ 由于《1993 年宗教自由恢复法案》作为特别法取代了其他联邦法律的正常运作，因此它也可能在适当的情况下优先于第七章的规定。⑥

但是，如何塑造宗教自由与第七章以良性互动的教义，亦是未来的问题。哈里斯殡仪馆在诉讼中没有成功通过基于《1993 年宗教自由恢复法案》的辩护。然而在移送申请中，公司拒绝对这一不利决定进行复审，目前我们也没有收到任何关于宗教自由的诉求。因此，虽然其他雇主在其他案件中可能会提出值得仔细考虑的关于行使宗教自由的论点，但今天在我们面前的所有雇主都没有在本法庭上表示，遵守第七章会以任何方式侵犯他们的宗教自由。

一些支持在第七章中加入禁止性别歧视条款的人，最初可能希望这会倾覆整个民权法案。然而事与愿违，该法案成为法律。从那时起，第七章

---

① Burlington N. &S. F. R. , 548 U. S. , at 59.

② § 2000e－1（a）.

③ Hosanna-Tabor Evangelical Lutheran Church and School v. EEOC, 565 U. S. 171, 188 (2012) .

④ 107Stat. 1488, codified at 42 U. S. C. § 2000bb et seq.

⑤ § 2000bb－1.

⑥ See § 2000bb－3.

的效果已经显现并产生深远影响，有些可能超出了国会或其他机构许多人的预期。

但这些都无关乎今天的案件判决。我们的社会是一个成文法的社会，法官不能仅凭对意图的推测或对期待的猜测而忽视简单的法律诫命。在第七章中，国会采用了宽泛的语言，规定基于性别的解雇违法。今天，我们毫不犹豫地认识到这一立法选择的必然后果：如果雇主仅仅因为一个人是同性恋或跨性别者就解雇他，也是违反法律的。

第二巡回上诉法院第 17 - 1623 号和第六巡回上诉法院 18 - 107 号的判决予以确认。第十一巡回上诉法院第 17 - 1618 号判决被推翻，并将该案发回重审以符合该意见。

【责任编辑：杨一帆】

调研报告

残障儿童融合教育的法律保护

张 慧[*]

摘要： 发展融合教育是全球教育的趋势。虽然融合教育的包容对象逐渐从残障儿童扩大到了所有人，但是在我国，残障儿童融合教育的发展情况相对其他群体而言更加不容乐观。残障儿童融合教育的发展是国际公约和国内法律规定的受教育权、平等权和儿童权利的要求，而目前我国相关法律存在立法基于医学模式残障观、立法导向偏重特殊教育，以及缺乏对普通学校发展融合教育的支持等问题，导致大量残障儿童无法接受有质量的融合教育。因此，需要通过在法律中贯彻人权模式残障观、完善融合教育的法律支持体系，以及明确融合教育权利救济机制，为残障儿童融合教育的发展提供有效的法律保护。

关键词： 残障儿童；融合教育；法律保护

一 融合教育的内涵

（一）从"一体化"到"融合"

20 世纪 50 年代至 70 年代，西方国家一系列追求平等的社会运动在特殊教育领域引起了反对隔离的思潮，将残障学生安置在普通学校与非残障学生一起学习成为主要的趋势，当时推崇的核心理念是"一体化教育"（integrated education）。"一体化"理念虽然倡导残障学生进入普通学校，

---

* 张慧，四川大学法学院人权法专业硕士研究生。

但它仅仅要求普通学校为残障学生提供便利的物理环境，而并不要求普通学校改变现行的运作方式以适应残障学生的特殊教育需要，这一理念本质上仍然认为残障学生首先属于特殊教育的服务对象，他们必须证明自己有能力参与普通教育，才可以在普通学校接受教育。[①]

而自 1994 年《萨拉曼卡宣言》发布以后被倡导的"融合教育"（inclusive education）理念，则在"一体化"理念的基础上，发展了更深、更广的内容，主要表现在两个方面：一是对普通学校教育改革的要求显著提高，二是所包含的人群范围从残障儿童扩大到所有人。

2005 年，联合国教科文组织在《全纳教育指导方针》中提出，一体化教育的主要问题是在倡导残障儿童教育"主流化"的同时，没有对普通学校的教学组织、课程以及教学策略进行相应变革，而融合教育则要求学校应进行改革，改进教学方法，积极看待学生的多样性——不是将学生个体差异视为需要解决的问题，而是视为丰富学习的机会。[②] 残疾人权利委员会在《第 4 号一般性意见：关于包容性教育的权利》中也指出，一体化教育虽然要求将残障者安置在现有主流教育机构中，但也要求残障者有能力适应这类机构的标准化要求；而融合教育则是学校进行系统改革的过程，包括调整教学内容和方法、教育理念、结构和战略，以克服障碍，向同年龄段的所有学生提供公平和参与式的学习经历，以及最符合其需要和喜好的环境。[③]

除了对学校要求的提高，融合教育所包含的人群范围也比一体化教育更广泛，一体化教育仅仅针对残障儿童，而根据 1994 年《萨拉曼卡宣言》，融合教育针对的是"所有学生"，除了残障儿童，天才儿童、流浪儿童、少数民族儿童等其他处境不利的儿童都是其保护的对象。2019 年联合国教科文组织在国际包容和公平的教育论坛中通过的《卡利宣言》，

---

① 徐素琼、李学会：《西方全纳教育的理论建构及启示》，载张万洪主编《残障权利研究》（第 5 卷第 1 期），社会科学文献出版社，2018，第 125 页。

② UNESCO：Guidelines for Inclusion：Ensuring Access to Education for All，https://unesdoc. unesco. org/ark：/48223/pf0000140224，Last visited Feb. 24，2021.

③ 残疾人权利委员会：《第 4 号一般性意见：关于包容性教育的权利》，CRPD/C/GC/4，2016 年。

则更进一步指出，融合教育除了确保所有儿童和年轻人能够充分参与并获得优质的学习机会，还包含成年人的教育，它强调消除教育中和通过教育产生的一切形式的歧视。

（二）"全纳"与"融合"之辨

在我国，对"inclusive education"这一概念的翻译存在"全纳教育"与"融合教育"混用的现象。这一概念在《残疾人权利公约》及残疾人权利委员会的指导意见中对应的中文是"包容性教育"，在联合国教科文组织的相关文件中一般被翻译为"包容性教育"或"全纳教育"，但我国国内的学术研究很少使用"包容性教育"这一说法，多数研究用的是"融合教育"，也有一些学者倾向于用"全纳教育"、反对使用"融合教育"，反对的主要原因在于，"融合教育"曾经被用来翻译"integrated education"，即一体化教育，而一体化教育理念是相对落后的。[①] 但事实上，目前在我国残障儿童教育的研究中，除了研究者刻意区分"全纳"与"融合"的概念时，融合教育极少被视为与一体化教育等同，一般情况下，"全纳教育"和"融合教育"是在相同意义下被使用的，都是指在1994年以后被倡导的"inclusive education"。

"融合教育"这一概念虽然起源于残障儿童的教育，但其意义发展至今已经扩大到了教育领域中一切反对排斥和歧视的努力。在中国，最典型的处境不利的儿童除了残障儿童，还有农民工子女，他们当中的一部分，因为不被父母迁入地接纳而只能成为留守儿童，与父母长期分离，另一部分则作为随迁子女来到城市接受教育，但在这里，他们往往被隔离在专门的"打工子弟学校"中，即使是满足了苛刻的条件、进入普通公立学校的随迁儿童，仍然可能面临被单独编班等其他形式的隔离和歧视。[②] 目前，在我国残障儿童教育的研究中，"全纳"和"融合"在很大程度上同样地被理解为"inclusion"，而在农民工子女教育的研究中，绝大部分研究者

---

① 李拉：《"全纳教育"与"融合教育"关系辨析》，《上海教育科研》2011年第5期。
② 胡恒钊：《新型城镇化进程中农民工随迁子女教育的现实困境与理性选择》，《农业经济》2019年第1期。

更倾向于使用的是"融合"而非"全纳"。这样看来，在中国的语境下，"融合"其实比"全纳"更接近"inclusion"的含义，因为"融合"已经包容了更大范围的处境不利儿童。

此外，针对 2012 年残疾人权利委员会指出中国没有坚守"包容性教育"理念的问题，[①] 中国在 2018 年提交的履约报告中回应道："根据《公约》倡导的包容性教育理念，中国修订《残疾人教育条例》（2017），该条例明确提出'积极推进融合教育'。"[②] 尽管修订后的《残疾人教育条例》尚未完全贯彻包容性教育理念，但这一回应至少反映出，官方也是在"inclusion"的层面上使用"融合"，而不是仅仅将"融合"等同于"一体化"。

因此，在我国，融合教育比全纳教育更适合用来指代"inclusive education"，其内涵可以概括为：教育机构将学生的多样性视为教育资源而非问题，并针对学生的多样性不断进行系统的改革，包括调整教学内容、教学方法、教育理念等，从而消除教育中和通过教育产生的一切形式的歧视和障碍，向所有学生提供公平和参与式的学习经历，以及最符合其需要的环境。

虽然融合教育所包容的对象范围越来越大，不再限于残障儿童，但是在我国，残障儿童融合教育的发展情况相对其他群体而言更加薄弱，残障儿童融合教育的实践面临很多问题，现实与理想存在较大的差异，因此需要特别关注。

二 残障儿童融合教育的权利基础

（一）受教育权的具体体现

教育，广义上是指所有影响人的身心发展的社会实践活动，包括很多

---

① 残疾人权利委员会：《委员会第八届会议（2012 年 9 月 17 日至 28 日）就中国初次报告通过的结论性意见》，CR PD/C/CHN/CO/1，2012 年。

② 残疾人权利委员会：《中国根据〈公约〉第三十五条提交的第二和第三次合并定期报告》，CRPD/C/CHN/2 - 3，2018 年。

在人类繁衍和发展过程中自然发生的活动，这些活动往往是先于国家而存在的，无须国家的支持或保障。而狭义上的教育概念，则是指广义的教育活动当中特定的一部分，即经过有序的组织并由专门机构提供的教育，主要表现为学校教育。

受教育权的权利内容比较丰富，关于其具体权利内容的说法很多，尚未形成共识，但受教育选择权作为其中非常重要的一项权利内容，已经得到了广泛的认同。受教育选择权是指学生及其监护人自由选择学校、教育种类和方式的权利。受教育选择权过去往往被认为属于一种自由权，国家对此的义务在于不干涉，但是由于如今受教育权的内涵随着社会发展发生了变化，国家仅仅采取不干涉的态度并不足以保障公民的选择自由。经济、社会和文化权利委员会在《第13号一般性意见：受教育的权利》中指出，各国各种形式和各种水平的教育均应体现可提供性、可获取性、可接受性和可调适性这四个互相联系的基本特征，[①] 其中，可提供性要求国家提供充足的、有效的教育机构和方案。在残障儿童教育的问题上，受教育选择权主要表现为残障儿童及其监护人有权自由选择在普通学校、在特殊学校或者在家接受教育，而国家应当提供这三种教育方案由其自由选择。但是，如果普通学校拒绝残障儿童入学或者不能针对儿童的个体差异为其提供合理便利和有质量的教育，导致残障儿童及其监护人不得不选择特殊学校，或者不得不选择在家接受教育，那么这种情况下的"选择"就是不自由的，残障儿童及其家长的受教育选择权实际上没有得到尊重和保障。因此，国家不干涉公民的受教育选择权，并不意味着国家可以不作为，而是应当积极采取措施，促使普通学校有能力为残障儿童提供有质量的融合教育、特殊学校能够提供优质的特殊教育、在家接受教育的残障儿童能够得到充分的支持，确保这三种教育安置方案都能有效地保证残障儿童接受优质教育，为残障儿童及其家长行使受教育选择权提供前提。

受教育条件权也与残障儿童的融合教育密切相关。相对于受教育选择

---

① 经济、社会和文化权利委员会：《第13号一般性意见：受教育的权利》，E/C.12/1999/10，1999年。

权，受教育条件权的社会权性质更加明显，[①] 它是学生要求国家和学校采取措施，为其提供合适的教育环境和必要支持的权利。国家保障公民的受教育条件权也在国际上受到了广泛认同。1990 年《世界全民教育宣言》指出"学习不是孤立地进行的。因此，社会必须确保所有学习者都能获得他们所需的营养、保健，以及全面的身心支持，以便他们积极参与教育并从中受益"。2000 年《达喀尔行动纲领》要求国家和有关机构"创造安全、健康、包容和资源均衡的教育环境，以促进优质的学习"。2015 年《仁川宣言》进一步要求国家"为教育机构和教育方案提供充足、公平合理的资源，为它们配备安全、环保、便于使用的设施，人数充足的采用以学习者为中心、积极和协作的教学方法的高素质教师和教育工作者，图书、其他学习资料以及不含歧视性内容、有利于学习、照顾学习者的需要、适应具体情况、成本效益高、可供所有学习者使用的开放教育资源和技术"。我国加入并批准的《残疾人权利公约》要求缔约国提供合理便利，以满足个人的需要、确保残障者在普通教育系统中获得必要的支持，以及在最有利于发展学习和社交能力的环境中提供适合个人情况的有效支持措施。残障儿童融合教育的发展情况如何，在很大程度上取决于其受教育条件权保障水平的高低。在有权要求普通学校创造安全、包容、无障碍的教育环境，并提供充足的教育资源、学习设备和高素质的教育工作者以满足所有学生的教育需要的情况下，残障学生及其监护人才不必担心在普通学校受到来自环境的压力，或者担心教育质量得不到保障。

（二）平等权的内在要求

我国宪法规定"公民在法律面前一律平等"，对于国家而言，平等是一项宪法原则，而对个人而言，平等是一项宪法权利。[②] 作为宪法权利的平等权，其特殊之处在于没有具体、明确的内容，其权利性主要体现在其他权利的行使或实现的过程之中，[③] 例如，在教育领域，平等权表现为公

① 龚向和:《论受教育权的可诉性及其程度》，《河北法学》2005 年第 10 期。
② 林来梵:《从宪法规范到规范宪法》，商务印书馆，2017，第 120 页。
③ 莫江平:《我国公民的平等权及其误区》，《广西社会科学》2002 年第 3 期。

民享有平等的受教育权。

平等权包含形式平等与实质平等两种意义。形式平等是平等在现代宪法中的最初含义，它主要是指公民在法律上的平等，又称机会平等，强调的是对所有人进行相同对待，要求权利平等和机会平等。[①] 在教育领域，形式平等一般表现为，无论性别、财产、天赋等方面的差别，我国公民都享有平等的受教育权。在融合教育问题上，形式平等要求普通学校平等地向所有学生开放，为所有学生提供平等的受教育机会，不歧视任何学生。不理解融合教育、认为提供高质量的特殊教育就足以保障残障学生平等受教育权的观点，无异于支持 20 世纪 50 年代之前美国公共教育领域的"隔离但平等原则"。在美国，经过布朗诉托皮卡教育委员会一案，[②] "隔离但平等"的观念才逐渐被放弃，人们开始承认，即使在教学设施、课程设置、资金支持等方面都能做到平等，以种族为依据的隔离仍然侵犯了少数族裔的学生平等的受教育权，因为这种隔离损害人的尊严。[③] 同样地，让残障儿童在特殊学校中接受隔离式的特殊教育，即使校园中有着同样优质的硬件设备和师资，也仍然是一种不平等的对待。被隔离的状态本身就会导致忽视和歧视的加剧，强化社会其他群体对残障人的低期望，使刻板印象、偏见和污名化不断加深和升级。因此，残障儿童不应该因能力欠缺或被认为没有能力适应普通学校而被拒绝进入普通学校接受融合教育，学校对学生的"零拒绝"，是实现公民受教育权形式平等的要求。

然而，在现实情况中，人与人之间存在巨大差异，如果一律同等对待，忽视人与人之间客观存在、不可改变的差异，实际上是对自然的不平等状况的放任，反而是不合理的，无法真正实现人人享有平等的权利。为了解决这一问题，现代宪法在形式平等的基础上，吸收了实质平等的原理。[④] 实质平等强调的是不同情况区别对待，要求根据人的差异，分别采取相应的方式实施合理的差别对待，对所有人的人格发展和权利实现进行

---

① 朱应平：《论平等权的宪法保护》，北京大学出版社，2004，第 48 页。

② Brown v. Board of Education of Topeka, 347 U. S. 483（1954）.

③ 曲相霏：《析受教育权平等》，《山东大学学报》（哲学社会科学版）2003 年第 5 期。

④ 邢益精：《论合理的差别待遇——宪法平等权的一个课题》，《政治与法律》2005 年第 4 期。

实质意义上的平等保障。① 实质平等不满足于机会平等，还追求结果平等。但这种结果平等并不是绝对的平等，而是相对的平等，它要求各个人的"事实上的差异"与"法律上的对待"之间存在一种"比例上的均等"，②即国家需要针对人与人之间客观存在的差异采取一定的措施进行区别对待，给予相对处于弱势的特定人群符合比例的支持，以提高实现结果平等的可能性，这种支持的提供不应被视为对其他人群的不平等，除非这种支持超出了合理的范围，导致对其他人群的反向歧视。仅仅追求形式平等而忽视实质平等，正是"一体化"理念落后于"融合"理念的原因。残疾人权利委员会在《第6号一般性意见：关于平等和不歧视》中指出，《残疾人权利公约》第3条规定的机会均等原则标志着从形式平等到实质平等的重大发展，形式平等可能有助于打击负面的刻板印象和偏见，但它不能为"差异困境"提供解决方案，而实质平等则力图解决结构性歧视和间接歧视的问题，为了实现平等、应对"差异困境"，既要忽略人与人之间的差异，又要承认这种差异。③ 一方面，教育机会应当均等地向每一个公民提供；另一方面，还需要以差别待遇的方式，使处于较不利社会地位的人，能够获得更多资源，使他们的参与更加有效。④ 联合国人权事务高级专员办事处曾经指出，《残疾人权利公约》自第5条第1款起逐步阐明残疾人享有实质性平等，它既包括机会平等，也包括结果平等；为实现实质平等而采取的具体措施，即实行高于他人的优惠而不被视为歧视的措施，能够大力推动实现实质性平等和打击结构性歧视。⑤ 平等的受教育权不仅是学校准入上的平等，更重要的是教育质量上的平等。在残障儿童的教育中，如果普通学校仅仅为了实现形式平等，接纳了残障儿童入学，为其在普通的教学班中添加了一副桌椅，却不提供任何其他形式的支持，这些儿童的受教育权的实质平等就无法得到有效保障。为了实现融合教育理念对

---

① 莫江平：《我国公民的平等权及其误区》，《广西社会科学》2002年第3期。

② 林来梵：《从宪法规范到规范宪法》，商务印书馆，2017，第117页。

③ 残疾人权利委员会：《第6号一般性意见：关于平等和不歧视》，CRPD/C/GC/6，2018年。

④ 朱应平：《教育平等权的司法保护》，《政治与法律》2002年第1期。

⑤ 人权理事会：《〈残疾人权利公约〉第五条规定的平等和不歧视：人权事务专员办事处报告》，A/HRC/34/26，2016年。

实质平等的要求，避免融合教育在实践中沦为简单地让残障儿童"随班就座"，真正实现有质量的融合教育，教育行政部门和学校必须采取相应的措施，给予残障学生其所需要的环境支持、设备支持和人力支持，使其能够实质地、平等地参与教育活动。

（三）儿童权利的特殊保护

在由成年人掌控的人类社会中，成年人常常习惯于将儿童视为可以支配的对象或成人的附属物，而非独立的个体。针对儿童的弱势地位，除了保护儿童享有一切人或所有公民都普遍享有的权利之外，相关的国际文件和国内法律还赋予儿童另外的、专属于儿童的权利，强调对儿童的特殊保护。

我国宪法规定"婚姻、家庭、母亲和儿童受国家的保护"，《未成年人保护法》对儿童权利从家庭、学校、社会等多个方面的保护进行了规定，并规定"保护未成年人，应当坚持最有利于未成年人的原则"。在国际社会，给予儿童特殊保护的需要在 1924 年《日内瓦儿童权利宣言》、1959 年《儿童权利宣言》、1948 年《世界人权宣言》、1966 年《经济、社会和文化权利国际公约》等国际文件中均得到确认。1989 年《儿童权利公约》专门针对儿童的特殊保护进行了规定，中国是该公约的共同提案国之一，并于 1991 年批准了该公约。国内外很多学者将《儿童权利公约》中体现的原则概括为四大基本原则，分别是非歧视原则，儿童最大利益原则，保障生命、生存和发展权原则，以及尊重儿童意见原则，这一观点也得到了儿童权利委员会的确认。[1]

残障儿童既属于儿童群体，又属于残障群体，处于两种不同层面的边缘地位，容易受到双重的忽视或歧视。在残障儿童的融合教育问题上，《儿童权利公约》四大基本原则中，保障生命、生存和发展权原则的关键内容之一就是受教育权，非歧视原则与维护公民平等权的要求基本一致，

---

① 郑净方：《论儿童权利保护的一般性原则——以〈联合国儿童权利公约〉为文本分析》，载梁慧星主编《民商法论丛》第 67 卷，社会科学文献出版社，2018。

最能体现对儿童权利特殊保护的当属儿童最大利益原则，而尊重儿童意见原则也与儿童最大利益原则密切相关。

儿童最大利益原则强调的是"儿童个体"的最大利益。首先，它强调的是儿童——而非其父母或其他监护人——的最大利益。[①] 在现实生活中，成年人在判断儿童最大利益时，常常从自身的角度而非儿童的视角出发，从而造成对儿童最大利益原则的歪曲。儿童权利委员会在《第9号一般性意见：残疾儿童的权利》中特别指出，几乎所有与残障儿童相关的政策和决定都是由无论是否残障的成年人作出的，而残障儿童自己却被排除在这一进程之外。[②] 在残障儿童教育问题上，典型的表现就是由代表学校的成人来判断儿童是否有能力适应普通学校的生活，并由学校决定儿童是否进入普通学校，而学校优先考虑的往往是学校的利益而非儿童的利益，儿童的最大利益完全无法得到保证。为了确保儿童而非成人的最大利益，尊重儿童意见原则至关重要。《儿童权利公约》规定，缔约国应确保有主见能力的儿童有权对影响到其本人的一切事项自由发表自己的意见，对儿童的意见应按照其年龄和成熟程度适当地看待。尊重儿童意见往往被认为存在适当性的问题，儿童是否有足够的判断能力也常常受到质疑，对于残障儿童而言，这一问题更为严重。残障儿童的判断能力相对其他儿童更容易受到质疑，周围的成人，包括监护人和教师等，便会自觉或不自觉地把自己的意志和价值判断标准强加于儿童，而忽视儿童本身的愿望和需求。[③] 也正因如此，在残障儿童的教育问题上，关注并重视他们的意见具有更加重要的意义，所有有关残障儿童教育问题的决定，包括学校的选择、教育方案的设计等，都应当在充分向儿童说明情况的基础上，探寻儿童的主观意愿：是希望进入容纳所有人的普通学校还是只容纳某一部分人的特殊学校，是愿意跟其他儿童一起参与活动还是单独参加另外的活动。如果没有充分倾听和考虑儿童自己的想法和喜好，成年人不可能从儿童的视角来判

---

① 王勇民：《儿童权利保护的国际法研究》，法律出版社，2010，第100页。
② 儿童权利委员会：《第9号一般性意见：残疾儿童的权利》，CRC/C/GC/9，2007年。
③ 王月明、饶从满、李贺：《〈儿童权利公约〉与在校儿童权益保障探究及对策》，《内蒙古民族大学学报》（社会科学版）2009年第1期。

断怎样的教育安排才符合儿童的最大利益。

其次，除了强调儿童而非成人，儿童最大利益原则还强调个体——而非群体——的最大利益。儿童权利委员会在《第14号一般性意见：儿童将他或她的最大利益列为一种首要考虑的权利》中指出，处于某一具体弱势境况的儿童的最大利益，并非与所有处于同样弱势境况的儿童的最大利益相同，必须考虑到每位儿童不同类别和程度的脆弱性，按每一位儿童的独特境况作出评判。[①] 几乎所有儿童都会在特定情况下产生不同于集体的特殊教育需要，而实践中这些需要往往因为儿童作为一个群体的共性而受到忽略。残障儿童作为一个群体，虽然因为存在比非残障儿童更为明显的特殊需要，所以常常受到特殊对待，但残障儿童群体内部的巨大差异性也一样容易受到忽视，同样存在个体利益被群体利益掩盖的情况。一些欧洲国家在实施残障儿童融合教育的初期，认为融合教育符合残障儿童的最大利益，于是大量关闭特殊教育机构，致力于将所有残障儿童都送到普通学校接受教育，但在实践中发现，即使提供了最大可能的支持，也不能确保所有儿童都能在普通教室内取得成功。[②] 尽管融合教育符合"绝大部分儿童"的最大利益，仍然有少数儿童的个体利益与绝大部分儿童的群体利益不一致。融合教育只是要求普通学校能够适应所有人的需要，而不是要求所有人都必须进入普通学校。因此，发展残障儿童的融合教育并不意味着关闭所有特殊学校，也不是将儿童视为一个群体，让群体中的所有人都进入普通学校，而是基于每一个儿童的特殊性，考虑个体的最大利益，确保最适合儿童个体的教育安置方案能够得到实施。

三　现行法律难以保障残障儿童的融合教育

虽然我国宪法和法律规定公民享有平等的受教育权，相关法规也明确提出了要发展融合教育，但由于对融合教育理念的理解不够充分、重视程

[①] 儿童权利委员会：《第14号一般性意见：儿童将他或她的最大利益列为一种首要考虑的权利》，CRC/C/GC/14，2013年。

[②] 彭霞光：《美国全纳教育最佳实践自我评估研究述评》，《中国特殊教育》2019年第9期。

度不足，我国目前的法律法规存在不少问题，难以有效保障残障儿童融合教育的发展。

（一）基于医学模式的残障立法

医学模式残障观将残障视为需要被治疗、矫正或康复的损伤，是相较于正常健康状态的偏差，[1] 并将残障者在社会生活中遭遇的困境诉诸残障者自身的能力，往往导致残障群体的合理需求被理解为社会的"额外负担"，导致残障群体和非残障群体的对立，从而加深人们对残障的误解和歧视。

2012年残疾人权利委员会在就中国初次报告通过的结论性意见中指出，中国在残障定义以及残障人身份论述的长期惯用的术语和行文中广泛采用残障医学模式，缺乏一种连贯而全面的战略，没有贯彻《残疾人权利公约》确立的残障人权模式，无以实现事实上的平等。[2] 我国在2018年提交的履约报告中虽然对上述意见进行了回应，但只是抽象地表示"中国政府注意到医学模式的不足、认识到在《公约》框架下保障残疾人人权的重要性"[3]。而在2018年对《残疾人保障法》进行修订、将其中的"广播电影电视"修改为"广播电视、电影"时，却没有同时考虑对残障重新进行定义，仍然原封不动地基于医学模式将残障人定义为"某种组织、功能丧失或者不正常，全部或者部分丧失以正常方式从事某种活动能力的人"。

我国现行的其他涉及残障儿童教育的法律法规中也同样充斥着医学模式残障观。《义务教育法》《残疾人保障法》《未成年人保护法》中都规定"普通学校应当接收具有接受普通教育能力的残疾适龄儿童、少年随班就读"，此类规定以"接受、适应普通教育的能力"作为标准对残障儿童进行分类，强调的是残障儿童本身的能力因素，并以此作为限制残障儿童进

---

[1] 〔德〕特蕾莎·戴格纳：《残障的人权模式》，陈博译，载张万洪主编《残障权利研究》（第3卷第1期），社会科学文献出版社，2016，第169页。

[2] 残疾人权利委员会：《委员会第八届会议（2012年9月17日至28日）就中国初次报告通过的结论性意见》，CR PD/C/CHN/CO/1，2012年。

[3] 残疾人权利委员会：《中国根据〈公约〉第三十五条提交的第二和第三次合并定期报告》，CRPD/C/CHN/2-3，2018年。

入普通学校的理由，这正是《残疾人权利公约》所反对的歧视。而根据《残疾人权利公约》倡导的人权模式残障观，应该将问题诉诸学校教育环境，强调学校要提高接纳和教育所有人的能力，适应人的需求。与残障儿童教育最密切相关的《残疾人教育条例》，在 2017 年修订后，虽然增加了关于融合教育的规定，但仍然没有完全摆脱陈旧的医学模式残障观，造成了该条例内部的矛盾。例如，根据该条例的规定，当就残障儿童入学问题发生争议时，有权依据儿童的能力水平来决定该儿童是在普通学校接受教育还是在特殊学校接受教育的主体，是县级政府的教育行政部门，而非儿童本人或其监护人。这实际上剥夺了残障儿童及其监护人的受教育选择权，导致部分残障儿童被强制就读于特殊学校，侵犯了他们的平等权，属于该条例第二条明文禁止的"基于残疾的教育歧视"。

（二）立法导向偏重特殊教育

根据 2012 年全国人大常委会执法检查组关于《残疾人保障法》实施情况的报告，我国残疾人整体受教育水平较低，残疾儿童接受义务教育的比例为 71.4%，远低于全国义务教育入学率 99% 以上的水平，盲、聋和智力残疾儿童接受义务教育的比例普遍较低，有的省份仅有 20% 左右，多重障碍、自闭症及脑瘫等中重度残疾儿童入学还存在很大困难。[1] 同一年，残疾人权利委员会在就中国初次报告通过的结论性意见中指出，中国特殊学校数量众多，且有积极发展这些学校的政策，只有存在某些种类的障碍的学生（肢体障碍或轻度视觉障碍）能够接受主流教育，而所有其他残障儿童都被强制就读特殊学校或者干脆辍学。[2]

尽管残疾人权利委员会在 2012 年明确指出了对中国"积极发展特殊学校"的担忧，但是在中国政府及其教育部门的观念中，似乎还是认为残障儿童的教育应当由特殊教育学校承担。2017 年发布的《第二期特殊教

---

[1] 李建国：《全国人民代表大会常务委员会执法检查组关于检查〈中华人民共和国残疾人保障法〉实施情况的报告》，http://www.npc.gov.cn/wxzl/gongbao/2012-11/12/content_1745512.htm，最后访问时间：2021 年 2 月 24 日。

[2] 残疾人权利委员会：《委员会第八届会议（2012 年 9 月 17 日至 28 日）就中国初次报告通过的结论性意见》，CR PD/C/CHN/CO/1，2012 年。

育提升计划（2017—2020 年）》不仅要求政府"发挥特殊学校在实施残疾儿童少年义务教育中的骨干作用，实现市（地）和 30 万人口以上、残疾儿童少年较多的县（市）都有一所特殊教育学校"，还"鼓励和引导社会力量兴办特殊教育学校"，仍然在强调特殊学校的建设，仍然在鼓励隔离式的特殊教育，而非倡导融合教育。根据 2015 年至 2019 年的《全国教育事业发展统计公报》，我国的特殊教育学校在这五年一共增加了 192 所，有特殊教育需要的在校生从 44.22 万人增加到 79.46 万人，残障儿童入学率明显提高，其中在普通学校接受教育的人虽然也从 23.96 万人增加到 39.43 万人，但其占在校生总数的比例从 54.2% 降低为 49.63%。[①] 虽然越来越多的残障儿童能够接受学校教育，但超过一半的残障儿童仍然无法进入普通学校接受教育。

在某种程度上，我国的普通学校可以根据涉及残障儿童教育的法律法规，包括《义务教育法》《残疾人保障法》《未成年人保护法》《残疾人教育条例》，以残障儿童"不具有接受普通教育能力、不能适应普通学校生活"为由，合法地拒绝接纳其入学。学生及其监护人若有异议，虽然可以申请县级人民政府教育行政部门处理，但也只是将决定的主体由学校变为教育行政部门，残障儿童进入普通学校的权利仍然没有得到有效保障。

（三）发展融合教育缺乏系统的支持

一方面是很多残障儿童没有进入普通学校的机会；另一方面，很多残障儿童虽然进入普通学校接受教育，却无法接受有质量的教育、实现真正的融合。随班就读，即残障儿童在普通班级中和其他儿童一起接受教育，是目前我国残障儿童接受融合教育的主要形式。普通学校接纳随班就读学生是发展融合教育最基本的前提，而融合的关键更在于普通学校接纳学生入学之后，还需要通过不断改善教育环境、实施教育改革，适应每个学生的教育需要。全国人大常委会执法检查组关于《残疾人保障法》实施情况

[①] 参见教育部《教育发展统计公报》，http://www.moe.gov.cn/jyb_sjzl/sjzl_fztjgb/，最后访问时间：2021 年 2 月 24 日。

的报告比较准确地指出了我国随班就读的教育质量存在的主要问题，包括支持的缺乏，以及教师专业知识和技能的不足。[①]

　　普通学校发展融合教育首先需要经费上的支持。我国对随班就读工作的财政投入比较有限，[②] 虽然近年来国家对特殊教育的经费投入总量持续增长，但特殊教育经费支出占全国教育经费支出的比例并没有实质性的提高。[③] 并且，这些经费主要还是投入在特殊学校，随班就读于普通学校的学生所能获得的特殊教育经费支持有限。[④] 《第二期特殊教育提升计划（2017—2020年）》虽然要求随班就读学生的教育经费均按特殊学校生均预算经费标准执行，但实际上，与因残障儿童集中、资源共享比较方便而资源利用效率较高的特殊学校相比，残障儿童占比小的普通学校需要更多的经费才能满足每一个学生的不同需求。例如，同样是购买一套盲文教材的费用，盲校可以从多名学生的教育经费中分摊，因为教材可以供多名学生重复使用；而普通学校往往只能从仅有的一位视力障碍学生的经费中支出。因此，随班就读学生的教育缺乏足够的经费保障会导致普通学校无法提供学生所需的环境或设备，从而不利于普通学校融合教育水平的提高。

　　除了经费保障，普通学校的融合教育水平还在很大程度上取决于教师的融合教育素养，包括普通班级中的学科教师实施融合教育的能力，以及专门支持随班就读的资源教室中的资源教师的专业水平。2016年一项针对北京市490所普通学校的调查显示，超过50%的学校中，参加过特殊教育培训的教师人数低于学校总教师人数的10%，而仅有15%的学校中参加过特殊教育培训的教师人数高于学校总教师人数的50%。[⑤] 专业培训的

[①] 李建国：《全国人民代表大会常务委员会执法检查组关于检查〈中华人民共和国残疾人保障法〉实施情况的报告》，http://www.npc.gov.cn/wxzl/gongbao/2012-11/12/content_1745512.htm，最后访问时间：2021年2月24日。

[②] 于素红、朱媛媛：《随班就读支持保障体系的建设》，《中国特殊教育》2012年第8期。

[③] 赵菲、韩梅、王凯：《我国特殊教育学校经费支出：现状、问题及对策建议》，《教育财会研究》2018年第6期。

[④] 吕春苗、张婷：《香港特殊教育经费投入和使用的现状、特点及启示》，《现代特殊教育》2017年第2期。

[⑤] 江小英、牛爽爽、邓猛：《北京市普通中小学融合教育基本情况调查报告》，《现代特殊教育》2016年第14期。

欠缺造成普通学科教师普遍缺乏关于融合教育的知识和技能，不能理解学生的特殊需求，因此难以有效开展随班就读学生的教育工作。很多普通学校的教师由于缺乏专业知识和技能，对随班就读儿童存在"低期待"的情况，没有意愿、也没有能力对他们进行指导；一些随班就读的残障儿童会被教师安排在教室的最后一排，甚至安排单人单桌进行"隔离"。① 因此，对于很多被认为"具有接受普通教育能力、能适应普通学校生活"并进入普通学校就读的残障儿童而言，其能否在普通学校获得有质量的教育，仍然在很大程度上取决于他们自身的能力水平，部分随班就读的残障儿童因为普通学校不能提供合理的教育环境和有效的教育支持，所以难以适应普通学校的教育方式、无法达到普通学校的学习要求，最后不得不离开普通学校，进入特殊学校。②

由于我国对融合教育质量问题的重视不够，现行的法律几乎没有涉及对融合教育经费和师资支持的具体规定，某些相关的政策虽然有所提及，但也不够具体，可操作性不强，③ 导致普通学校没有能力为残障儿童的融合教育提供更合适的环境。2018 年教育部发布的中国首份《中国义务教育质量监测报告》只字未提残障儿童的义务教育，也足见我国对残障儿童教育质量的忽视。

四 完善残障儿童融合教育立法的建议

通过立法为发展融合教育提供明确的依据，是保护残障儿童受教育权、平等权和儿童权利，提高融合教育水平的前提和重要推动力。完善有关融合教育的法律法规也是我国履行加入相关国际公约时所许承诺的主要表现。

---

① 张漪漫、华红琴：《合而不融：随班就读儿童教育排斥研究》，载张文宏主编《都市社会工作研究》第 5 辑，社会科学文献出版社，2018。
② 傅王倩、肖非：《随班就读儿童回流现象的质性研究》，《中国特殊教育》2016 年第 3 期。
③ 白瑞霞：《融合教育背景下残疾儿童随班就读的合理发展》，《中国教育学刊》2018 年第 1 期。

（一）在法律中贯彻人权模式残障观

如前文所述，我国目前与残障儿童教育最相关的法律法规中，存留着浓厚的医学模式残障观的痕迹。在康复领域，为了有效开展康复工作，医学的视角也许是必要的，但是在教育领域，将大量的问题归咎于残障者自身的能力，并非必要，也不合理，只是表现了立法者对残障群体的刻板印象和偏见。而法律法规中呈现的对残障群体的负面态度必然会对整个社会看待残障群体的方式产生消极影响，因此，改变相关法律法规当中带有医学模式观念的内容，代之以符合人权模式残障观的叙述和表达方式，从而引导整个社会形成更合理的残障观，对于促进融合是非常关键的。

《残疾人权利公约》在综合考量以往各种模式残障观的基础上，开创了人权模式残障观，强调了残障者的人权主体地位。残障的人权模式认为"残障问题"不是个人的问题，而是社会的问题，享有和行使人权并不以权利主体"毫无损伤"为前提，它否认了"损伤有可能限制残障者享有和行使人权的能力"的假设，强调所有残障者的人权都应受到保护。人权视角意味着生活在困境中的人不再是福利的客体，而是权利的主体，能够对资源分配和需求评估发出自己的声音。[1] 正如国际残障权利运动所呼吁的，"没有我们的参与，不要做关于我们的决定"（Nothing about us，without us），《残疾人权利公约》几次强调，各国在拟订和施行法律和政策时应当与包括残障儿童在内的残障群体密切协商，使他们能够积极参与立法和决策。残疾人权利委员会在就中国初次报告通过的结论性意见中也一再敦促中国应确保残障群体能够充分参与残障法律和政策制定的过程，从而引入残障人权模式，并在全社会推广"残障者是独立自主的权利持有人"这一理念。[2]

采用人权模式残障观进行立法或修订现有的法律，一方面是形式上的

---

[1] 〔德〕特蕾莎·戴格纳：《残障的人权模式》，陈博译，载张万洪主编《残障权利研究》（第3卷第1期），社会科学文献出版社，2016，第189页。

[2] 残疾人权利委员会：《委员会第八届会议（2012年9月17日至28日）就中国初次报告通过的结论性意见》，CR PD/C/CHN/CO/1，2012年。

采用，即在词语和句式的表达上进行转变，例如，将"残疾人"的说法改为"残障者"或"身心障碍者"，并对其进行重新定义。《残疾人机会均等标准规则》指出，"残疾"与"障碍"是两个不应混淆的概念。残疾既可以是生理、智力或感官上的缺陷，也可以是医学上的状况或精神疾病。而障碍则是机会的丧失或受到限制，它指的是有某种残疾的人无法与其他人在同等基础上参与社会生活。残疾并不必然导致障碍，只有当残疾与环境、与社会对待残疾的态度发生冲突时，残疾才构成障碍。另一方面，也要在实质内容上采用人权模式的观念，将现有的某些违背残障儿童融合教育理念的内容废除，代之以符合《残疾人权利公约》要求的权利内容。例如，"普通学校应当接收具有接受普通教育能力的残疾适龄儿童、少年随班就读"这种将问题诉诸残障儿童能力并限制其选择权的规定，可以改为"普通学校不得以残障或缺乏某种能力为由拒绝招收任何人"，以要求学校实行"零拒绝"来保障残障儿童及其监护人的受教育选择权和平等权。总之，所有法律和政策在涉及残障儿童教育问题时，无论是表达形式还是实质内容，都应更多地关注社会环境中存在的障碍，并致力于消除社会障碍、保障残障儿童的权利行使，而非强调残障儿童的能力因素或者要求其努力适应环境。

（二）完善融合教育的法律支持体系

目前我国支持残障儿童融合教育的法律数量较少，存在较多立法缺失，融合教育的推进往往面临无法可依的情况。[①] 现有的法律也主要是以原则性、宣示性的规定为主，比较空泛，同时又缺乏相应的可操作的配套政策，导致融合教育在实践中难以落实。[②] 因此，建立相对完整且具体的法律支持体系对于推动融合教育的实践至关重要。

形式上的融合教育在立法上比较容易实现，只需要在相关法律中确定

---

① 陈颖：《从应然到实然：残疾人受教育权保护之法律形塑》，《湖南师范大学教育科学学报》2016 年第 5 期。

② 白荣梅、王静：《我国残障儿童受教育权保障的检视与反思》，载张万洪主编《残障权利研究》（第 1 卷），社会科学文献出版社，2014，第 112 页。

学校"零拒绝"的条款，禁止以残障、残障程度、个人能力欠缺为由拒绝学生进入普通学校。但是，要通过学校改革实现真正的融合教育，保证残障儿童融合教育的质量，关键的问题在于针对现实的需求，提供相应的法律支持，保证普通学校有足够的经费和师资来开展高质量的融合教育。

为了在经费上支持普通学校提高融合教育水平，有必要以行政法规或部门规章的形式，对融合教育的财政投入进行规范和保障。一方面，应当明确要求各级政府为普通学校开展融合教育提供充足的经费，并鼓励政府为进入普通学校接受融合教育的学生提供高于特殊学校学生的支持经费，从而促使更多残障儿童从特殊学校转入普通学校，接受融合教育。另一方面，除了一般标准的生均预算，政府还应当以设立融合教育专项基金或者发放融合教育支持津贴的形式，为融合教育提供可灵活申请的经费支持，确保有残障学生就读的普通学校能够根据学生的实际情况，向政府申请相应的经费以支持其购置教学设施或开展教育改革，从而提高学校为残障学生提供更合适的教育环境的能力。在保证普通学校获得充足经费的基础上，不能忽视对经费使用情况的监督。在这方面可以参考我国香港地区的经验，针对相关经费的使用情况制定系统的评估和问责制度，要求学校定期公开关于经费获得和使用情况的信息，确保学校对经费的使用情况受到政府、学生及其家长，以及社会的监督。[①]

关于资源教师的专业能力，教育部于 2015 年印发了《特殊教育教师专业标准（试行）》，并在 2016 年印发的《普通学校特殊教育资源教室建设指南》中明确了资源教师原则上要符合《特殊教育教师专业标准（试行）》的规定并经过岗前培训，为提高资源教师的专业水平指明了方向。对于普通班级中的学科教师实施融合教育的能力，也亟须出台相关法规对其提出明确的要求。可以在现有的《特殊教育教师专业标准（试行）》《小学教师专业标准（试行）》《中学教师专业标准（试行）》的基础上，增加关于普通学校教师融合教育能力发展标准的内容，并建立普通学校教

---

① 吕春苗、张婷：《香港特殊教育经费投入和使用的现状、特点及启示》，《现代特殊教育》2017 年第 2 期。

师实施融合教育的能力认证标准和考核机制，[①] 要求所有普通学科教师必须通过认证或考核，促使普通教师参与相关的培训、加强对融合教育的理解、提高实施融合教育的能力。另外，在以法规和政策的形式提高对普通学科教师能力要求的同时，也需要通过法规和政策的支持，为普通教师提供常规化的、关于融合教育的职前培养和职后培训，将融合教育和特殊教育的关键知识和技能等纳入所有师范生的培养计划以及所有普通教师的职后培训内容之中。[②]

（三） 明确融合教育权利救济机制

权利通过法律的形式被确认，只是宣示性的，而公民能否实际享有法律规定的具体权利，还取决于是否存在有效的权利救济机制予以保障。为了确保学校能够为残障儿童提供高质量的融合教育，应当保证当权利受到忽视或侵害时，残障儿童及其监护人能够通过有效的权利救济机制维护自己应有的权利。

根据现行《残疾人教育条例》的规定，当我国残障儿童及其监护人与学校就入学、转学安排发生争议时，可以申请县级教育行政部门处理，教育行政部门应当委托残疾人教育专家委员会对该学生的身体状况和能力进行评估并提出入学、转学建议，并对该学生的入学、转学安排作出决定。首先，这一规定对争议的范围作了限制，即有关入学、转学安排的争议，至于其他争议则没有明确规定是否可以申请县级教育行政部门处理。由于融合教育不仅要求普通学校接纳残障儿童，还要求学校提供支持、适应学生的教育需要，所以有必要修改该规定中对争议范围的限制，确保残障学生及其监护人与学校就提供合理便利或其他形式的教育支持等问题发生争议时，也能够得到相应的救济。

另外，该规定仅仅对残障学生及其监护人与学校的争议提供了救济方式，却没有提供进一步的救济方式，即没有明确规定当残障学生及其监护

---

① 胡智锋、樊小敏：《中国融合教育的发展、困境与对策》，《现代教育管理》2020 年第 2 期。
② 谢正立、邓猛：《论融合教育教师角色及形成路径》，《教师教育研究》2018 年第 6 期。

人对县级教育行政部门的处理决定不服时如何救济。根据我国《行政复议法》第 6 条的规定，公民申请行政机关履行保护受教育权利的法定职责，行政机关没有依法履行的，可以申请行政复议。残障学生及其监护人与学校发生争议并申请县级教育行政部门处理，当然属于"公民申请行政机关履行保护受教育权利的法定职责"，因此，残障学生及其监护人若对县级教育行政部门的处理决定不服，理应有权申请行政复议，对复议结果仍然不服的，有权根据《行政诉讼法》向人民法院提起行政诉讼。《行政复议法》第 6 条自 2017 年修改以来，至今已经四年多，但在中国裁判文书网和北大法宝中很少有以《残疾人教育条例》作为裁判依据的行政案件，说明这一救济方式实施的情况并不理想。导致这一情况的可能原因在于，《残疾人教育条例》中没有明文指出这一救济渠道，而非专业人士往往并不了解《行政复议法》和《行政诉讼法》的规定，因此，残障儿童及其监护人很难知晓这一救济方式，因而也就无法为其合法权益的保障争取进一步的法律救济。因此在《残疾人教育条例》中，应当明确规定残障儿童及其监护人在对县级教育行政部门的处理决定不服的情况下，有申请行政复议和提起行政诉讼的权利，从而充分发挥行政复议和行政诉讼在保护残障儿童融合教育中的作用。

【责任编辑：狄磊】

深度书评

法学之路上的女性：一个多视角的观察与叙述

——读《法学学术界中的性别与职业生涯》

卜元石[*]

引 言

女性对于法学学术的参与，从全球范围来看都还属于一个新兴的话题。在欧美国家，即便性别问题早已不再游离于社会的边缘，相关的讨论也是在最近十几年才刚刚开始展开。在法学院生源女性化已经成为一个全球现象的大背景下，女性加入学术界某种程度上也是大势所趋。另一方面，在新自由主义政治经济理念的影响下，高等教育市场化、高校管理公司化、大学考核常规化，学者之间的竞争加剧，对高校教师特别是青年教师的工作生活状况产生了深刻的影响，也在全球范围引起了相当的社会关注。大学学术环境的转变影响的不仅仅是女性，也包括男性。在这个大背景下，2021 年英国哈特出版社（Hart Publishing）推出的、由德国法学界资深性别研究学者乌尔里克·舒尔茨（Ulrike Schultz）担纲主编的《法学学术界中的性别与职业生涯》一书①，第一次就法学中的女性学者进行了大型跨国研究。该书从女性参与法学学术的视角，追溯大学学术界如何逐渐失去了温情与从容，开始追求效率与产出，以及这一转向对于法学传统学科文化的影响。面对新局面，学者们所需要的并不仅仅是"慢教授"等

---

* 卜元石，德国弗莱堡大学法律系教授。

① Ulrike Schultz, Gisela Shaw, Margaret Thornton & Rosemary Auchmuty eds. , *Gender and Careers in the Legal Academy*, Hart Publishing, 2021.

297

个人的应对策略，更需反思问题的结构性根源与关联，思考政治如何作为，才能从整体上改善学者们的生存状态。可以说，女性在法学之路上所要克服的困难，既包括女性所特有的，也有法学界学者群体所共同面对的障碍。

《法学学术界中的性别与职业生涯》全书 592 页，共分为 6 个部分 29 个章节，分别为法学学术界中的性别与职业生涯、法学院中女性的历史、首位与早期的女性法学教授、个体叙述、法学院中的女权主义、对于法学学术界的男性气质与女性主义的反思。该书虽然以欧美为主，但视野拓宽到多个以往研究没有覆盖的国家，涵盖了五大洲 19 个国家，包括南美的阿根廷与巴西，亚洲的中国、印度与菲律宾，中东的以色列与科威特，非洲的埃及与加纳，大洋洲的澳大利亚。该书的主体部分采取国别报告形式，每篇都描述了作者所在国的法学教育状况、法学学术生涯的阶段、教师招聘与晋升程序，回顾了女性参与法学教育与法律职业的历史发展，介绍了性别与法律的教学与研究情况，分析了当前状况与对未来的展望，包含大量调查数据以及部分访谈节选。除国别报告，该书一部分章节为性别与法律相关研究报告，如性别中性的语言、法学院中性别歧视的具体案例。尽管国别报告的形式通常局限于对给定问题进行解答，对特定问题不能深入展开，但这是目前进行多国情况比较最为准确、有效的方法。每篇报告之后附有大量延伸文献，通过这些资料可以迅速了解相关领域研究的全貌，仅凭这一点，这本书也值得国内读者关注。

该书汇集了多国关注性别与法律问题的资深学者，绝大多数为女性，年龄跨度从 20 岁出头到近 80 岁，她们自身的经历也是时代变迁的见证。作者所从事的职业和所属的专业各有不同，从另一个侧面也展示了这一问题的多面性。此外，该书也收录了 9 篇在不同国家首位获得教授职位女性的传记。所有国别报告中也都包含该国早期女性学者生平的简要介绍。此类最近才在欧美出现的研究形式，意义不容忽视，正如撰稿人之一，美利坚大学华盛顿法学院苏珊·卡尔（Susan Carle）所言，关注法学、法律职业中的"女性第一人"，能够更好地解析这些女性之所以能够突破传统桎梏，是缘于个体异乎寻常的内驱力与能力，因此仅具个案意义，还是因为社会情况的变迁，因而具有普遍意义。在笔者看来，个体叙述因其直观生动，通过对事件细微的描述，能够弥补理论研究的抽象，便于读者感受与理解，这大概就是所谓的"理念的分析需要情景化"之故。

该书第一主编乌尔里克·舒尔茨在导言部分对全书的构思、撰稿人所讨论的问题、所采用的方法、得出的结论作了一个简要的介绍，通过导言即可以了解全书的梗概。本书的内容非常丰富，囿于篇幅不能面面俱到地加以介绍，因此笔者在这里试图抛开本书的内容顺序，选取一些富有启发性的视角对全书进行解读。当然，读者在后文中会发现这些视角，实际上彼此交织在一起，无法齐整剥离，之所以将其一一单列，更多是出于论述条理性的考虑。

一 时间之维：从法学专业学生群体的女性化到学者群体的女性化

女性开始可以学习法律和进入法学学术界的时间，在国家之间存在很大差异。虽然在 1869 年，美国就有第一家法学院开始招收女生，但精英法学院在此方面相当迟缓。哈佛大学法学院直到 1950 年才开始录取女性，而哈佛大学法学院于 1947 年聘用了第一位女性教师索亚·门奇科夫（Soia Mentschikoff），其为著名法学家卡尔·卢埃林的妻子，曾与卢埃林一道参与美国统一商法典的起草。在英国，剑桥大学 1875 年勇开风气之先，成为第一所录取女性学习法律专业的大学，但颇具戏剧性的是，剑桥大学直到 1949 年才开始授予女性法学学位，是英国所有大学中最晚的一所。

该书第 8 页到第 11 页，通过表格的方式列举了 28 个国家女性可以接受法律教育、从事法律职业以及加入法学学术界的时间。令人意想不到的是，中国在多个方面均走在世界的前列，中国 1926 年就已经出现了第一位女性律师、女性法官，1927 年第一名女性法学教师在德国获得法学博士学位后，在东吴大学获得法学专业教职，而德国本土则在 1965 年才出现第一位女性法学教授。至于欧洲的挪威、丹麦、瑞典，都要等到 20 世纪 70 年代末，甚至到 90 年代才有女性被聘为法学教授。对于这一点，该书解释说大陆法系学者的地位较高，所以女性教职出现得比较晚，在普通法系国家，法官通常是从资深的律师中选出，所以法官出现得晚。

20 世纪 70 年代的妇女解放运动，在欧洲、澳大利亚和北美均促进了女性获得高等教育的机会。而 20 世纪七八十年代发达国家高等教育的大规模扩招，为女性进入大学学习提供了便利。受过良好教育的女性获得了更多更好的就业机会，高校扩招需要聘用更多的教师，这也改变了法学学术界性别分布的整体状况。美国法学院近 20 年来女性学生所占的比例接近甚至超过半数，2013 ~ 2014 年度法学教师中女性占 35.9%，长聘法学教授中 33% 为女性（2013 年的水平），哈佛、耶鲁、斯坦福、哥伦比亚法学院目前或最近卸任的院长都是女性。英国法学院中女生占 64%，女性学者整体比例为 51%，其中女性教授在 1997 年只占 14%，到 2016 年时已经达到 31%。芬兰、荷兰法学院中女性学生比例分别为 65%、63%，女性法学教授比例分别为 22%、23.1%。在加拿大的魁北克，女性律师占 51.7%，女性教师占长聘职位的一半。澳大利亚在 1974 年到 1989 年大学教育免费，很多女性，特别是那些重男轻女家庭里的女孩，从中受益。自 1987 年起，澳大利亚开始促进女性进入法学界。与此同时，在过去 30 年间，澳大利亚法学院的数量从 12 所增加到 40 所，特别在 20 世纪 90 年代法学院大规模扩建的时候，拥有博士学位就很容易找到教职。2016 年澳大利亚法学本科毕业生 66.7% 都是女性，也出现了法学学术的女性化。总之，西方国家这一发展背后的规律是，当女生人数越来越多，学习成绩越来越好时，用人机构就无法继续对之加以排斥。

在中国法学院，根据参与该书写作的中国政法大学刘小楠教授对 26 所法学院的统计，女性教授的比例大概为 20%，该数字在 2012 年到 2017 年并没有实质性的变化，低于中国高校整体水平。根据 2012 年 11 月份的数据，担任正副院长、正副党委书记的比例就更低，在 96 所"211"法学院中仅有 15 人。

值得回味的是，在采访过程中，很多女性在谈到自己的学术道路时，并未感知到任何性别歧视，在她们印象中被歧视的都是别人。对此两位以色列撰稿人埃亚尔·卡特万（Eyal Katvan）与露丝·哈尔佩林－卡达里

（Ruth Halperin-Kaddari）认为，这是她们接受了这种法学的男性文化，压抑了任何对此的质疑，这样更容易被男性同事接受。这表明了这些女性对于性别问题缺乏自身的觉醒，而相关研究可以唤醒这种意识。同样引人关注的是，无论中外，早期的女性学习法律、从事学术等事件都充满了偶然性，似乎是命运之手将其推向了法学之路。在这些学者回忆过往时，也倾向于否认有投身学术的决心、对学术生涯有所规划，而总是把自己的成功归于运气、别人的大度、导师等外在因素，大张旗鼓认同自己成绩的非常罕见。当然，乌尔里克·舒尔茨认同上面两位以色列学者的看法，认为一些女性学者多来自一些家境优渥的家庭，认同传统价值观，因此拒绝把自己定义为女权主义者。

二 法系之维：普通法系与大陆法系学术生涯的差异

高校的学术生涯与法系的特点紧密相连。在普通法系国家，法律教育传统上是一种学徒制，过去更注重的是实践的能力，而不是学术能力，而且无论社会地位、收入，学者都比实务界人士更低，也没有从事研究的传统。直到近些年，这方面才有改进，这有两个原因。一是1986年英国大学开始引入对研究质量的评估，后来变更为"研究卓越框架"与"教学卓越框架"，每6～8年进行一次，上一次评估为2014年，最近一次在2021年进行。根据乌尔里克·舒尔茨的看法，对科研进行定期的评估，才使得学术工作在英国与其他英联邦国家的法学院获得了更多的认可。就此她回忆道，在她上个世纪七八十年代去英国时，经常有人问她为什么不去从事一些更加体面、报酬更好的工作，而是选择做一名学者。二是在英国的大学里，法律已经成为最受欢迎的本科学科。对于那些未能进入实务界的毕业生，学术界也是一个不错的选择，这也提高了学术在法学界中的地位。在英联邦国家获得教职的学者，需要拥有博士学位，是晚近才出现的。美国也是因20世纪30年代法律现实主义的兴起，才更加注重研究能力。

　　与之相反，在大陆法系国家，法学一直是一门科学，科研是学术能力的重要标准，教学则屈居其次，教授拥有很高的社会地位与声誉。因此，大陆法系国家也很少有纯粹的教学岗。拉丁美洲接受了西班牙与葡萄牙的大陆法传统，东亚等的国家则受到德国与法国模式很大的影响。大陆法系的德国、奥地利、法国、列支敦士登、瑞士，还有其他一些东欧国家，要求学者不仅攻读博士学位，还要撰写教授资格论文才能被聘为教授。这一论文的篇幅从几百页到上千页不等。正是因为这一要求，青年学者通常要等到四十岁左右才能获得教授资格，在此之前对其导师存在较强的依附性，而且教职招聘程序复杂、冗长、缺乏透明度，而在普通法国家，青年学者的学术生涯没有太多的形式化要求。

　　在美国以外的普通法系国家，过去全职的教授比较少，而且教授的资源也比较少。但在21世纪这一情况有所转变，很多法学院几乎都是由全职的教师组成。为了提高女性学者的比例，一些国家推出了两性平权措施，但这些措施一般只是对于相对低级的学术岗位以及大学管理机构奏效，对于那些更加看重个人能力的研究岗位，有效性还有限。当然女性学者也可以通过导师的提携，来排除学术之路的障碍，但这里存在潜在的裙带关系以及近亲繁殖的危险。

　　这部文集所有的章节都指出，无论其所在国女性对法学学术参与度如何，法学学科文化仍然是由男性主导的。热衷权势、家长式话语与男性交往准则就是这种权威型文化的主要特点。乌尔里克·舒尔茨认为，通过社会封闭、对男性教授形象的理想化以及社会再生产，这种文化得以延续，而在德国，这种法学文化体现在自以为是、傲慢以及看重个人魅力的教学文化方面。英国利兹大学法学院教授希拉里·萨默拉德（Hilary Sommerlad）指出法学教育就是培养一种等级观念，因此一项工作如果具有较高社会地位，就能吸引那些对此更为敏感的个体。而女性对等级没有男性那样介意，因此有人质疑，女性是否可以支撑得起理想法学教授的形象。在多个国家，女性主攻的领域一般都与性别相关，如婚姻家庭法、反歧视法、青少年犯罪法、社会保障法，而男性教授的专长多在一些更主流的领域，包括宪法和商法。在有的国家，也有一些女性学者出于职业发展考虑，选择竞争性不是那么强的领域，如刑法、犯罪学与法律史。在美国，女性学者的选择则更为多样化，但这反而导致了对女性话题关注的下降。

三 政治经济结构之维：后女性主义
与法学的男性气质

该书的两位作者，即澳大利亚国立大学法学院退休教授玛格丽特·桑顿（Margaret Thornton）与加州大学尔湾分校法学院教授凯莉·门克尔 - 梅多（Carrie Menkel-Meadow）讨论了西方是否已经进入一个后女性主义时代的问题。这体现在新一代女性法学教师认为性别平等，本来就是一种正常现象，尽管间接的或者更为微妙的歧视仍然存在，也不承认自己信奉女权主义。而老一代女权主义学者则认为，女权主义运动实际上也许并没有改变社会。以前女权主义者为了把强奸与家庭暴力纳为大学刑法课程的内容而不得不进行抗争，而今天的一些女学生却希望把这些内容取消，因为其自身受到伤害的经历使她们不想再面对这一话题。性别的多样化，也使得只关心女性显得过于狭隘。玛格丽特·桑顿认为后女权主义的兴起与新自由主义的上升在时间上发生了巧合。新自由主义使得高等教育变成一个顾客付费的制度，不再强调国家投入，大学的任务变成了廉价地培训更多的知识工人，大学收费制使学生更加倾向于学习实用性知识，不再对社会进行批判。总之，新自由主义消弭了所有的社会进步。

该书的撰稿人之一，英国纽卡斯尔大学法与社会理论教授理查德·科利尔（Richard Collier），讨论了男性作为性别在法学研究中的角色。他在法学界观察到，虽然女性法学在 20 世纪七八十年代就已经出现了，但所引用的文献都是男性所著，而且整个 20 世纪的法学研究都是男性写给男性、关于男性的。法学大师的传记、法学院里所悬挂的著名法官肖像，实际上绝大多数涉及的都是男性的人生与其职业生涯，但直到 20 世纪 80 年末、90 年代初，法学的男性气质才成为一项研究主题。这一研究关注的问题多种多样，包括法律职业的男性文化，法律行业的专业精神，法学方法、法律论证的男性主义，等等。自 2010 年起，男性气质与法之间的关系在研究上再次兴起，讨论了法律职业中男性气质的新样板等一系列新问题。新自由主义的政治与经济理念，实际上影响了包括学术界在内的所有法律职业。但性别问题并未因此丧失其现实性，而是遇到了其核心困境，即在要求男性承担更多的家务负担方面并未取得明显成效，而在职业付出方面，对女性的要求仍然与男性看齐。这一点在笔者看来，也为早期女性主义者对现状的失望提供了注脚，很多时候性别研究者对无法根本改变两性竞争条件的不同，会产生强烈的无力感与挫败感。

由此可见，无论是后女性主义还是法学的男性气质，都与新自由主义密不可分。一方面，随着国家对大学独立性的限制越来越多，大学集中管理逐渐取代大学自治，大学管理机构对管理工作的需要增加，使得更多的女性能够参与管理工作。但玛格丽特·桑顿指出，虽然作为大学中层管理人或法学院院长的"教授"，已经女性化，伴随而来的却是这些职位社会地位的下降，而作为学术等级最高层的"教授"，则转变成为学术资本主义的技术企业家或高级管理人，这种新角色的预期仍然是男性化的。这表明即便女性教授人数上升，也不证明社会进步是可以直线进行的。

另一方面，在新自由主义的影响下，学术界加速竞争，业绩考核使大学陷入焦虑文化，从而产生了所谓的"隐藏的伤害"。巴西圣卡洛斯大学社会学教授玛丽亚·达·格洛丽亚·博内利（Maria da Gloria Bonelli）赞同玛格丽特·桑顿的观点，认为新自由主义与女性主义所倡导的人性化理念背道而驰，实际导致了男性主义的回归。因为表面上对人才的判断是根据个人优秀的程度，似乎是中性与客观的，但实际上是模糊、偶然与工具性的，采取的是男性标准。英国威斯敏斯特大学法学院教师丽兹·达夫（Liz Duff）与伯明翰大学法学院教授丽莎·韦伯利（Lisa Webley）指出，在法学院，人们通常只关注哪些学者作品获奖、获得科研资助，并把其当作研究能力的证明，却忽视这些人是否有背景深厚的导师，是否获得学术假期，是否承担行政管理工作等以及这些因素对于获得这些成绩的影响。但对评估的看法并不都是负面的，英国思克莱德大学法学院退休教授彼得·罗布森（Peter Robson）认为在苏格兰，正是因为有了客观的标准，所以学术质量也变得可测，学术生涯具有可规划性，包括女性在内的学者才可以晋升得更快。

四 传统与文化视角：法学教育的定位与女性的社会地位

如果说前三个视角体现的更多是各个国家女性学者发展的共性，那么传统与文化对于女性从事法律职业的影响则体现了地域上的特性。这既表现在一个国家对法学教育的定位、扶植方面，也表现在女性的社会地位方面。在宗教盛行的国家，习惯法与宗教教义对学术环境也会产生重大影响。在阿拉伯国家，公职要求更多的权威，因此女性从事教职比担任法官更为容易，在开罗大学法学院伊斯兰法教研室至今没有女性教师。该书所有国别报告或多或少都提到了传统与文化的作用，特别是一些我们以往关注较少国家的情况，更能引发思考。

比如，印度 20 世纪 80 年代开始设立国立法律类大学，目前共 6 所，这些大学中女生比例与男生持平，但女性教师、教授的比例仍然很低。新成立的私立法律类大学在这方面情况更好，比如金德尔全球法学院，在入门级的教职中 50% 为女性，但获得终身雇佣合同的女性仍然很少。为了职业生涯，女性要自我去性别化（de-sexed），刻意强调自己的定位为教师，而不是女性教师。而在非洲的加纳，女性教师被学生习惯称为 "某某大婶（aunty）"、"某某大妈（mama）"，而男性教师则被尊称为 "某某先生""某某博士"，也就是说，在加纳高校中女性的社会角色与职业角色之间的划分是模糊的，而且更强调前者，用以拉近与学生的关系。

在南美洲，法律专业教师兼职异常普遍。在巴西，2015 年共有 100 万名法律专业本科生，3.2 万名法学教师。葡萄牙语中不区分教师与教授，通称为 "professor"，兼职教师（包括在多所高校或其他教育机构兼职）比例畸高，加之因高校扩招，本科毕业生也可以担任法学教授，这一切都使得教师职业化面临重重障碍。这表现在学生更推崇那些成功的律师或者担任其他公职的兼职教师上。阿根廷最大的、历史悠久的、知名度最高的布宜诺斯艾利斯法学院，共有 2.8 万名法律系学生，在 2015 年其中 61%

为女性学生。该法学院有 838 名常规教师（regular law teacher），2940 名教学助理，500 名左右临时教师。绝大多数教师为兼职，对于实务界人士而言，在学校兼职有利于职业发展，知名教授同时也从事其他的法律职业。因此，该法学院自身的教师队伍（faculty member）中仅有 9 名（2 名男性、7 名女性）为全职、23 名（7 名男性、16 名女性）为半职，其余全部为兼职。教师工资异乎寻常之低，直接导致女性教师总体比例高，但在高级职位上，女性仍然为少数，在正教授中，女性的比例为 25.6%。

在东欧的捷克，布拉格法学院的女性教师比例在 2018 年时达到 35%，随着财政对教育的投入紧缩，最近几年全职教师更少，很多教师都需要兼职，甚至要多处兼职，导致女性从事学术更为困难。晋升法学教授难度很大，一般要等到五六十岁时，与之相比，法学教师在经济系、医学院、社会学系，或者波兰或斯洛伐克的大学获得教授职称反而更为容易。

玛格丽特·桑顿认为，在澳大利亚女性之所以更容易进入学术界，也是因为同美国相比，澳大利亚学术界的社会地位相对较低，所以男性更倾向于进入律师界。在以色列，女性因为无须承担养家的重任，学术界报酬低，也反而更具优势。

未来展望

通读全书后，笔者越发感到事物的两面性，在女性学术参与问题的多个方面上全面呈现，也展示了决策者利弊权衡的艰难。正如乌尔里克·舒尔茨所言，法学界的女性是一个非常复杂的问题，社会进步与性别歧视的根深蒂固混合交织在一起，写作与发表压力越来越大，对于教职的竞争越来越激烈，很有可能导致女性更难以在学术界立足，而且教师的这种不满与幻灭感会传递给学生，从而对法学教育的质量产生负面影响。但另一方面她认为，随着高等教育的普及，学者的社会地位必然会出现一定程度的下降。又如，乌尔里克·舒尔茨认为在德国只有放弃目前一步到位的教席体制，引入助教、副教授等职位，形成学术岗位的阶梯体系，才有利于女性参与。但这一建议能否奏效，不无疑问，毕竟采取分层制的大多数国家，女性教师即便总数不少，也难以到达金字塔的顶层。而且分层制必然伴随着评价体制的引入，无疑会冲击德国法学引以为豪的无考核文化。

对于中国读者，笔者认为这本书有如下三重意义。第一，虽然女性问题近几年随着媒体报道已经为社会大众所了解，但对于女性学者而言，法学学科文化的男性化特征，还是一个目前接触比较少的领域，相应的自觉性还有所缺失。有意识才会有行动，集体的无意识使得女性无法推动、引领社会的反思，对引入必要的扶持措施贡献思路。特别是在人口问题日益严峻的今天，对于女性问题的关注与解决，已经成为国家实现可持续发展重要的一环。第二，提供了很多新兴的话题与思路，以此为出发点，在以往被忽视的领域，能够开启一些细致的研究，比如在学科文化方面。第三，从国际视野观察法学学者的生存状态，对中国的相关现状进行定位。笔者认为对于女性学术道路的关注，并不应局限在性别研究上，要从更广阔的视角来看待。讨论女性问题，不是要激发两性的对立，而是为了优化学者作为一个整体的生存环境，在给予学术界更多自由空间的同时，通过合理的淘汰机制保持学术岗位的流动性。

【责任编辑：余若凡】

征稿启事

　　《反歧视评论》是中国政法大学宪政研究所主办的国内首个以平等权利和反歧视为主题的学术集刊，旨在汇集反歧视研究的前沿理论，展现反歧视实践的最新成果，进一步推动反歧视的法律和制度变革。

　　《反歧视评论》以学术性和建设性为评价标准，设置主题研讨、学术专论、评论、判例研究、调研报告、深度书评等栏目。具体征稿要求如下。

　　一、内容：与反歧视相关的调查报告、立法建议、学术论文或译文等。文章需论点鲜明，论据充分，论证严谨，语言通畅，数据准确，图表规范，主题集中，层次分明，结构完整，注释引文无误。保证作品独创性，如有对其他作品适当引用，请在文中用注释说明。

　　二、来稿须为原创、未公开发表的科研成果。欢迎反歧视领域的译文。

　　三、文稿格式

　　（一）文稿体例

　　文稿由中英文题目、中文摘要、关键词、正文和注释构成。文章标题字数 10 字左右；摘要在 200 字以内；关键词 3～5 个。文稿正文采用脚注，每页重新编码。稿件字数一般不低于 8000 字，鼓励言之有物的长文。

　　（二）基金项目

　　如果来稿得到基金项目资助，请在文章首页页脚标明基金项目的类别、名称、批准号。

　　（三）作者简介

　　来稿应在文章首页页下脚注按如下顺序标明作者信息：姓名、单位、职称（职务）、学历、研究方向。

（四）标题

文稿标题应层次分明，标题前的数字按不同级别依次使用：文内体例顺序一般采用："一"、"（一）"、"1."、"（1）"、"①"、"A."、"a."。其中："一"、"（一）"、"1."为标题序号，单独成行，不接正文。

（五）注释体例

1. 一般中文著作。专著作者后不用"著"字，编纂类加"主编"、"编"等字样，并注明具体起始页码。

例：周伟：《反歧视法研究：立法、理论与案例》，法律出版社，2008，第 101~102 页。

例：刘小楠主编《反歧视法讲义：文本与案例》，法律出版社，2016，第 15 页。

2. 期刊、集刊文章或论文。

例：王理万：《就业性别歧视案件的司法审查基准重构》，《妇女研究论丛》2019 年第 2 期。（期刊网站不加页码）

例：何霞：《妥协与渐进之道：日本反性别歧视立法研究》，载刘小楠主编《反歧视评论》（第 2 辑），法律出版社，2015，第 100 页。（集刊和论文集文章需标注页码）

3. 译著：作者要注明国籍，作者在前，译者在后。

例：〔美〕加里·贝克尔：《歧视经济学》，于占杰译，商务印书馆，2014，第 17 页。

4. 报刊文章：信息要完整、准确，切不能将网站转载日期作为报纸日期。

例：刘伯红：《性别平等之声在两会上日益响亮》，《中国妇女报》2017 年 3 月 7 日。

5. 互联网或数据库作品：应注明网址或数据库，访问时间。如网站文章系转载自纸质刊物，须引用原始出处。

例：《外媒关注中国首例跨性别就业歧视案败诉》，http://www.cankaoxiaoxi.com/china/20160512/1156347.shtml，最后访问时间：2018 年 7 月 20 日。

6. 外文注释：说明性文字需翻译成中文，资料性文字（如作者、书名、出版社、章节页码等）保留原文。资料性文字中的著作或者杂志名斜体或者正体均可。如果作者引用英文文献，格式为：

（著作类）Evelyn Ellis and Philippa Watson，*EU Anti-Discrimination Law* (Second Edition)，Oxford University Press，2012，p. 102.

（论文类）Elisa Holmes，"Anti-Discrimination Rights without Equality"，*The Modern Law Review*，Vol. 68，No. 2（Mar.，2005），pp. 175 – 178.

四、投稿方式

投稿一律采用电子文稿方式，本刊电子邮箱：antidiscrimination @ 163. com。对于录用的稿件，我们会在收到稿件的 1 个月内发出用稿通知。没有收到用稿通知的作者请自行处理稿件。为适应信息化建设需要，扩大作者学术交流渠道，本集刊与网站、期刊数据库、微信公众号等建立了合作关系。如作者不同意将文章编入数据库，请在来稿时声明，本集刊将作适当处理。

《反歧视评论》暂定为每年一辑，并适时增加出版专题集刊。《反歧视评论》常年征稿，截稿日期为每年 6 月 30 日，并于当年 11 月 31 日前公开出版，出版后会向每位作者支付稿酬和寄送样书。

中国政法大学宪政研究所

《反歧视评论》编辑部

图书在版编目（CIP）数据

反歧视评论. 第 9 辑 / 刘小楠，王理万主编. —— 北
京：社会科学文献出版社，2022.4
ISBN 978 - 7 - 5201 - 9927 - 8

Ⅰ. ①反… Ⅱ. ①刘…②王… Ⅲ. ①公民权 - 研究
Ⅳ. ①D911.04

中国版本图书馆 CIP 数据核字（2022）第 054206 号

反歧视评论 第 9 辑

主 编 / 刘小楠 王理万

出 版 人 / 王利民
组稿编辑 / 刘骁军
责任编辑 / 易 卉
责任印制 / 王京美

出 版 / 社会科学文献出版社·集刊分社 （010）59367161
地址：北京市北三环中路甲 29 号院华龙大厦 邮编：100029
网址：www.ssap.com.cn
发 行 / 社会科学文献出版社 （010）59367028
印 装 / 三河市龙林印务有限公司

规 格 / 开 本：787mm × 1092mm 1/16
印 张：20 字 数：297 千字
版 次 / 2022 年 4 月第 1 版 2022 年 4 月第 1 次印刷
书 号 / ISBN 978 - 7 - 5201 - 9927 - 8
定 价 / 128.00 元

读者服务电话：4008918866